中华文化的会通精神

张岂之——著

長春出版社
国家一级出版社
全国百佳图书出版单位

图书在版编目(CIP)数据

中华文化的会通精神 / 张岂之著. — 长春 : 长春出版社,2016.12

ISBN 978-7-5445-4694-2

Ⅰ.①中… Ⅱ.①张… Ⅲ.①中华文化-研究 Ⅳ.①K203

中国版本图书馆 CIP 数据核字(2016)第 287526 号

中华文化的会通精神

ZHONGHUA WENHUA DE HUITONG JINGSHEN

著　　者:张岂之
责任编辑:李春龙
封面设计:北京·春天书装

出版发行:長春出版社　　总编室电话:0431-88563443
发行部电话:0431-88561180

地　　址:吉林省长春市建设街 1377 号
邮　　编:130061
网　　址:www.cccbs.net
制　　版:荣辉图文
印　　刷:吉林省良原印业有限公司
经　　销:新华书店

开　　本:787 毫米×1092 毫米　1/16
字　　数:200 千字
印　　张:20
版　　次:2016 年 12 月第 1 版
印　　次:2016 年 12 月第 1 次印刷
定　　价:46.00 元

序

我从自己所写的关于中华传统文化的文稿中选择若干篇，编成这本《中华文化的会通精神》的集子。

尽管集子内有多篇文章，但它们有一个共同点，就是从不同的角度去阐述中华文化的“会通”精神。

《易传·系辞上》说“圣人有以见天下之动，而观其会通”，主张思想文化的融会贯通，这对中华本土文化以及域外文化都是适用的。

我们从中国思想文化史可以看到，从战国末到秦汉及魏晋时期，其间有儒学与道家学说的会通，由此产生了魏晋玄学。

中国思想文化的再次会通，起于唐代“三教并立”（这里的“教”指的是教化），至两宋，由南宋思想家们完成。唐代，中国佛学形成，它吸取了儒学和道家学说的某些方面，有些僧人以“人皆可以为尧舜”的儒学信条来解释“佛性”，并出现了专门讲孝道的佛经。有些僧人以忠孝思想为内涵、以家族组织为形式编写禅律《百丈清规》，力图使外来的佛教中国化。这样会通的结果，一方面提升了儒学的哲学内涵，另一方面促使从印度传来的佛教成为中华文化的有机组成部分。

思想文化上的“会通”，用南宋时期理学家朱熹的话说，就是为儒学寻找“活水源头”，否则就会枯竭凋零。他在诗里这样写道：“半亩方塘一鉴开，天光云影共徘徊。问渠那得清如许？为有源头活水来。”他和其他理学家将“三教”（儒道佛）会通在以儒学为主的思想体系中，称为“新儒学”。与朱熹理学有别，南宋产生了以陆九渊为代表的心学思想，认为“心即理”，只要“发明本心”，即可“穷理尽性”。明代思想家王守仁继承陆九渊心学传统，论述“心即理”“致良知”“知行合一”学说，反映了人们重视理性的独立思考要求。

“会通”不是简单的加法，而是有主、次的内容融合。这种融会贯通是否恰当，能否经得住时间的考验，是要经过“经世致用”的检测的。在中国思想文化中，融会贯通与经世致用二者密切结合，使中华文化得以传承发展而不衰。

“会通”包括本土和域外思想文化的交融，中国自古以来一直注意中外文明交流。早在西汉时期，玉门关和阳关以西的地域，即今天新疆乃至中亚地区，曾经被称为“西域”。张骞的西域之行，以十三年的艰辛困苦为代价，使中原人得到了前所未有的西域知识，同时使汉王朝的声威传播到中亚，又由此传到欧洲。张骞开拓的这一中西通道，后来一直发挥着重要的经济、政治和文化交流的作用，被人们誉为“丝绸之路”。

从中国历史看，中外文明交流是阻挡不住的。时至明清之际，尽管官方采取了“海禁”政策，但民间的海上交流并未停止。在郑和下西洋终止以后，中国的一些商人和平民，经过海上丝路往来贸易，甚至到东南亚以及世界各地定居，成为今天海外华人的祖先。他们为远播中华文明做出了很大贡献。

还要看到，中国思想文化上的会通，与中国历史上的民族融合紧密相连。几千年来，中华各民族日益密切的交流、团聚和统一的过程，是各民族融合的过程。各民族经过不断迁徙、杂居、通婚和各种形式的交流，在文化上互相学习，在血统上互相融合，你中有我，我中有你，逐渐形成了中华民族共同的文化和心理特征。

我还想提到，中华文化所用的一些名词术语也有其自身的特点。比如，不论是儒学还是道家，他们在表述自己思想观点的时候，经常用“自”字。儒学倡导人的自尊、自信、自律、自省等，表现出对于“人能弘道，非道弘人”这种主观能动性的坚信不移。而道家则宣传自正、自化、自定、自胜、自见等，认为事物本来就是如此，人们的认识应当恢复其本来的面目。儒学与道家思想关于“自”的论述和阐发，从一个侧面反映出中华文化对文化自信的坚定信念，这在今天和未来具有重要的理论意义和实践价值。

整理这份文稿，得到西北大学中国思想文化研究所陈战峰副教授的协助，还有长春出版社编辑同志的努力，我表示感谢。

这本小书出版后，其中的错误、不足，我希望能得到读者朋友们的指正。

张岂之

2016年7月23日

于西北大学桃园校区

目　录

第一篇　中华文明的演进

第二篇　关于中国古代儒学的研究

第三篇　老子思想研究

第四篇 中国学术思想研究

第五篇 中国古典文学研究

第六篇 中华文化研究的回顾与前瞻

第一篇

中华文明的演进

人文化成

——文明之初的创造精神

“人文”一词见于中国的古籍，它不是外来语。《周易·贲卦·彖辞》有这样的话：“……观乎天文，以察时变；观乎人文，以化成天下。”所谓“天文”即自然，特别是天象的变化；所谓“人文”即文明，特别是社会制度的创立。古人认为，研究“天文”和“人文”，了解自然和社会的变化，使人们能够更好地从事农业生产和文明创造，这才是人生的价值所在。研究中华人文精神，首先就要从这里开始。

一、人文始祖黄帝传说的启示

中华民族儿女泛称为“炎黄子孙”，这虽然是一种形象性的譬喻，但是这也给我们以启示，有助于我们了解中华人文精神是怎样产生的。

在文字尚未发明以前，我国远古时代的人物事迹，是依靠世代口耳相传保存下来的。这就难免加上传说者自己的思想感情和杜撰。因此，研究历史不能完全依靠传说，同时对它又要有所分析。

黄帝和炎帝是中国远古传说中的两位著名人物。这些传说后来经过文字加工，保留在先秦文献中。

值得注意的是，西汉时期杰出史学家和思想家司马迁（前145—前90）在他的巨著《史记》一书中说，关于神农以前的事他无法了解，所以不写燧人、伏羲、神农三皇之事。但是他根据某些古文献，和他自己所做的调查相印证，在《史记》中写了《五帝本纪》[①]，篇首即叙述黄帝的历史，并涉及炎帝的事迹。

黄帝的时代，在《史记·五帝本纪》中没有明确回答。不过，据当代学者们的研究，黄帝距今约有5000多年。所以，人们习惯说中华文化源远流长，有未曾中断的五千多年悠久的文明史。

黄帝姓公孙，名轩辕。《国语·晋语》记载："昔少典氏娶于有蟜氏，生黄帝、炎帝。"少典部族原居住在今陕西、甘肃交界处，与有蟜氏通婚，生下黄帝和炎帝。黄帝居姬水，炎帝居姜水。有些学者认为，黄帝生于今陕北黄土高原，炎帝生于今陕西宝鸡姜水一带。黄帝部落东渡黄河，顺中条山和太行山朝东北方向发展，直达山西南部黄河之滨和河北一带。与此同时，炎帝部落沿渭水、黄河向东发展，直达河南、山东一带。

在氏族部落的繁衍过程中，炎帝部落与东南的黎族部

① 关于"五帝"，古代有多种说法。司马迁所记的"五帝"是：黄帝、颛顼、帝喾、尧、舜。

落发生冲突，炎帝战败，向黄帝求援。黄帝和炎帝联合，与蚩尤率领的九黎部落发生“涿鹿之战”，蚩尤战败。后来，黄帝部落与炎帝部落又发生“阪泉之战”（今河北涿鹿东南），炎帝败北，黄帝终于统一了黄河流域的大片土地，成为中原大地部落联盟的首领。

炎黄时代有许多发明创造。例如：创制部落联盟的制度；观察天文星象，确定历法算数；提倡原始农业；发明医药等等。我们从新石器时代[①]的出土陶器上，可以看到某些刻画的符号，这是先民们用来记事的。据文字学家研究，这是文字的雏形。战国、秦汉时期的著作认为文字是仓颉发明的。传说仓颉是黄帝的史官，他的出生地是今陕西省白水县史官村。据考古学家统计，我国出土陶文最多的省份是陕西省。可见，黄帝时代仓颉造字之说并非虚构。文字的发明是社会进步的标志。有了文字，中国的文明创造才能经过文字载体而世代流传。

中华文化的人文精神发端于炎帝、黄帝时代。在较早的文献中，炎帝、黄帝都是有父母子孙的人，而不是神。他们的贡献是当时先民们的伟大创业精神结出的文明之果。总之，中华人文精神是先民们在生产实践中培育发展起来的。这就不能不提到中国的原始农业。

据有些考古学家的研究，距今7000年左右，在长江

---

① 据《辞海》（1999年版）“新石器时代”条：“考古学分期中‘石器时代’的最后一个阶段，开始于八九千年前。已发明农业和畜牧。……广泛使用磨制石器，能制陶和纺织。……中国各地普遍发现不同类型的新石器时代文化，重要的有仰韶文化、马家窑文化、大汶口文化、龙山文化等。”

三角洲地区，河姆渡文化典型堆积的第四层（在浙江余姚河姆渡村东北。1973 年开始发掘。遗址分四层。以三四层为主，是长江中下游新石器时代的一种早期文化），具有良好的物质生活条件，“极有利于原始农业的发展和渔猎活动”①。尤其值得注意的是，距今 6000 年左右，属于新石器时代仰韶文化②系统的遗存——西安半坡遗址的发现，使我们对为什么渭水流域成为远古文化发祥地之一获得了有力的证据。

考古学家和历史学家对于半坡氏族公社做了深入的研究。由中国科学院考古研究所和陕西省西安半坡博物馆合编的田野考古报告集《西安半坡》，比较完整地向我们提供了关于半坡氏族公社的全景。请看，先民们谋取生活资料的方式是：

> 以农业生产为主，同时也饲养家畜③；
>
> 农业是当时生产活动的主要部门，也是经济生活的基础。……当时种植的谷物是粟，即现在华北盛产的小米。我们发现好几处储藏粮食的例子，尤其是第 115 号窖穴所藏的已腐朽的皮谷达数斗之多。如果没有一定面积的种植和一定数量的收获量，是不会有这

---

① 石兴邦：《中国新石器时代考古文化与生态环境》。

② 仰韶文化：距今五六千年，1921 年首次发现于河南渑池仰韶村，故名，分布于黄河中下游地区。

③ 中国科学院考古研究所、陕西省西安半坡博物馆编：《西安半坡》，北京：文物出版社，1963 年，第 223 页。

> 样多的储存的。[①]
>
> 用于农业的生产工具发现很多，有砍伐树木、开辟耕地的斧、锛，开掘土地的锄、铲，收割禾穗的各种刀子[②]……关于耕作的方法，半坡人们可能采用'烧荒'的办法。土壤烧过后，比较松肥，易于种植；当时地多人少，土地可以轮歇丢荒广泛使用。[③]

我们看到这些记载，对于距今 6000 年左右的半坡先民们的生产情况有了具体的印象。除半坡遗存外，在今陕西省宝鸡地区还有 700 处仰韶文化遗存，很能说明问题。按文化堆积、层位特点和碳 14 测定年代数据，宝鸡北首岭下层距今 7000 年左右[④]。北首岭中期基本上与半坡早期相同，晚期与半坡接近。北首岭先民们以农业生产为主，过着定居的农业生活，而这里正是炎帝的出生地区。传说炎帝、神农氏教民稼穑，看来这并非杜撰。至于炎帝和神农氏是否是一人，或是其他，学术界有不同的意见，这里不论。

另外，我们从陕西临潼县附近发现的姜寨遗址，亦可提供证据。姜寨第一期文化遗存与西安半坡早期、宝鸡北

---

① 中国科学院考古研究所、陕西省西安半坡博物馆编：《西安半坡》，北京：文物出版社，1963 年，第 223 页。

② 中国科学院考古研究所、陕西省西安半坡博物馆编：《西安半坡》，北京：文物出版社，1963 年，第 223 页。

③ 中国科学院考古研究所、陕西省西安半坡博物馆编：《西安半坡》，北京：文物出版社，1963 年，第 224 页。

④ 《中国考古研究》，载《夏鼐先生考古五十年纪念论文集》，北京：文物出版社，1986 年，第 5 页。

首岭中期、临潼庞崖相近，属仰韶文化半坡类型[①]。其中说："从姜寨……第一期文化遗存共出土各类生产工具3811件……约占生产工具总数的22%，仅石斧、石铲、骨铲等主要农业生产工具就有三四百件。"[②]

考古资料还告诉我们，从陕北无定河上游红柳河的大沟湾（靖边与内蒙古乌审旗交界处），无定河中游的横山、米脂、绥德和榆林的油房湾、鱼河堡，神木的永兴堡，吴堡的宋家川，以及黄陵县，都有新石器文化遗存。尤其在黄帝陵所在地的黄陵县桥山及其周围，仰韶文化遗存非常丰富。

以上资料说明：炎黄时代先民们已经过着以农业为主的定居生活。

早期农耕物质基础产生了早期农耕文化。文化的产生总是和人的理性思维联系在一起的。这种理性思维不是从天而降，而是人们在生产实践中逐步萌生和发展起来的。我们还可以看到，在一些仰韶文化遗存中出土了陶纺轮、石纺轮和有孔的小骨针，这说明先民们已开始缝制衣服。他们还知道如何储备粮食（粟）。这反映出先民们在与自然的搏斗中，对于自然的巨大威力既感到恐惧，同时又想方设法保护自己，免遭伤害。这一事实的意义不仅在物质方面，而且更加重要的是，它显示出先民们群体保护意识

---

① 西安半坡博物馆、陕西省考古研究所、临潼县博物馆编：《姜寨——新石器时代遗址发掘报告》，北京：文物出版社，1988年，第13—14页。

② 西安半坡博物馆、陕西省考古研究所、临潼县博物馆编：《姜寨——新石器时代遗址发掘报告》，北京：文物出版社，1988年，第348页。

的加强，这是跨向文明社会的重要阶梯。

不仅如此，我们从考古发掘出的器物中还可以看到：炎黄时代的先民们创制了一些简单的谷物加工工具。例如把谷物放置在石制的碾磨盘上，然后手拿石棒或石饼反复碾磨，这既可脱去谷物外壳，又能将其磨碎，便于食用。这在当时是了不起的大事。这说明先民们在谋求保护自己的时候，希望通过自己的活动在自然界实现自己的预期目的。当这一目的得到实现的时候，便标志着人的理性思维的提高。有了理性思维的发展，又有农耕物质条件的逐步趋于成熟，这才有中华文化及其人文精神的产生。

依据前面所说，大量新石器时代仰韶文化遗存证明，炎黄时代是中华文明的揭幕期。炎帝、黄帝作为这一开端时期的代表人物，是当之无愧的。

我们知道，民族是在人类历史上形成的，不会是由一对夫妇及其后代繁衍而成。中华民族是一个多元统一体①。今天的中华民族包含了汉族在内的 56 个民族，他们都对祖国的物质文明和精神文明做出伟大的贡献。追根溯源，在遥远的炎黄时代，随着中原部落的统一，国家雏形的确立，为中华民族的多元统一奠定了基础。我们说炎帝、黄帝是中华民族初始有功德而受人尊敬的先贤，这是符合历史实际的。

---

① 费孝通：《中华民族的多元一体格局》。见费孝通等著《中华民族多元一体格局》，北京：中央民族大学大学出版社，1989 年版，第 1 页。

二、西周时期“人文”精神的发端

关于夏代（约公元前 21 世纪至公元前 16 世纪），由于资料缺乏，难以对其文化进行论述。殷商时代（约公元前 16 世纪至公元前 11 世纪），不论在农业生产和社会制度以及文明的创造方面，都有了很大发展。近代著名史学家王国维写过一篇名文：《殷周制度论》[①]。其中说明殷代和周代在社会制度上存在某些差异，例如王位的继承便有所区别，在祖先祭祀制度方面也有不同，等等。因此，王国维认为，公元前 11 世纪从殷商向西周时期过渡，这是中国历史上制度文明发生剧变的时期。事实正是这样。人们研究社会制度的变迁应当重视殷周之际，研究中华文明及其人文精神也不能忽略这个时期。具体地说，我们研究中华文明的人文精神从周代开始叙述，不但有丰富的资料可供我们选用，而且这个时候的人文精神才具有了足以影响后代的完整理论体系和实践价值。

距今五六千年的早期农耕，经过很长一段时间的经验积累，到公元前 12 世纪末进入了稳定的农耕时期。这个时候，在今陕西省的渭水流域，周人开始扮演历史的主角。周人本来附属于殷，从殷代中期迁入渭水流域，占有岐山脚下富饶的周原（在今陕西省宝鸡地区）建立都邑，逐渐征服周围的戎族。公元前 11 世纪，文王之子武王灭

---

① 《观堂集林》卷十《殷周制度论》，载《王国维遗书》（第一册），上海：上海书店，1983 年，第 465—494 页。

殷，建立周朝。

从周朝建立到平王迁都洛邑（今河南省洛阳市），这段时间约近三个世纪，史称西周，建都镐京（今西安市以西）。西周的疆域比商代辽阔，从现在东北的辽宁到南方的长江以南，西部的甘肃东部到东海之滨，都纳入了西周的版图。

关于西周时期农业生产水平的估计，学者们虽有不同的看法，但有一点是相同的：周人迁岐以后，农业水平有所提高。《诗经》《史记·周本纪》中都有这方面的材料，可作为佐证。周原地区农作物的种类很多，园艺、蚕桑、畜牧等方面的发展，才造成周的继兴局面。在《诗经》中有不少描绘不同季节植物自然变化的诗篇，这说明西周时期与农业生产密切联系的物候学知识已经相当发达。这种知识是后来出现的系统物候学著作《夏小正》《月令》等书的渊源。据专家们统计，《诗经》所记植物名共160种，除10种为植物泛称（如刍、禾、谷），其余150种专指特定植物（如荇菜、葛、卷耳），或非特定的一种植物（如竹、松、杨）。其中，特定种类的植物共有112种（变种、品种名不另区分）。

西周时期农业生产的发展，是当时文明创造的物质基础，本来，“天文”与“人文”是相辅相成、相互促进的。西周时期人们对于天文观察的结果，用以指导农业生产。人们对于人文的研究，便创立了以“礼”“乐”为主要内容的西周人文文化。

所谓礼、乐，既是西周时期贵族子弟接受教育的主要内容，也是这个时期政治上的重要规定。从教育方面看，其内容有礼、乐、射（射箭）、御（驾车）、书、数，即所谓“六艺”。这在商朝时已确定，至西周时期达到比较完备的形态。“礼”是政治伦理课，包括吉礼、凶礼、宾礼、军礼、嘉礼诸项。“乐”是综合艺术课，含音乐、诗歌和舞蹈。《礼记·文王世子》有这样的话：“凡三王教世子必以礼乐。乐所以修内也，礼所以修外也。”总之，“礼”“乐”教育是贵族子弟教育的主课；“射”“御”则是军事训练；“书”“数”是基础文化课。从这里可以看出，西周官学旨在培养善于射、御以卫护社稷，又精于礼、乐、书、数以管理国家的文武兼备的人才。

从政治上看，礼即是礼仪制度，是用来区别嫡庶、尊卑、贵贱的。就是说，不同身份等级的人有不同的礼制，他们在衣、食、住、行方面也有不同的规定。因此，西周的礼制是当时宗法等级的制度化。《礼记·曲礼上》说：“夫礼者，所以定亲疏，决嫌疑，别同异，明是非也。”西周时期，从周王到大夫的各级当政者，都是嫡长子继承父位，其他诸子分封为次一级的当政者。这样，整个国家便形成一个血缘维系的统治网。为了维护统治，当政者规定了各种礼仪制度，要人们严格遵守。

那么，这种礼仪制度怎样才能长期维系而不衰呢？当政者终于发现，只有礼制还不够，还需要有人们遵守礼制的自觉性。具体说就是，贵族们在思想和感情上确认有遵守礼制的必要性，这样礼制才具有生命力。于是与“礼”平行的“乐”便被提到重要的地位。“乐”即音乐。西周文献原来包含《乐经》，自秦以后亡佚，内容不得详知。但是，从古人所说能够看出，音乐可以“善民心”，起到“移风易俗”的作用，使人在乐曲的潜移默化中形成高尚的情操，懂得自觉地遵守礼仪制度。在西周时的雅乐中，便灌注了“有孝有德”（《诗经·大雅·卷阿》）的伦理精神，要贵族子弟们效法祖先，奉行敬天、孝祖和保民的大德，使国家得以安宁。

西周时期的文明精神就是“礼”“乐”精神。尽管西周以后的中国历史，在“礼”“乐”的具体内容方面不断地有所变化，但是，当时对于“人文”的范围限定，既有制度方面，又有文化方面；既有形之于外的，也有藏之于内的；既有物质含义，也有精神内容。古人认为，这样才能达到“化成天下”（《周易·贲卦·彖辞》）为天下创造文明的结果。我们今天来看西周的人文精神，并不是要搬用它的“礼”“乐”文化，而是通过对这种文化的分析，知道我们的祖先在历史上摸索前进的时候，他们所追求的文明美德是物质与精神、内与外的统一。这是非常宝贵的中华人文精神的发端。

三、人文精神的文字载体

中华人文精神是在历史的演变发展中逐步形成的，它的主要原则载于古代的重要典籍之中。

古代典籍很多，究竟哪些是最重要的呢？早在春秋末期，大教育家、思想家孔子就曾对西周时期的文献加以整理。孔子（前551—前479）[①]，鲁国昌平陬邑（今山东曲阜东南）人，名丘，字仲尼。幼年丧父，过着贫苦的生活。青年时做过会计（“委吏”）和牛羊管理人（“乘田”）。30岁左右开始私人讲学活动。34岁去齐国，听到古乐《韶》时，被它优美的旋律所吸引，竟三月不知肉味。51岁任鲁国中都宰，后来升任司空、司寇。57岁带着弟子游说中原各国。68岁回到故乡鲁国，致力于教育。他将古代文献加以整理作为教学的教材。在这些教材中，渗透着中华人文精神。

那么，这些教材是指什么？

1.《诗》——这是西周初至春秋中叶的一部诗歌选集，相传原有3000篇之多，经孔子删订以后，只保留305篇，另有6篇笙诗有题无诗，通称“诗三百”。这本诗歌选集分为“风”“雅”“颂”三部分。风，从音乐风俗得名，即各地方的乐调，共十五国风。雅，周人的官话称为雅言，是西周王畿的诗。颂，即宗庙祭祀的乐歌。近代学者指出，《诗经》中的诗来源很多。有的是乐官从民间采集而来；有的是官吏献给周王，而转入乐官手中的；有的是贵族为祭祀或其他用途而创作的，又由乐官谱了曲；有的是诸侯进献的乐歌；还有的是各诸侯国的乐官带到周王朝的乐歌。

---

① 此处根据《史记》记载，孔子生年为公元前551年（鲁襄公二十二年）。而根据《穀梁传》和《公羊传》记载，孔子则生于公元前552年（鲁襄公二十一年）。

孔子很重视《诗经》，关于它的人文内容有许多深刻的论述。他总是启发学生们去读诗。这里不妨摘录几条来看：

子曰："《诗》三百，一言以蔽之，曰：思无邪"。（《论语·为政》）

（孔子说：《诗经》三百篇，用一句话来概括，就是作者的思想完全是纯正的。）

子曰：《关雎》，乐而不淫，哀而不伤。（《论语·八佾》）（孔子说：《关雎》这首诗，快乐而不至毫无节制，悲哀而不至伤害身心。）

由此可以看出，孔子重视《诗经》的思想内容，认为其思想纯正，在抒发感情方面不走极端，这些正是《诗经》的优点所在。

请再看孔子的评论：

子曰："诵《诗》三百，授之以政，不达；使于四方，不能专对；虽多，亦奚以为？"（《论语·子路》）

（孔子说：熟读《诗经》三百篇，给他交涉应对的任务，都办不了；要他出使外国，又不能独立地去谈判酬酢，纵是读得多，有什么用处呢？）

子曰："小子何莫学夫诗？诗，可以兴，可以观，可以群，可以怨。迩之事父，远之事君，多识于鸟兽草木之名。"（《论语·阳货》）

（孔子说：学生们为何不多读读诗？读诗，可以培养联想力，可以提高观察力，可以锻炼合群性，可以学得讽谏的方法。近呢，可以运用其中道理来侍奉父亲。远呢，可以用来服侍君上，而且可以多多认识鸟兽草木的名称。）

由此可以看出，孔子认为学生们学习《诗经》的好处很多，既可以增加知识，又可提高办事能力。总之，孔子很注重理论与实际的联系。

历代关于《诗经》的注本很多。当代学者高亨《诗经今注》① 和余冠英《诗经选》②，可帮助我们阅读《诗经》。

2.《书》——即《尚书》，指春秋以前的官方政治历史资料汇编，其中记载了夏、商、周三代的重要史实。相传有百篇，今传 28 篇。孔子认为，学习《书》的目的，不仅为了丰富历史知识，更加重要的是，体会先王是如何治理国家政事的。

孔子对《书》也有评论：

或谓孔子曰："子奚不为政？"子曰："《书》云：孝乎惟孝，友于兄弟，施于有政。"是亦为政，奚其为为政？（《论语·为政》）

（有人对孔子说：你为什么不参与政治？孔子说：

① 高亨著《诗经今注》。见《高亨著作集林》（第三卷），北京：清华大学出版社 2004 年版。

② 余冠英著《诗经选》，北京：人民文学出版社 1979 年第 2 版。该书合并了初版《诗经选》与《诗经选译》，内容和篇目也有一定变化。

《尚书》上说：孝呀，只有孝顺父亲，友爱兄弟，把这种风气带到政治上去。这也就是参与了政治。为什么一定要做官才算参与政治呢?)

3.《礼》——又称《士礼》，后称《仪礼》，与《周礼》《礼记》合称“三礼”。孔子对夏礼、殷礼和周礼都做过研究。孔子精心选择了士大夫必须懂得的礼制共 17 篇，简称《士礼》，要求学生们认真学习和实践。

子曰：“不学礼，无以立。”(《论语·季氏》)

(孔子说：不学礼便没有立足社会的依据。)

林放问礼之本。子曰：“大哉问！礼，与其奢也，宁俭；丧，与其易也，宁戚。”(《论语·八佾》)

(林放询问礼的实质。孔子回答说：你的问题大。就一般的礼仪说，与其奢侈铺张，宁可朴素俭约；就丧礼说，与其仪文周到，宁可内心悲戚。)

在孔子看来，礼仪形式必须和人的思想感情相结合，也就是说，人的仁义之心才是礼仪形式的基础。

4.《乐》——指《乐经》，系音乐方面的典籍。孔子重视音乐，和他倡导道德教化的精神相一致。他认为音乐在内容和形式上都要求完美。

子谓《韶》：“尽美矣，又尽善也。”谓《武》：“尽美矣，未尽善也。”(《论语·八佾》)

(孔子谈到舜时的乐曲《韶》时，说道：美极了，而且好极了。在谈到周武王时的乐曲《武》时，又说：美极了，却还不够理想。）

孔子运用生动的语言阐述了音乐演奏的道理，文献中有这样的记载：

子语鲁太师乐，曰："乐其可知也：始作，翕翕如也；从之，纯如也，皦如也，绎如也，以成。"（《论语·八佾》）

（孔子对鲁国的乐官之长谈音乐，说道：音乐，那是可以领略的：开始演奏，和谐热烈；继续演奏，纯正浑厚，清晰流畅，余音络绎绕梁，最终完成全曲。）

5.《周易》——这是一部以八卦（乾、坤、震、巽、坎、离、艮、兑）象征天、地、雷、风、水、火、山、泽等自然现象，推测自然和社会变化的占卜书，其中也含有哲学思想。成书于商周之际。孔子晚年研究《易》，用力甚勤。《易传》是战国至秦汉之际的作品，用来解说《周易》的。由于《易传》有十个部分，又称"十翼"，作者尚难断定。有的学者说，《易传》的作者是孔子，论据似不足。后代解说和发挥《周易》的著作很多，也都是"易传"。为了与秦汉以后解说和发挥《周易》的著作相区别。"十翼"又称做《易大传》，论述世界的推移变易，探索变易的原因，并且把自然界变易的道理运用于社会人事，系统地阐述了古代"人文化成"的道理，揭示了文明创造精神的内涵，体现了中华人文精神的哲学风貌。

6.《春秋》——相传孔子依据鲁国史官的记载整理而成。起于鲁隐公元年（前722），终于鲁哀公十四年（前481）。

因《乐经》失传，故称《诗》《书》《易》《礼》《春秋》为“五经”，它们是古代人文精神最初最重要的文字载体。此后中国思想文化的演进往往采取注解“五经”的形式出现。因而古代人文精神的阐述，在很多时候都披着“五经”的外衣。

不过，我们还需要看到，春秋（前770至前476）、战国（前475至前222）这500年左右，是中国古代社会发生剧变的历史阶段，是从血缘宗法社会向统一的封建社会发展的时期，也是文化学术思想极其活跃的时期。在这个阶段，产生了所谓“诸子之学”，有儒家、道家、阴阳家、法家、名家、墨家、纵横家、杂家、农家、小说家（《汉书·艺文志》）。随着中华民族的逐渐融合，各个学派的思想也相互影响，彼此争辩、学习和吸收，形成了“百家争鸣”的学术繁荣局面。诸子百家的学术贡献是多方面的。“百家争鸣”的局面，使古代的文明创造精神得到集中的表现。要了解中华人文精神的真谛，关于“诸子之学”有几本书是需要仔细阅读的。如：《论语》（可读杨伯峻《论语译注》）、《孟子》（可读杨伯峻《孟子译注》）、《老子》（可读任继愈《老子绎读》）、《庄子》（可读陈鼓应《庄子今注今译》）等。

附录：

关于中华文化的25种名著（篇）

我给读者朋友提供一个书目，供大家选择书籍时参考。

1.《论语》。这是儒家创始人孔子及其弟子的言论汇编，由其弟子或再传弟子追记写成。可读当代学者杨伯峻《论语译注》，中华书局出版。

2.《墨子》。这是墨家学派的著作总集，全书71篇，现存53篇。可读清代孙诒让《墨子间诂》，中华书局出版。其中《天志》《兼爱》《尚同》《尚贤》诸篇可细读。

3.《老子》。也称《道德经》。相传为春秋末期老聃著，一般认为编定于战国时期，保留了老子本人的思想。三国时魏人王弼注本称之为通行本。可读高亨《老子正诂》，古籍出版社1956年版；任继愈《老子绎读》，北京图书馆出版社2006年版。可选读其中若干章。若想做深入研究，则需要看帛书本、楚简本《老子》。1973年湖南长沙马王堆汉墓出土的帛书甲、乙本，它们是《德经》在前，《道经》在后。1993年湖北省荆门市郭店出土的战国楚墓竹简本《老子》，是目前所见最早的《老子》，共分甲、乙、丙三组，是《老子》的不同选抄本，或许是今本分道、德二经的雏形。

4.《庄子》。战国时期道家学派的著述总集。“内篇”为庄子所写。“外篇”“杂篇”为其后学所著。总共33篇。

可读郭庆藩《庄子集释》、陈鼓应《庄子今注今译》，中华书局出版。其中《逍遥游》《齐物论》《大宗师》《知北游》可细读。

5.《孟子》。战国中期孟轲及其弟子所作，或说是孟子弟子、再传弟子记述。可读杨伯峻《孟子译注》，中华书局出版。其中《梁惠王》上下篇、《公孙丑》上下篇、《滕文公》上下篇、《告子》上下篇、《尽心》上下篇可细读。

6.《孙子兵法》13 篇。可读郭化若《孙子译注》，上海古籍出版社出版。其中《势篇》《虚实》《谋攻》《九变》可细读。

7.《韩非子》。原名《韩子》。《汉书・艺文志》著录为 55 篇。大部分为韩非所著。可读梁启雄《韩子浅解》，中华书局出版，其中《五蠹》《显学》《解老》可细读。

8.《荀子》。汉代称《孙卿子》，西汉刘向看到过 323 篇，删去重复的 290 篇，编定 32 篇。今本 32 篇，是经唐杨倞重新编定的。32 篇中大部分为战国末期荀况所作。可读当代学者梁启雄《荀子简释》，中华书局出版。其中《劝学》《王制》《富国》《天论》《解蔽》《正名》《性恶》诸篇可细读。

9.《易传・系辞》。《易传》是解说和发挥《易经》的著作。约在战国末年成书，又称《十翼》，或称《易大传》。其中《系辞》上下篇阐述了人们应顺应时势、自强不息的道理。可读高亨《周易大传今注》，齐鲁书社出版。

10.《吕氏春秋》。亦称《吕览》，战国末秦相吕不韦集合门客编著，被视为杂家的代表作。其中《重己》《贵生》《爱士》《去宥》《上农》诸篇可细读。可读当代学者许维遹《吕氏春秋集释》，中国书店出版。

11.《史记·太史公自序》。司马迁首叙先祖世系，于其父司马谈事迹叙述较详，并录引了司马谈《论六家之要旨》，次阐述《史记》写作宗旨，末系《史记》130篇提要。

12.《论衡》。东汉时思想家王充所作，对经书和谶纬的“虚妄”提出批评。当代学者对此书的注释，有黄晖的《论衡校释》和刘盼遂的《论衡集解》，中华书局出版。其中《自然》《谈天》《实知》《论死》《订鬼》诸篇可细读。

13.《不真空论》《物不迁论》与《神灭论》。此乃魏晋南北朝时期三篇名文。僧肇的《不真空论》和《物不迁论》是当时中国佛教所讨论的重大理论问题的总结。《神灭论》是南齐时思想家范缜著，以问答形式阐述“形神相即”的无神论思想，反对佛教“形神相异”的理论。以上三篇可读当代学者任继愈《汉唐佛教思想论集》一书的附录，人民出版社出版。

14.《法宝坛经》。又称《六祖坛经》，是禅宗的代表作，为六祖慧能的传教记录。可读当代学者郭朋的《坛经校释》，中华书局出版。

15.《张载集》。北宋时期思想家张载的著作汇集为《张子全书》，中华书局出版时改为《张载集》。其中《正蒙》篇影响较大。

16.《朱子语类》。宋代理学家、学者朱熹的语录汇编。他撰著宏富，有《四书集注》等。后人编有《晦庵先生朱文公文集》和《朱子语类》，可选读若干条。

17.《传习录》。作者为明代思想家王守仁。其思想对明、清和近代都有影响。其著作后人编有《王文成公全书》，又称《阳明全书》，38卷，可选读《传习录》中的部分内容。

18.《明夷待访录》。明末清初思想家黄宗羲著，是中国古代一部有理论深度的抨击君主专制制度的著作。可读其中《原君》《原臣》《学校》篇。

19.《张子〈正蒙〉注》。明末清初思想家王夫之著。王夫之著作现存有70余种，400余卷，后人汇总为《船山遗书》。从20世纪80年代开始，湖南岳麓书社出版《船山全书》，现已出齐。王夫之《张子〈正蒙〉注》，对张载思想的某些方面有继承也有发展。

20.《严复集》。严复为中国近代介绍西学的启蒙思想家。此书由王栻主编，中华书局1986年出版。全书五册，分按语、诗文（上下）、书信、著译、日记、附录等部分。可选读其中《论世变之亟》《原强》《救亡决论》《辟韩》《天演论·译序》。

21.《康有为诗文选》。康有为是1898年戊戌变法的倡导者、近代最有影响的思想家之一。此书分别于1952年和1958年由人民出版社、人民文学出版社出版。

22.《梁启超哲学论文选》。梁启超是近代有影响的思想家和学者。此书1984年北京大学出版社出版。

23.《仁学》。近代思想家谭嗣同著。1917年上海文明书店出版11卷《谭浏阳全集》。1954年三联书店出版了蔡尚思、方行主编的《谭嗣同全集》。1981年该书又出增订本，分上下册。《仁学》是谭嗣同的代表作，记述了中国实行变法的必要性及谭氏的哲学、政治思想。

24.《訄书》。这是章炳麟的代表作之一，反映了章氏哲学思想和关于中国传统文化的见解。

25.《孙中山选集》。孙中山是中国近代民主革命的伟大先行者。《孙中山选集》上下卷，人民出版社出版，其中精选了孙中山的著作、论文、讲演和函电。可选读其中部分内容。

[选自拙著《中华人文精神》（增订本），西安：陕西人民出版社2007年版，第3—32页]

第二篇

关于中国古代儒学的研究

孔子儒学的价值理念与精神追求

——纪念孔子诞辰 2565 年

孔子（前 551—前 479）是儒学的创始者，他对中华文化的传承发展做出了重大贡献。今年是孔子诞辰 2565 年。我们正在建设富强、民主、文明、和谐的社会主义现代化国家，实现中华民族伟大复兴。这个时候纪念孔子，需要继续研究孔子和儒学的价值理念与精神追求，从中汲取丰富营养。

笔者认为，我们不是讨论如何将儒学用于今天的中国社会，而是研讨孔子和儒学对中华文化的贡献在哪里。这个问题解决得好，自然就会知道应如何继承发展儒学丰厚的文化遗产。

一、孔子的理想与实践：用教育文化去改造社会

孔子关注西周宗法礼制的存亡，他认为，这种礼制是以夏商两代为依据而制定的，在西周时期曾经结出丰硕的文化果实。由此，他主张沿用西周的礼制。事实上，孔子生活在春秋末期，西周宗法礼制已经变形，出现摇摇欲坠

的局面。

孔子在感情上不认同这样的变化，但是他以实际行动冲破了宗法礼制传统，办起了“私学”（用私学代替西周时的官学），倡导“有教无类”，学生不分贵贱亲疏，更不论出生何地，都可以平等地接受儒家的教育。由此可见，孔子在社会发生重大变化的历史阶段，选定了这样的道路：用教育和文化去改造社会。

在中国春秋战国时期（前770—前221）产生了许多思想学派，有儒家、墨家、道家、阴阳家、法家、名家（逻辑学家）、纵横家、杂家、农家、小说家，号称“百家争鸣”，反映了这个时期中国思想文化的巨大成就。后来的中华文化都可以从诸子百家中找到文化传承的基因，其中的儒学不但对中国，而且对世界都有影响。

孔子说：“吾十有五而志于学，三十而立，四十而不惑，五十而知天命，六十而耳顺，七十而从心所欲不逾矩。”（《论语·颜渊》）这里表述的不是孔子的“学历”和“知识水平”，而是他在长期教育和文化传承实践中对于人生境界，即价值观的追求所达到的高度。

孔子以前及其同时，许多人都讲“仁”。《国语·周语》曰：“言仁必及人。”“仁”必涉及人与人的关系。《论语》多处为“仁”规定界说，着眼于人与人、人与社会如何相处？孔子不赞成把“亲亲”与“爱人”对立起来，认为这是爱人的起点。讲“仁”不能离开“亲亲”，同时也不局限于此，应面向社会。《论语·颜渊》云：樊迟问“仁”，孔子答“爱人”。一方面是“己所不欲，勿施于人”（《论语·

颜渊》)，另一方面是“己欲立而立人，己欲达而达人”(《论语·雍也》)；将这两方面结合起来，就体现了“忠恕之道”。

两千五百多年来，孔子的“忠恕之道”被古今中外学者、思想家们誉为做人的准则，是孔子价值理念的集中体现。第一，“己所不欲，勿施于人”的道德准则并非高不可攀，人们经过努力，是可以达到的。第二，人际关系并非只有“自己”这个主体，应同时兼顾到客体，即“他人”；孔子倡导的道德准则都是从两方面来说的，比如：父亲以慈爱对待儿子，儿子以孝道对待父亲，这样才能真正达到“爱人”的高度。第三，忠恕之道平实深刻，便于笃行。

孔子认为，人的思想行动符合“仁”的标准，可称之为“仁人”。“仁人”超越了人的本能，是具有高尚理想、深厚道德修养的人。这样的人，当他的理想与现实发生冲突，二者不能兼顾的时候，他会牺牲个人生命，去殉他的理想。对此，孔子给予很高评价：“志士仁人，无求生以害仁，有杀身以成仁。”(《论语·卫灵公》)在中华历史上，这样的理念熔铸成为中华民族志士仁人的共同信念，成为民族前进发展的动力之一。

孔子所说的“仁”是各种德目的总称。他曾提出其他德目，如：恭、宽、信、敏、惠，认为：“能行五者于天下为仁矣。”(《论语·阳货》)恭即庄重、自尊，宽即宽厚，信即诚信，敏即勤快，惠即乐于助人。

孔子重视孝道，认为人们心里尊敬父母，这才是真正

的孝。他说，一般人认为“孝”就是养活父母，这很不够，如果没有孝心，这和饲养犬马又有什么区别呢？（《论语·卫灵公》）

孔子的道德观具有深刻的理论基础，提到了人的认识论高度加以论述。他不仅说君子应当如何做，而且阐述了为何要维护道德伦理的尊严，因为只有这样，才符合人的认识法则。这个法则，孔子称之为“中庸”。

何谓“中庸”？《论语·先进》中有这样的表述：“子贡问曰：‘师与商也孰贤？’子曰：‘师也过，商也不及。’曰：‘然则师愈与？’子曰：‘过犹不及。’”子贡问孔子：颛孙师（子张）和卜商（子夏）都是您的学生。他们两人谁强一些呢？孔子回答说：子张有些过头，子夏有些赶不上，这两者都不是中庸之道。

还有，“子曰：‘……见义不为，无勇也。’”（《论语·为政》）——勇敢应当与正义的行动相结合。

“子曰：‘人而不仁，如礼何？人而不仁，如乐何？’”（《论语·八佾》）——“仁”应当和“礼”“乐”相结合。

“子曰：‘《关雎》，乐而不淫，哀而不伤。’”（《论语·八佾》）——《诗经》中的诗使人快乐而不至于无节制，悲哀而不至于伤害身心。

“子曰：‘知者乐水，仁者乐山。知者动，仁者静。知者乐，仁者寿。’”（《论语·雍也》）——有智慧的人乐于水，不断流动，永不衰竭；有道德的人乐于山，不断积善成人，积善成家，积善成国。

还有，“子温而厉，威而不猛，恭而安。”（《论语·述而》）——孔子待人温和，对弟子有严格要求，有威严而不凶猛，恭重而冷静。

此外，《论语》中多处记述了多与寡、有与无、实与虚、惠与不费、劳与不怨、泰与不骄等方面的统一，反映出中国古代辩证思维的特色，将道德规范与认识论密切结合，力求避免“过”与“不及”。北宋时二程（程颐、程颢）指出，“中”指的是平常的道理，而“庸”则是“和”，君子做事与待人接物都力求不偏不倚，恰到好处，达到和谐的高度，这就是“庸”。“中庸”是中国儒学追求的精神境界。达到这个境界，无须成神成仙，在现实世界中，人们经过努力学习就可以达到。《中庸》[①] 指出：一个讲诚信的君子，在学习上应该注意五个方面：“博学之”——广博地学习；“审问之”——详细地向别人请教；“慎思之”——周密地思考；“明辨之”——清楚地辨别是非、辨别善恶、辨别美丑等；“笃行之”——切实地身体力行，做到知行合一。

孔子讲道德操守，没有空洞说教的味道，合情合理，易于深入人心。孔子提出，君子要有“欲而不贪”（《论语·尧曰》）（有欲望但不贪婪）的品德。如果不是这样，让贪婪膨胀，其结果是“损矣”（《论语·季氏》），使自己走上了

---

① 《中庸》：原来是《礼记》（秦、汉之际）中的一篇。《史记·孔子世家》认为《中庸》是孟子的老师子思写的。唐代文学家韩愈很推崇《中庸》。历经北宋几位思想家的阐发，到南宋时思想家朱熹在前人研究基础上将《礼记》中的《大学》《中庸》提取出来，与《论语》《孟子》编在一起，称为《四书》。朱熹用了很长时间为《四书》作注，称为《四书章句集注》。

毁灭的道路，这是必须加以警惕的。

孔子的价值观，成为中华儒学的共同准则。孔子以后儒家学派的代表人物结合他们所处时代的特点加以发展。战国中期孟子（前372—前289）在这方面有很大贡献。他强调说，讲道德、重仁义，不仅是个人的事，而且事关天下国家。他说："人有恒言，皆曰'天下国家'。天下之大本在国，国之本在家，家之本在身。"（《孟子·离娄上》）道德修养应从个人做起，从而对天下国家产生影响。

为此，孟子提出"养气"说。所谓"养气"是指人们经过学习磨炼，培育出一种基于高尚理想和志向的精神。它催人奋进，百折不挠。孟子称这种精神为"浩然之气"或"正气"。

关于"浩然之气"，孟子这样描述：

"这种气最伟大，最刚强。用正义去培育它，丝毫不加伤害，就会充满上下四方，无所不在。这种气，需要与道义配合，缺少道义，就失去了力量。这种气，是由道义的日积月累而成，不是偶然的正义行动所取得的。"①

在孟子看来，这种"浩然之气"是长期学习、磨炼的结果。对此，孟子说了一段富有哲理性的名言：

"一个人要挑起重担，他的身体和思想都要经受长期的锻炼，饥饿、困乏经常袭来，思想矛盾不断，不如意事

---

① 《孟子》书的原文是："……其为气也，至大至刚，以直养而无害，则塞于天地之间。其为气也，配义与道；无是，馁也。是集义所生者，非义袭而取之也"（见《孟子·公孙丑上》）。

时时遇到。只有这样，才能坚定他的意志，提高他的能力，使他更加冷静、成熟。……”[①]

孟子还提出“大丈夫”理念，其标准，按照他的说法是：“富贵不能淫，贫贱不能移，威武不能屈，此之谓大丈夫。”（《孟子·滕文公下》）一个人身处富贵温柔之乡，不能丧失志向；身处贫贱困苦之地，不能改变人格；身处强暴威胁之时，不能丢掉气节，这才是真正的“大丈夫”（高尚的人格）。这是中华传统美德的集中体现，历代相传，成为中华民族精神追求的目标之一。

二、孔子“和而不同”文化观的理论意义

关于人的价值观不仅探讨人与人、人与社会的关系，也离不开人与自然的关系。《论语》中记载有孔子与弟子们关于“天”的对话。他说：“天何言哉？四时行焉，百物生焉，天何言哉？”（《论语·阳货》）这里强调天是自然。孔子要弟子们“不怨天，不尤人”（《论语·宪问》），要靠自身的努力。

《论语》中有孔子和弟子们对于自然认识的材料，大部分以自然知识为譬喻，说明政治、伦理和做人的道理，而不是自然本身。

但是，从孔子“和而不同”的文化观来看，他坚持用

① “……故天将降大任于是人也，必先苦其心志，劳其筋骨，饿其体肤，空乏其身，行拂乱其所为，所以动心忍性，曾（增）益其所不能。……”（《孟子·告子下》）。

事物多样性的“和”来观察世界，反对单一的“同”，从而提出“君子和而不同，小人同而不和”（《论语·子路》）。对此，我们可以从两方面加以阐释。其一，“和而不同”倡导博采众家之长的文化会通精神；其二，从先秦时期儒学的天人之学来看荀子论述人与自然相互关系的价值观问题。

先说会通精神。这里以我国第一部编撰于战国时期，在西汉时写定的中医药学经典《黄帝内经》为例略加说明。

《黄帝内经》的作者们对春秋战国时期的诸子百家学说不抱门户之见，凡有可取之处都加以吸取。其中有儒家思想，有墨家主张，有道家观点，还有法家的若干见解。名家、兵家，甚至阴阳五行学说中的某些成分也被吸纳。博采众家之长，因而《黄帝内经》奠定了与中华儿女繁衍发展密切相关的中医药学的坚实理论基础。

再举一例：中华文化中比较完整的关于“大同”社会的学说，主要见于《礼记·礼运篇》，这是战国末年或秦汉之际儒家学者的著作，阐述了从据乱世到小康再到大同的历史进化观。其中关于大同社会有一段描述：

“大同”社会以“天下为公”为最高准绳，不同于“天下为家”的社会。

在“大同”社会中，社会财富不是私人所藏有的，而是为大家所共同享有的（“货，恶其弃于地也，不必藏于己”）。

在“大同”社会中，人人都要为了全体的利益而进行劳动（“力，恶其不出于身也，不必为己”）。

在“大同”社会中，育幼、养老都有很好的安排，能劳动的人从事劳动，而失去劳动条件的人由集体供养（“故人不独亲其亲，不独子其子，使老有所终，壮有所用，幼有所长，矜、寡、孤、独、废、疾者皆有所养；男有分，女有归”）。

在“大同”社会中，大家相爱，没有权谋欺诈和盗贼掠夺，和平地生活而没有战争（“是故谋闭而不兴，盗窃乱贼而不作，故外户而不闭”）。

在“大同”社会中，公共事务由大家来办理，可以选出人们信赖的人来担任必要的工作（“选贤与能，讲信修睦”）。

像这样的“大同”理想，不但继承了早期儒家思想，而且在不少地方继承了墨家思想，例如“选贤与能”就和墨家的“尚贤”原则相似；“老有所终”一段又相似于《墨子·兼爱中》里的一节，甚至“大同”这一名称也可能从墨家所说“尚同”沿袭而来。同时，《礼记·礼运篇》有些地方也受了老子思想的影响，如“大同”世界为“大道之行”，“大道”就是道家的术语。可见，“大同”理想主要来源于儒家，同时也吸取了墨家和道家的某些思想。

再看“和而不同”文化观的第二个特点，即战国末期儒者荀子关于天人之学的基本论点。

战国末期有些儒者研究《周易》的论述，保存在《易大传》中。其书基本上属于儒家学派，也吸收了道家的一些观点。《易大传》有十篇，又名《十翼》，其中《系辞》

上、下在于发掘《周易》的哲学潜质，文中关于天人之学的论述，对儒家和中华文化的发展有很大的影响。

《易大传》阐述的事物变易之理不同于《老子》所主张的柔弱、无为，强调刚健中正。《乾卦·象传》曰：“天行健，君子以自强不息。”不过，《易大传》在强调刚健的同时，并不否认柔弱的作用，主张刚柔相济、二者相互为用。

《周易》讲天、地、人三才之道的统一，《易大传》加以发挥，提出“生生之谓易”，人们以此指导践行，除旧更新。又要人们笃信天地为万物之母、生养之源，应当加以礼敬，不可毁坏。

在上述思想影响下，战国末期，儒学集大成者荀子（前 298—前 238）本着孔子的思路，赞成“和”而否定“同”，写出了名篇《天论》，把“和而不同”的道理阐发得深刻而清晰。

荀子写道：“天行有常，不为尧存，不为桀亡。应之以治则吉，应之以乱则凶。”认为天有常规，不受人的意愿支配。顺应天（自然）的法则，人们将从天那里取得养生之资，如粮食等。如果人们违反天的法则，将受到它的惩罚。荀子在《天论》中写下一大段关于加强农业生产的文字：“强本而节用，则天不能贫。养备而动时，则天不能病。修（循）道而不贰，则天不能祸。”认为人们抓住农业这个根本，厉行节约，天就不能使人贫困，有充分的养生之资，并按照季节进行农事，天就不能使人患病；遵循农业生产本身的法则而行动，天也不能使人遭到祸患。

可见人在自然的面前不是完全无能为力的。荀子又说："错人而思天，则失万物之情"，如果看不到人的作用，只是祈求天的恩赐，就和天人关系的真实情况相背离。基于上述分析，荀子的结论是："故明于天人之分，则可谓至人矣。"

荀子"天人相分"的观点阐述了一个客观真理：当人从自然界分离出来，成为与自然相对的认识主体的时候（也就是认识到天人相分），人才有可能成为有智慧的人，而不是一般意义上的人；而是能认识并按照自然法则去行动的人；荀子称之为"至人"，用今天的话讲就是"真正的人"。

强调"人"的地位与作用，这是儒学和中华文化及其理论的特色之一。中华文化以"人"为核心，进行探索，产生了"天人之学"（探讨什么是天？什么是人？人与天有何关系?）、变易之学（探讨世界万物变化的道理）、为人之学（即人的道德伦理标准）、会通之学（即博采众家之长的文化观）方面构筑了丰富的理论体系。在这方面，荀子的"天人相分"论做出了重要的贡献。

荀子在《天论》中着重论述了天人相分，就是看到天和人各自的特点，呈现于人面前的是千姿百态的自然世界，不是一个色彩、一种声音的单调死板的存在。在异中求同，达到和而不同。由此荀子在《天论》中写下这样的话："万物为道一偏，一物为万物一偏，愚者为一物一偏，而自以为知'道'，无知也。"在荀子看来，万物只是"道"的一个方面，个别事物是整体的部分，人们往往以偏概全，以部分替代整体。从“分”到“合”，从个别到一般，这才是人们认识的正确途径。

荀子的天人相合论是通过人的生产活动来实现的。他认为，人能适应天时、顺应地利；人的这种努力，叫作“能参”；人们发挥自身的能动性，叫作“所以参”。这二者结合才达到天人相合的高度。由此荀子强调人能“群”、人是社会的动物。总之，荀子从天人相分到天人相合观，在中国先秦时期达到很高的理论水平。

“天人之学”渗透于中国古代的科学技术，从天文历算、中医药学、古地理学、古建筑学中均可看到它的思想影响。我国古代文学与史学更加离不开天人之学的滋养。关于天人之学的丰富史料，从古代史学中可以见到。西汉时大史学家司马迁有一句名言：“究天人之际，通古今之变，成一家之言。”（《汉书·司马迁传》）在他看来，只有研究天人之间的关系，才能在学术上有所建树。

中国人有自己独特的价值观，和西方不同。古希腊哲学是从探讨自然开始的，前苏格拉底的希腊哲学家包括米利都学派（约前6世纪产生）、毕达哥拉斯（Pythagoras，约前580—前500）、爱利亚学派（约前6世纪产生）、赫拉克利特（Heraclitus，约前535—约前475）等，对自然现象及其形成的原因进行研究，一般都留下一篇《论自然》的作品。到巴门尼德（Parmenides，约前514—?），他区分了感觉和理性、存在和非存在、本质和表象、真理和意见，由此，希腊哲学的抽象思辨能力大大提升，这是西方哲学最高命题即思维和存在关系问题的起点。在西方，后来也没有像中国哲学那样探讨天人关系。到20世纪中叶，西方思想家由于生态环境危机，才开始注意中国古代天人之学的理论及其实践意义。

三、儒家的“民本”观与“忧患”意识

孔子和儒家的“民本”思想源于西周礼乐文明。为西周制礼作乐的周公提出“人无于水监，当于民监”（《尚书·酒诰》）的理念。古代的镜子称为“监”，周公要求执政者不要用水做镜子，而以“民”为镜，时时对照，检查自己，反省为政的得失。类似的理念常见于周人的文献，可见在距今三千多年前中国历史上已经产生了“民本”思想。至于西周时“民”指什么，可在学术研讨中加以讨论解决，这里不论。

孔子和儒家继承发扬了周公的“民监”思想，这是事实，但这和做官与否并无直接联系。孔子的弟子子夏说：“学而优则仕。”（《论语·子张》）这只是一种愿望，并非实现“民本”一定要有官位。孔子本人除去在鲁国做过短时间的“司寇”外，周游列国，宣传自己的思想，没有做官。他的弟子中虽有做官的，但也有很多与官位无缘。因而儒家的“民本”观并非鼓励人们都去做官。

在孔子思想中，“民本”体现在如何对待“民”这个重大问题上。据《论语·公冶长》记载：“子路曰：‘愿闻子之志。’子曰：‘老者安之，朋友信之，少者怀之。’”孔子把有利于“民”而解除他们患难的行动称之为“圣”，认为像尧、舜这样的“圣王”也没有达到。孔子把为

“圣”的标准与利“民”联系在一起，极大地影响了后来儒学思想的发展。

孟子论述了“民贵君轻”的思想，这在《孟子·尽心下》有一段完整的说明：“民为贵，社稷次之，君为轻。是故得乎丘民而为天子，得乎天子为诸侯，得乎诸侯为大夫。诸侯危社稷，则变置。牺牲既成，粢盛既洁，祭祀以时，然而旱干水溢，则变置社稷。”（《孟子·尽心下》）

在国家中，百姓最重要，社稷（土神和谷神，国家的象征）其次，君主又其次。得到百姓的拥戴可以做天子。得到天子、诸侯的赞赏，只能做诸侯、大夫。一个国家的执政者要把百姓都赶出国境，另换一批百姓，在事实上是做不到的。但变换天子、诸侯，是可行的。孟子认为这在历史上有“禅让”和“征诛”两说。“禅让”是他从氏族社会历史传说中得出的认识，而“征诛”则是孟子对夏商周三代交替历史的认识。他说汤伐桀，是“为匹夫匹妇复仇也”（《孟子·滕文公下》）；武王伐纣，是“救民于水火之中”。如果君不行仁义，残害百姓，就不成其为君，虽然他还占据着君位，但实际上已经成为“一夫”，并不是真正的“君”。齐宣王问孟子：对于汤伐桀、武王伐纣这两件事应如何看？武王以臣的身份而杀纣，是否“弑君”？孟子的回答是：“闻诛一夫纣矣，未闻弑君也。”（《孟子·滕文公下》）

当中国历史演变至17世纪，明末清初之际，儒学思想家黄宗羲（1610—1695）在《明夷待访录》一书中提出：三代以下是“以君为主，天下为客”，君主把天下视为己有，独占天下之利，“为天下大害者，君而已矣”。他宣传“天下为主，君为客”的反命题。从表面看，这个命题和孟子“民为贵，社稷次之，君为轻”相同，但还有差别。孟子的命题是在战国中期提出的，劝说诸侯贵族实施“仁政”，创造统一天下的条件，而黄宗羲的命题则包含有批判君主专制主义的因素。秦汉以降，随着君主中央集权制度建立，统治者认为“国家”即皇帝。秦始皇出巡，刻石记功，声称“六合之内，皇帝之土……人迹所至，无不臣者。”（《史记·秦始皇本纪》）由秦始皇开创的“朕即国家”的君主专制制度为历代统治者所承袭。到明末清初之际，有些思想家（儒学是他们遵循的基本原则）举起“天下”的旗帜，力求说明“天下”与君主的区别。除黄宗羲之外，他的挚友顾炎武（1613－1682）也力求区别“亡国”和“亡天下”。他说：“易姓改号，谓之亡国。仁义充塞，而至于率兽食人，人将相食，谓之亡天下。”他强调“得天下”具有更加深刻的内涵，他说：“得天下者，匹夫之贱，与有责焉耳矣。”（《日知录》卷13“正始”条）这样的爱国主义多少突破了易姓改号和朝代兴亡的观念。

还要谈到儒家的“忧患”意识。忧乐观实际是价值观。孔子多次讲述自己的“忧”与“乐”。他说：“德之不修，学之不讲，闻义不能徙，不善不能改，是吾忧也。”（《论语·学而》）作为“君子”，不注意自己道德品质的提高，不切磋学问，不按照道义的原则去行事，有了过错不能及时改正——这些就是孔子目睹春秋末期社会现实情况而产生的忧虑。

“忧”与“乐”相互依存，孔子有“忧”也有“乐”。他的名言：“学而时习之，不亦说乎？有朋自远方来，不亦乐乎？人不知而不愠，不亦君子乎？”（《论语·学而》）孔子夸赞自己的学生颜回：他身居陋巷，生活艰苦，在“人不堪其忧”的状况下能够“不改其乐”（《论语·雍也》），坚持追求道德和学业上的进步，实在是一位贤明的君子呵！孔子说自己“发愤忘食，乐以忘忧，不知老之将至”（《论语·学而》）。可见，孔子区别“忧”与“乐”，其标准是人的道德修养和精神状态，这在中华文化中简称为“尚德”精神。

孔子关心社会的安定与和谐，这在《论语·季氏》中有详细的记载。当时鲁国公室衰微，在鲁国掌管实权的是所谓“三桓”（鲁庄公的弟弟庆父、叔孙氏、季孙氏三家）。“颛臾”附属于鲁国，主东蒙山祭祀，季孙氏企图讨伐颛臾。面对这种形势，孔子讲了关于社会和谐的政治哲学，他说：“不患寡而患不均，不患贫而患不安。盖均无贫，和无寡，安无倾。”东汉经学家包咸（前7—公元65）《论语章句》、南宋思想家朱熹（1130—1200）《论语集注》认为，孔子在这里强调的是“上下和同”“小大安宁”[①]“上下相安”[②]。归总一句话，在孔子看来，国家的忧患不在于经济实力是否充实，人力资源是否充沛，而在于对这

---

① ［清］刘宝楠撰，高流水点校：《论语正义》卷十九《季氏》，北京：中华书局，1990年，第649页。

② ［宋］朱熹：《四书章句集注》，北京：中华书局，1983年，第170页。

些财物的占有和处理是否合理，能否使社会安宁有序；他强调人的作用大于物的因素。“政者，正也”（《论语·颜渊》），对于执政者来说，要求他们端正、公正。后来，中国古代的许多政治家、思想家，大都是沿着孔子的这个思路去看社会问题的。

“忧患”一词出于《易·系辞下》：“《易》之兴也，其于中古乎？作《易》者，其有忧患乎？”《系辞》的作者认为《易经》可能是文王时期的忧患之作。《易·明夷卦·彖传》举例说，殷纣王时期，天下无道，当时周文王被囚，蒙受大难，但是文王内存阳刚之德，外用柔顺之道，终于化险为夷。

在《易·系辞》作者们看来，《周易》主要讲天地、人事变化的道理，这简称为“变易之学”；人们通过占卜，就会知道如何趋利避害。正如《系辞下》所云：“《易》，穷则变，变则通，通则久。是以自天祐之，吉无不利。”这说明自然界和人类社会无一不在变化，礼仪刑法也是如此。当事物达到极限，会发生变化；变化了就能发展；发展了就能畅通；畅通了就能长久。基于此，《易·系辞》的作者们用“生生”“日新”等来指称事物变化的过程，肯定它，赞美它。《系辞》还从历史角度阐明事物的变易之理，如黄帝、尧、舜时期的各种文明创造，给社会带来福祉，就是很好的例证。

《易·系辞》进一步研究了事物变易的内在根源，认为阴阳、刚柔、动静、吉凶、祸福、存亡等对立方面的相推相摩，引发了自然和社会的变化，用“穷神知化，德之盛也”八个字来说明：人们认识事物变化之奇妙，赞之为“盛德”。洞察此，君子才能够做到“安而不忘危，存而不忘亡，治而不忘乱，是以身安而国家可保”（《易·系辞下》）。

忧患意识历代相传。唐代政治家魏徵（580—643）将“忧患”解为人的精神状态，据《新唐书·魏徵传》载，他说：“‘思’所以危则安矣，‘思’所以乱则治矣，‘思’所以亡则存矣。”治国理政者能够不忘国家的危险因素，从而采取预防的措施，社会有望趋向安全；能够考虑明白混乱的原因，社会才能逐渐太平；能够思考清楚灭亡的原因，社会就能变得稳固。在魏徵的论述中，包含有忧患意识与社会和谐这二者互相依存的某种要点。如果没有忧患意识，也就看不到社会矛盾，找不到解决矛盾的妥善方法，建造不了社会和谐。因此，对于治国理政者来说，即或是在非常顺利和取得很大胜利的时刻，仍然要谦虚谨慎，牢记“自强不息”这个中华文化的古训。

关于忧患意识，人们经常将北宋时期政治家范仲淹（989—1052）的《岳阳楼记》一文作为代表，要人们去诵读，指导自己的行动，这是很有见地的。

范仲淹有丰富的政治和实践经验，曾在延州（今陕西省延安市）率军遏止西夏军的侵扰。访问过岳州（今湖南省岳阳市）岳阳楼。此楼唐朝时初建，宋仁宗时重修。范仲淹应友人之邀，著文以记其事。首叙岳阳西著名大湖洞庭景观，次叙在淫雨霏霏的日子里登楼感物而悲，再叙春和景明之际登楼览物而喜。最后问如何才能“不以物喜，不以己悲”，回答是：“居庙堂之高，则忧其民；处江湖之远，则忧其君。是进亦忧，退亦忧。然则，何时而乐耶？其必曰：先天下之忧而忧，后天下之乐而乐。”

这里提出了问题：政治家们怎样才能不因环境变迁而改变自己的志向？不因个人得失而转移自己的信念？范仲淹对此做出了明确回答：在朝廷做官，要情系黎民百姓；不在庙堂之上，仍然要有对于国家的忧患情怀。当天下人都有了快乐和幸福，这个时候才有个人的幸福。范仲淹把儒家的忧患意识提升到忧国、忧民的高度，产生了深远影响。

四、中华文化传承与儒家经学

《诗》《书》《礼》《易》《春秋》是孔子思想产生的文化源头，也是他创立儒学所依据的思想资料[①]。孔子对这些西周的古文献都做过深入的研究，自称“述而不作”，其实这是谦辞，他在传承中有创造，并赋予这些文献以新的生命力，否则也不会有儒学的产生。从孔子开始，经过儒家学者自身对古文献整理研究经验的总结，产生了儒家特殊的经学诠释方法。

经学是指解释和阐述儒家经典的学问，其名称始见于《汉书·兒宽传》。经学本义指丝织物的纵线，《说文解字》：“经，织从（纵）丝也。”在这里经引申为书籍的含义，称重要书籍为“经”，以与一般书籍相区别，或将文

① 原本为“六经”，其中有“乐经”失传，故称为“五经”。

章中的提纲部分成为经，与阐述的部分分开来。汉武帝时，《诗》《书》《礼》《易》《春秋》始称为“五经”，后逐渐增加其他儒家著作。经学包括文字学、历史学、天文历算、鸟兽草木之训释，政治思想、哲学思想、宗教思想则是经学的重要内容。这些门类在经书中都没有明确区分，要求学人们从会通和整体上加以全面理解。

《易·系辞上》云:“圣人有以见天下之动，而观其会通。”近代学者高亨在《周易大传今注》中说：“此言圣人有以见到天下事物之运动变化，而观察其会合贯通之处，从而推行社会之典章制度。”由此引申，会通是整体性、全面性研究，要求从异中求同，从部分中求统一，是文化学术的融合贯通。

儒家经学与政治有密切关系。汉武帝时期是经学成为统治思想的开端。建元元年（前 140），武帝令大臣、诸侯举贤良，丞相卫绾奏请“所举贤良，或治申、商、韩非、苏秦、张仪之言，乱国政，请皆罢”（《汉书·武帝纪》），得到武帝认可。这件事显示出武帝有用儒家取代法家和纵横家等的意图。建元五年（前 136）立“五经”博士，表明经学已被提到官方学术的地位。但当时的经学并不完全适合武帝建立“大一统”国家的政治需要。元光元年（前 134），武帝诏问：“何行而可以章先帝之洪业休德，上参尧舜，下配三王？”（《汉书·武帝纪》）春秋公羊学派经学大师董仲舒建议：“诸不在六艺之科、孔子之术者，皆绝其道，勿使并进”（《汉书·董仲舒传》），被武帝采纳，这是当时多民族统一大国汉朝统治的需要，儒学成为统治思想，但这只是经学中的春秋公羊学，而不是整个经学。

东汉章帝时建立了统一的经学。章帝建初四年（79）召开白虎观会议，这是中国经学史上一次盛大的会议。会上对经学的理解虽有多种，但经过皇帝亲自裁决，加以统一。统一的思想基础是：共同维护“君臣之正义”和“父子之纲纪”，即所谓“三纲五常”思想[①]，还有谶纬神学思想。尽管这个时代的经学有其历史的局限性，但是经学家们保存整理儒家著作，为中华文化传承做出了贡献。

中国封建社会一般说来，政教分离，没有形成像西欧那样的宗教黑暗时期。当时占统治地位的是儒家经学中的三纲五常说。皇权统治以此为准则，而民间也用经学来维护、巩固社会关系（家庭关系、宗族关系、人际关系等）。历代官方版刻经籍、社会启蒙读本、民间乡约村规，在思想观念上都同经学有关。西汉时有“五经”，东汉时加《孝经》《论语》成为“七经”。唐时，《礼》分《周礼》《仪礼》《礼记》；《春秋》分为《左传》《公羊》《穀梁》，加上《周易》《尚书》《诗经》，成为“九经”。“九经”再加《论语》《孝经》《尔雅》《孟子》到宋代成为“十三经”。

儒学经书从“五经”到“十三经”，反映了中国社会演进的需要，也是中华文化传承的展示。社会各个阶层都

---

① 三纲五常：君为臣纲、父为子纲、夫为妻纲为三纲，仁、义、礼、智、信为五常。

可从其中找到自己需要的价值观和文化要素。总体来看，儒家经书既维护社会尊卑贵贱的分野，又引导人们遵守道德规范，对君子的正心、诚意、修身、齐家、治国平天下的立志修养过程都有详细论述，说《十三经》是中华中古时期的文化百科全书，并不为过。

经学成为中国传统社会的统治思想，但它并没有妨碍其他学派思想的传承发展。从魏晋南北朝到隋代，有“三教合一”说，主张儒、释、道融合渗透，或称为三教“会通”。唐朝初，可以看到三教并举的文化现象。当历史演进到北宋时期，由于书院建立，促进了学人们的独立思考。学人们对经学笺注提出了怀疑，呼唤新思想出现。理学应时而生，它立足于儒学，兼采佛、道思想。

论述儒家经学，不能忽视清朝中叶出现的“专门汉学”思潮。其代表们[①]以实事求是的态度和严谨学风，精心研究、整理中华古代文化典籍，纠正了2000年来关于古代文献的若干谬误，为中华学术史、文化史的研究做出了贡献。他们掌握了一套严密的搜集、排比、分类以及识别文献资料的方法。他们知识渊博，研究的内容不局限于经学、史学，而扩展至天文、历算、音韵、训诂、金石、辞章等各个方面。他们中有些人不仅是文献学家，而且是具有开拓精神的思想家。

这里简要介绍清代汉学思潮中的代表人物之一阮元

---

① 阎若璩、胡渭、毛斯大、万斯同、顾祖禹等人，还有戴震、汪中、章学诚、焦循、阮元。

（1764—1849）在经书汇刻编纂方面的贡献：

1.《经籍籑诂》，106 卷。这部书将唐以前散在群书中的古代传注按音韵编排。取材广泛，群经、诸子、史部、集部旧注以及古代字书如《尔雅》《方言》《说文》《释名》等，几乎囊括了唐以前的训诂著述。

2. 重刻《十三经注疏》并附校勘记。《十三经注疏》合刻自南宋即开始，明清均有刻本，阮元根据宋本重刊并撰写校勘记，成为《十三经注疏》最规范的版本。

3.《皇清经解》（又称《学海堂经解》）。此书搜集清初至乾隆、嘉庆年间的经学著作 74 家，收书 180 余种，是对乾嘉汉学成果的汇集。

以上三部大书汇集了清代乾嘉汉学的研究成果，也是我们研究儒家经学不可缺少的著作。

五、从佛教儒学化看中华文化强劲的生命力

中华文化不是封闭的文化，她之所以有悠久的生命力，由于她具有开放的特色。这一方面表现为中国境内各民族间的文化交流和共同创造。另一方面则体现在中外文化交流上。中国的丝绸，改变了西方人的穿着；而西域的物产和音乐，也改变着中国人的日用习惯和音乐风格。中国儒学影响了日本、朝鲜的学术发展；南亚的佛教，也影响了中华文化。汉唐时期对外域文化的吸收消化，促进了汉唐灿烂文明的出现，而唐宋时期中华文化的远播，也影响了东南亚诸国的发展进程。时至明清之际，尽管官方采取了“海禁”政策，民间的海外交往并未止步。明代郑和

下西洋，未侵占外国的一寸土地。此后民间通过海上线路的中外交通日益发达。中国的一些商人和平民，在海上往来贸易，甚至到东南亚以及世界各地定居，成为今天海外华侨的祖先。他们为远播中华文化做出了很大贡献。

这里以印度佛教传入中土，与儒学融合为例来看中华文化的强劲生命力。

两汉之际，佛教传入中国以后，中国僧人为寻求佛教梵本，解答佛法中的疑难，不畏旅途艰苦，远赴印度取经，在中国思想文化史上写下“舍身求法”的光辉篇章。唐代玄奘（602—664）本姓陈，深得唐太宗李世民的信任，为深入了解印度佛教，决心去那里取经，得到唐太宗的支持。玄奘于贞观三年（629）从长安出发，历经千辛万苦到达印度，在著名的那烂陀寺研习五年，在印度各地游学交流四年，往返路程走了八年，于贞观十九年（645）回到长安，先后在弘福寺、慈恩寺从事译著。

玄奘的精神，鲁迅在《中国人失掉自信力了吗?》一文中说：“中国自古以来，就有埋头苦干的人，就有拼命硬干的人，就有为民请命的人，就有舍身求法的人。……他们是中国的脊梁。”

佛教传入中国后，和中华本土文化相融合，经历了很长时间。我国前辈学术大家汤用彤先生在《汉魏两晋南北朝佛教史》和《隋唐佛教史论》中指出，佛教传入中国后，经历了三个阶段：从形似到传神再到会通，即“格义”“玄化”到“儒化”。

两汉之际至三国、两晋，佛教始传，为沟通中外文化在语言、概念上的障碍，用中华文化中的名词概念，去比附解释佛教经文。这种方法往往牵强附会，背离佛经原义。到南北朝时，玄学盛行，佛教逐渐与玄学合流，史称“佛玄”时期，这当然不可能准确地解说佛教。到隋唐时期，佛教传入已有七八百年，佛教儒学化终于实现，主要表现在佛性与儒家心性说结合。隋唐时期，佛教各宗派大多以心性论为本派学说的重点。特别是禅宗，更是着重讲心性。六祖慧能在《坛经》中说：“佛向性中作，莫向身外求。”并作一偈语：“菩提只向心觅，何劳向外求玄？所说依此修行，西方只在眼前。”这不仅是儒家心性论的佛教版，而且在唐代盛行的道教内丹术中也有这方面的影响。

其次，出世并不反对经世。隋唐时期中华各佛教宗派的创始人一方面接受皇权的支持和保护，另一方面也为皇权祈福效力，他们中许多人被诏封为“国师”，亦可成佛。

还有，偈语与语录并用。语录体，本是中华早期儒学著作中的一种文体，如《论语》，言简意赅，朴实无华。这是《易传·系辞》所提倡的“易则易知，简则易从”的思维方式。这种文体也影响了隋唐时期的中土佛教，慧能《坛经》以语录体为主，穿插若干宗教偈语，这集中体现了中国古代语录文体的“简易”，而且启发了宋明时期的理学家们。

隋唐时期，佛教儒学化程度决定了它们传播佛教的力度。“化”得比较好的，如天台、华严和禅宗，它们的影响随之扩大，邻国朝鲜、日本等国也开始建立天台、华严、禅宗等佛教宗派。总之，佛教的儒学化，引起深刻而广泛的文化影响，并带来艺术、音乐、建筑、雕塑、文学等方面的文化交流[①]。

文化交流是双向的。唐朝安史之乱后，文人学士们在坚守儒学理论和社会政治思想的同时，广泛吸收佛教和道教思想，充实自己的理论体系。韩愈（768—824）、李翱（772—841）、柳宗元（773—819）、刘禹锡（772—842）等人，在个人修养和政治上推崇儒学，在思想上和学术爱好上出入佛老，居庙堂之高讲修齐治平，处江湖之远则“栖心释梵，浪迹老庄”[②]。柳宗元声称要“统合儒释，宣涤疑滞”，针对韩愈批评他“不斥浮图”的指责，他回答说：“浮图诚有不可斥者。”[③] 近世学者陈寅恪指出：“南北朝时，即有儒释道三教之目，至李唐之世，遂成固定之制度。如国家有庆典，则召集三教之学士，讲论于殿廷，是其一例。故自晋至今，言中国之思想，可以儒释道三教代表之。”[④]

宋代，佛教思想对学术的影响更加显著。周敦颐（1017—1073）的《爱莲说》显然与佛教莲华自性清净的论述有关。理学大家朱熹的思想，反映了华严宗的印迹。

---

① 参看张岂之主编《中国思想史》（修订本），西安：西北大学出版社，2012年，第497—500页。

② 《病中诗十五首并序》，《白居易集》卷三十五，北京：中华书局，1979年，第787页。

③ 《柳宗元集》卷二十五，北京：中华书局，1979年，第668、674页。

④ 陈寅恪：《金明馆丛稿二编》，北京：三联书店，2001年，第282页。

朱熹的《中庸章句》的《序说》，脱胎于华严宗的理事说，而又受到程颐的影响。陆九渊（1139—1193）的心学思想，明显接受了禅宗的影响。

道教的影响也不可低估。宋代先天图、河图洛书、太极图的传授，均出自道教。不过在不同的理学家那里，这种情况并不完全相同。周敦颐的《太极图说》，受道教影响较多。朱熹著《参同契考异》，主要在研究道教的经典。

从中国思想史来看，宋代理学家们都曾受到佛教、道教的影响，这使他们的思想更加开阔，理论更加深邃；在价值观和人生境界的精神追求上又有所提升。

六、结束语

中华文化源远流长，5000多年没有中断过，其中积淀着民族智慧、民族价值尺度、民族的思维方式和生活方式。汉族文化与少数民族文化相互交流、融合，构成中华文化的整体，即中华民族的精神家园。

儒学不是神的文化，而是以“人”为核心的道德文化，讲如何做人，做有道德、有理想、有作为的人；与人讲诚信友善，讲互相尊重，讲己所不欲，勿施于人；讲忠恕之道。

儒学不是宗教，它是中华的人文文化，它在发展过程中吸取了佛、道宗教思想中的某些优质，又加以改造，使自身更加丰富。

儒学是讲爱心的文化，爱国、爱亲、爱大众、爱自然、爱一草一木，即所谓“泛爱众而亲仁”。

儒学竭力排除极端，是主张践行“中庸”辩证思维的文化，反对“过头”与“不及”。

儒学引导人们追求和谐，鼓励人们营造人与社会、人与自然、人与人以及自己内心的和谐，主张用和谐取代社会冲突。儒学讲“王道”，反对“霸道”，主张道义、和平。

儒学不排斥外来的优秀文化，主张“和而不同”，倡导博采众家之长的文化会通精神。

儒学十分重视教育和人才培养，认为人们经过教育和自己的努力皆可以成才；它不是少数天才的文化，而代表着中华民族整体的文化。

儒学是中华历史的产物，不可能没有历史的某些局限；但这些并不影响它成为中华民族丰富深刻的精神财富。我们建设社会主义小康社会与和谐世界，要有包括儒学在内的中华民族优秀传统文化作为精神的活水源头。

（原载《中原文化研究》2015 年第 3 期，《新华文摘》2015 年第 16 期转载）

儒学与中华历史及世界

——纪念孔子诞辰2565年（发言稿）

尊敬的学者朋友、来宾们：

今年是孔子诞辰2565年。中国国际儒联在北京举行学术研讨会，为我们创造了以文会友的好机会。

我向学术研讨会提交的论文是：《孔子儒学的价值理念与精神追求》，文字太长，不适合在会上宣读。我想以《儒学与中华历史及世界》为题，作简短发言，请指正。

一、春秋战国时期的“百家争鸣”

中国从原始社会走向文明社会，有一个重要的特色：保留了氏族血缘传统，它反映于中华文化的各个方面，形成了天下之本在国、国之本在“家”的理念。

公元前11世纪，在渭水流域发展起来的周人灭掉殷商，建立了周朝。周人提出“德”和“孝”伦理观，作为当时礼、乐文明的核心理念。

春秋（前770—前476）、战国（前475—前221）之际，以鲁国为中心出现了私学学派——儒家和墨家。儒家开创者孔子（前551—前479），是春秋末期的大思想家和教育家。墨子创立了墨家学派。在儒墨之后，出现兼采儒墨而又批评儒墨的道家，春秋末期的老子是道家最早的代表。

战国时代，中国古代土地私有制有所发展，土地兼并和劳动力争夺相当剧烈。在这样的社会变动中，“士”阶层活跃起来。他们中有些人从贵族中分化出来，有些则出身于平民。“士”享有参与政治的权利，有一部分人专门从事学术活动。他们受到各国执政者的重视。这样的社会条件促进了战国时期学术思想的繁荣发展。

最早用“家”，即学派来称呼诸子百家学说的，是司马迁的父亲司马谈。《史记·太史公自序》介绍了司马谈《论六家要旨》，“六家”即阴阳家、儒家、墨家、名家、法家、道德家。《史记》一书高度评价孔子，称他为“至圣”，列入“世家”，又为孔子弟子们书写列传。司马迁笔下的孔子是一位对中华文化传承和发展做出了重大贡献的圣者——两千多年来中华历史和中华文化史证明这个论断准确无误。

东汉时文献整理大家刘向、刘歆父子以及史学家班固认为，先秦时期的思想学派有十家，除司马谈所谈六家外，还有农家、杂家、纵横家。至于在街头巷尾说故事的“小说家”是否够格称为“家”，则有疑义。“十家”号称“百家”，对中华文化产生了深远影响。

二、“罢黜百家，独尊儒术”经历了200余年才定型

公元前221年秦始皇统一六国，建立了以皇权为核心

的中央集权制，十几年而亡。汉并天下后，经过几十年的多次战争，地方分裂势力基本肃清，而楚文化、秦文化、齐鲁文化等大体上走过汇合的历史过程。此时，春秋公羊学派经学大师董仲舒三次向汉武帝上书，建议罢黜百家，独尊儒术。

建元五年（前 136）汉武帝立五经博士，随之而来的是，学习儒学成为汉王朝教育文化的大事。东汉时出现了一些专门传授儒家经典的名师。《后汉书·儒林列传下》记载：有些经学大师授徒讲学，听者往往多至万人，可见研究儒家经典蔚然成风。

如何理解儒家经典？有经古文、今文之争，又有所谓“谶纬”的影响。所谓“谶”，是以诡语托为天命的预言，有时附有图录，故又称为图谶。纬，是与经相对而得名，托名孔子（实际上与孔子无关），以诡语解经。

由于对儒家经典的各种不同的理解，东汉章帝建初四年（79）在京师洛阳白虎观举行了一次讨论儒学经义的会议，制定朝廷对经书的统一解释，史称白虎观会议，由章帝亲自裁决。会后史学家班固整理成书，即《白虎通》，也称《白虎通义》，将儒学经义解说统一起来，以“三纲五常”[①] 作为核心理念。此时距离汉武帝立“五经博士”已有 200 余年。可见，“罢黜百家，独尊儒术”并非一朝一夕之事。

---

① 三纲五常：君为臣纲、父为子纲、夫为妻纲，谓之三纲；仁、义、礼、智、信为五常。

中国传统社会，占统治地位的是儒家的经学，它为尊卑贵贱分野的社会找到一些平衡点。皇权统治以三纲五常为准绳，而民间亦以此作为维系社会关系（宗法关系、人际关系等）的价值准则。历代的官方版刻经籍、社会启蒙读本、民间乡约村规、家训、家谱都以“三纲五常”为准则，这使儒学普及到社会的各个阶层，取得了明显成效。

三、“新儒家”（理学）反映中华文化博采众家之长的文化会通精神

唐朝建立后，太宗因儒学经书章句注疏不同，命孔颖达等人撰《五经正义》。唐高宗永徽四年（653）颁行全国。至唐代中期，《五经正义》影响逐渐减弱，主要不是此书的立论，而由于时势所造成，统治阶层热衷于佛教和道教。中华历史上没有出现第二次“罢黜百家，独尊儒术”。

唐安史之乱后，文人学士们在坚守儒学的同时，广泛吸收佛教和道教思想[①]。他们居庙堂之高讲修齐治平，处江湖之远则“栖心释梵，浪迹老庄”[②]。近世学者陈寅恪指出：“南北朝时，即有儒释道三教之目，至李唐之世，遂成固定之制度。如国家有庆典，则召集三教之学士，讲论

---

① 佛教：两汉之际，印度佛教传入中国。唐太宗时，玄奘西行去印度取经，历时十数年。玄奘回到长安后，主持对佛经的翻译，此后加深了佛教对中华文化的影响。

道教：东汉初期，出现早期道教，产生了道教的两个派别。唐朝、北宋时道教盛极一时。

② 《病中诗十五首并序》，《白居易集》卷三十五，北京：中华书局，1979年，第787页。

于殿廷，是其一例。故自晋至今，言中国之思想，可以儒道释三教代表之”[①]。

北宋时期，思想界崛起一代新儒生，他们是：周敦颐、张载、程颢、程颐、邵雍、司马光、吕大临等，南宋时又有朱熹、陆九渊、杨万里、陈淳等。他们以传统的儒学作为思想的基本准则，对佛、道教思想吸取其理论思维成果，创立了新儒学的思想体系，即理学。

北宋时有皇帝把《大学》《中庸》（《礼记》中的两篇）择出让臣下阅读、体会、发扬，认为这样才能振兴儒学。同时，宋统治者也重视佛教经典，太祖开宝四年（971）开始刻印《大藏经》。儒、佛、道会通融合，为理学奠基与创立准备了条件。北宋理学家程颢、程颐专门研究《论语》《孟子》《大学》《中庸》，提炼出“天理”理念，形成宋代理学。至南宋时朱熹集理学之大成，以近40年时间撰《四书章句集注》，将三教[②]统一在以儒学为主的思想体系里，影响了元、明、清三代。

这里不能不提到：在“新儒学”中，构成较为复杂，以往对其中的“关学”学界关注较少。南宋学者吕本中最早提到“关学”这一概念。南宋朱熹、吕祖谦编选的《近思录》较早地梳理了北宋理学发展的统绪；关学是作为理学的一支来介绍的。朱熹在《伊洛渊源录》中将张载的“关学”与周敦颐的“濂学”、二程的“洛学”并列加以考

---

① 陈寅恪：《金明馆丛稿二编》，北京：三联书店，2011年，第282页。

② 所谓“三教”是通常用法，儒是教化，而佛、道才是宗教。

察。明初宋濂、王祎等人纂修《元史》，将宋代理学概括为“濂洛关闽”四大派别。可见关学在当时思想文化领域中的重要地位。

我们在编写《宋明理学史》上册[1]的时候，在关学学术旨归上曾作过探讨和争论，可是没有对关学的全程做出细致的分析。

从历史来看，关学没有中断过，所谓关学是指由北宋时张载（1020—1077）在今陕西关中开创的理学学派。完整地研究关中理学，是研究中国思想史、特别是宋明理学中的一个重要课题。近年来，以陕西关中学者为主对关中理学进行了梳理、研究，即将完成《关学文库》丛书，由两部分组成：一是文献整理类，即对关学史上重要文献进行搜求和整理（标点、校勘），二是理论研究类，对关学整理和重要学人进行个案与综合研究。总名《关学文库》，2000余万字，将于今年年底前分批出版。

四、儒学与世界

中国近代历史经历了百余年的民族危机与艰苦考验，饱受世界列强的欺凌和宰割，但没有被任何一个侵略者吞并。中国数十个民族，以汉族为主体，凝聚团结，抗敌御侮，保家卫国，为国家民族的自由、独立、解放而奋斗。精诚所至，金石为开，终于使国家站立了起来。民族奋发

---

① 侯外庐、邱汉生、张岂之主编：《宋明理学史》上册，北京：人民出版社1984年。

图强的精神动力源于何处？归根到底来自包括儒学在内的中华优秀传统文化。由此人们做出这样的判断：中华优秀传统文化是中华儿女安身立命之所。外来的革命学说——马克思主义，与中国国情和优秀传统文化结合，在中华大地上产生了巨大的正能量。

从世界史可以看到，儒学对世界的文明进步有重大贡献。对东亚国家来说是如此，对于西方社会也是如此。儒学对于我们的近邻韩国与日本文化的影响举世皆知，对于东南亚各国的影响也不可否认。对于西方社会来说，比如，18 世纪法国启蒙思想家伏尔泰、狄德罗、卢梭等都受过儒学影响。法国思想家伏尔泰对孔子与儒学推崇备至，他认为，在奉行儒学的中国社会中有真正的信仰自由，政府只管社会的风化，却不会规定民间的宗教信仰。中国人用自身的道德伦理来协调人间的事务，具有明显的进步意义。伏尔泰甚至将“己所不欲，勿施于人”写入法国最早的《人权和公民权宣言》中。狄德罗认为，儒学为主体的中国文化，在历史、艺术、智慧以及哲学趣味等方面都远远优于其他民族。由此可见，儒学对于 18 世纪的启蒙运动是有贡献的。德国哲学家莱布尼茨反对“自然法仅仅来源于上帝的意志”，他注意到了中国的儒学，甚至认为朱熹的哲学与他的多元宇宙概念有很大的相似性。20 世纪，英国哲学家罗素认为，儒学具有入世、平实以及中庸的精神，是值得西方文化借鉴的重要品质。不仅如此，从社会变革层面看，中国的造纸术、火药、印刷术、指南针四大发明催生了欧洲资产阶级和文艺复兴运动。

为什么中华儒学有如此巨大的能量？我想，这只有从儒学本身去找原因。

中华诸子百家之学中的儒学归根到底不是神学，而是以“人”为核心的道德文化，以“人本”为经纬的政治伦理学说。儒学宣传如何做人，做有道德、有理想、有担当的“君子”；与人讲诚信友善，讲互相尊重，讲己所不欲、勿施于人，讲人们只要努力践行，即可达到成圣成贤的目标。

儒学本身不是宗教，而是一种行之有效的道德教化，它和宗教可以并存，能够吸取佛、道宗教中的某些优质，加以改造（不是原封不动地搬来），使自身更加丰厚。

儒学是讲爱心的文化，从“亲亲”到“泛爱众而亲仁”。儒学的哲学探讨“天道”与“人道”的关系，简称“天人之学”，最高人生境界则是“天人合一”。这是中华古代农耕文化的折射，也包含有关注生态文明的因子。

儒学为“君子”树立了认识论标准，这就是排除极端，践行“中庸”之道，反对“过”与“不及”。儒学讲“王道”，反对“霸道”，在社会观上倡导和平、和谐。

儒学不是封闭的文化学说，它主张“和而不同”，倡导博采众家之长的文化会通精神。儒学重视教育，相信人们经过教育和自身努力，都可以成才；它不是少数天才的文化，而是中华民族整体的思想文化。

儒学也有它自身的历史局限性。在社会制度上，古代的儒学始终没有能够解决皇权体制的人治本质与制度规范的法治要求之间的矛盾。皇权只是把法制作为自己治民治吏的一种手段，自己则凌驾于法制之上。中国传统社会的这一根本缺陷，中华历史上有些儒者也有过论述，但没有力量加以匡正。

儒学这一丰厚的思想文化遗产，我们需要传承、发展。至于儒学与西方思想文化的关系，这个重要的学术问题，需要继续探讨。在上世纪 80 年代中期至 90 年代中期，中国国际儒学联合会曾经做过很有意义的工作，这就是：中国学者到欧洲去，与那里的学者研讨儒学与西方思想的关系。笔者记得，中国学术代表团多次去德国进行学术交流。既有会议形式，也有个别人之间的交流。至于上世纪中叶以后，直到今天，中国国际儒学联合会和外国学者有哪些交流，笔者不甚了解。还要提到，这不是由中国国际儒学联合会组织的，而是由原中华炎黄文化研究会会长费孝通先生主持的，主要研究中华文化（含儒学）与西方文化的关系。上世纪 90 年代，这种比较研究曾在香港、澳门举行过多次，参加者反映很好。

由此我想提两点建议：国际儒联需要继续在世界范围内开展儒学研究、交流，其中不可缺的一个环节，就是：当今国际形势下，儒学与西方思想如何相处？

讲到这里，我想起习近平主席于 2014 年 3 月 27 日在联合国教科文组织总部的讲话中说："历史告诉我们，只有交流互鉴，一种文明才能充满生命力。只要秉持包容精神，就不存在什么'文明冲突'，就可以实现文明和谐。这就是中国人常说的'萝卜青菜，各有所爱'。"

我有机会参加今年举行的纪念孔子诞辰 2565 周年国

际学术研讨会暨国际儒联第五次会员大会，十分高兴。谨祝此次会议圆满成功。

（原载国际儒学联合会编，滕文生、季塔连科主编《儒学：世界和平与发展——纪念孔子诞辰2565周年国际学术研讨会论文集》，北京：九州出版社，2015年3月版）

《孟子》与现代人生

今天我为大家演讲的题目是“《孟子》与现代人生”，我首先谈谈这个题目的背景。大家都感受到，我们年轻朋友在当代人生中遇到了一些问题。

第一，现代社会的竞争越来越激烈。随着竞争的加剧，人们的精神压力也在加大。这说明中国的社会在发展，因为竞争也是社会发展的动力之一。但是随之而来也出现一个新的问题：现代人如何把竞争带来的精神压力转化为前进的动力呢？

第二，现代社会中，人们对知识、技术的要求越来越迫切了。在当代中国，最大的焦点就是所有的家庭都希望自己的子女能接受良好的高等教育。年轻人在接受高等教育的基础上，还要在知识、技术方面有所提高，以便在未来社会中站得住脚，从而过上幸福的生活。这也是我们在21世纪向现代化迈进的动力之一。

但是有一个问题：我们所需要的仅仅是知识吗？知识仅仅是一种谋生的手段吗？我们如何对知识有更为全面的理解？没有知识，要谋生都很困难，如何谈得上过幸福生活呢？知识技术要高，这是无可厚非的。但是，我们对知识的追求动力越大，由此带来的精神压力也越大。我们可不可以再转化一下，不仅仅把知识看作是一种谋生的手段，不仅仅是为社会服务，而是把知识看作为我们自己建构幸福生活的一个基础，而且也应该成为调节我们内心失衡的精神营养。因此，我们要把对知识的狭隘理解提升到比较全面的理解。

第三，我觉得我们中国的青年需要一个健康的生活信念。什么是生活信念呢？比如，我们在座的各位都有自己的喜怒哀乐，都有不顺利的事情或者难以解决的思想矛盾。那么如何来解决这些问题呢？这就需要一种健康的生活信念来调节我们的感情，以解决理智和感情上的很多矛盾。

20世纪初，我们的前辈探索过中国人的生活信念。章太炎先生曾经提倡一种新宗教，一种没有创世说的宗教。可是，没有创世说的宗教能不能成为一种宗教呢？恐怕就不成其为宗教了，因为它把宗教信仰的主心骨抽掉了。北京大学校长、著名教育学家蔡元培先生提出“以美育代宗教”。在大学里大力提倡美学，用美育来提高大家的艺术修养。这是一个教育学的问题，已经不属于宗教学的范畴了。

还有一种提议，把以孔子为代表的儒家变为一种宗教，称其为“孔教”，也搞一个教堂，对孔子顶礼膜拜，进行祈祷。这是不行的！孔子是一位教师，用人文思想教育学生，传授做人的道理、治国的思想。孔子早就讲过

“未知生，焉知死”（《论语·先进》），意思是我对生活还不太了解呢，我不探讨死后的事情。这样一个人，你把他作为教主，恐怕孔子本人也不会赞成。（笑声）所以辛亥革命后，孔教会虽然也闹腾了一阵子，但也不长久。

那么我们怎样建立起健康的生活信念呢？每个人都有自己的办法，不一定采取通行的办法。我们要多学一点、多读一点中国以及全人类的文化结晶——文化经典，形成健康的生活信念，应该承认，这一看法正在形成中，还没有成为人们的共识。但我想，人人都有喜怒哀乐，古人讲过“人生不如意事，常有八九”。人生中遇到不顺心的事情，遇到很痛苦的事情，怎么去解决，这是摆在我们每个人面前的迫切需要解决的问题。这个问题也可从文化经典里得到一些解释。

现在我就上面提到的三个方面的问题，从《孟子》这部中国的文化经典入手，联系现实，与在座的各位交流一下意见，做一些探讨。

《孟子》究竟是一本怎样的书？我们首先得了解孟子这个人。孔子是春秋末期的人。孟子（约前372—约前289）是儒家学派第四代弟子，战国中期人，在今天山东邹县一带。孟子也跟孔子一样，到中原各国宣传自己的政治主张，但是他的理论得不到实践的机会。孟子后来回到故乡，写了对话体《孟子》七篇。

中国的文体一直到战国末期才完全脱离对话体，而采用说理文表述自己的观点。我们看《荀子》，就是说理文，类似于今天的议论文。《孟子》还是对话体，这些对话充满智慧，充满犀利的理论力量，幽默风趣，很活泼，很有思想内涵。全书环环相扣，是很有系统的。东汉学者赵岐撰《孟子章句》，把《孟子》七篇各分为上下两章，所以我们今天看到的《孟子》就是十四章。到了南宋，朱熹把《论语》《孟子》和《礼记》里的《大学》《中庸》称为“四书”，用了几十年的时间为“四书”作注，想把它们作为教育学生的系统教材。现在我们看朱熹的《四书集注》，就能对《孟子》的全貌有较深的理解。

为了便于大家理解，我用白话文给大家讲一讲《孟子》。当时战国七雄都想一统天下，他们关注最多的就是怎么才能统一天下。孟子主张以道德的力量来统一天下即“王道”。他与齐宣王的一番对话很有意思。齐宣王问：“要有怎样的道德就能够统一天下呢？”孟子直接说，王想统一国家，最好用道义，使百姓生活安定，这是最稳妥、最可靠的方法。接下来，孟子就讲道理给王听，他说：“我听王的臣民说，王有仁慈之心。据说有一次，王坐在殿上，看见有人牵着一头牛走过。王就在殿上问：把牛牵到哪里去啊？下人说，祭祀要宰牛。王看到牛那哆嗦可怜的样子，很不忍心，就下令把牛放了。请问王有没有这样一件事情呢？”

你看，孟子调查研究得很清楚吧。他一下子就抓住了这一点，也就是王自恃自傲的地方。孟子紧接着就表扬了几句：“从这件事可以看出您是很好心的。凭这种好心，您可以统一天下。”王听了很高兴。但是孟子紧接着话锋一转：“但是也有百姓说王太吝啬，太小气了，牛那么大，不肯用来做祭品，改用小羊做祭品。有没有这事情呢？”王刚刚还微笑得意呢，这一听不太高兴了，他庄严地说：“不是这样。我并不是为了爱财，而是不忍看牛恐惧的样子。”孟子见王慢慢地上了钩，话就渐渐转弯了：“哎呀，百姓误解您的话，您千万别放在心上。因为王当时只看到牛，没有看到羊。如果王也看到羊痛苦的表情，也肯定会下令把羊放了的。对于活的禽兽，君子不忍心见它们死，所以君子把厨房设在远离自己的场所。”

王这下又高兴了，说：“夫子这么说，我明白了。但是这与王道相合，又是什么道理呢？”孟子下面就有比喻了，他说：“你信不信这样的事：有一个人，他的胳膊一举，能举起三千斤重的东西，但是他说，我连一根羽毛都举不起来。”王当然说不信。孟子的意思是，王对牛尚且有不忍之心，那么对于百姓就更应该有仁慈之心。如果百姓得不到安定的生活，那是王不施恩的缘故。于是孟子提出了推广爱心的哲学：“老吾老以及人之老；幼吾幼以及人之幼。”首先是家庭中的亲情、爱，把这种爱和亲情推广出去，推广到天下。只是推广爱心，这样够了吗？不够。

孟子告诫王，动员军队将士冒着生命危险去打仗，想通过这样的做法来统一天下，无异于“缘木求鱼”，甚至后果更严重。如果王施行仁政，结果就不一样了。齐宣王就请教孟子。孟子又讲了：社会上有一种人，他没有固定不变的财产，但是有恒心，就是有一定的道德观念和行为准则的，这种人只有“士”，就是读书人才有。但是一般老百姓，如果没有恒产，就没有恒心，就很难安定。因此，王如果要统一天下，必须让百姓有固定的收入，足以赡养父母、抚养妻儿。当时的百姓，主要就是农民。孟子就讲：“你分给每家农民五亩地造房子，四周种上桑树，那么五十岁以上的人就有丝绵袄穿了。还可以饲养家畜。分给每家百亩的土地，八口人的家庭就能吃得饱饱的，七十岁以上的老人可以吃上肉了。”现在我们宣传老年人不要多吃肉，什么胆固醇很高啊，等等。但是古代没有暖气，冬天老年人多吃肉，才不怕冷，才有精神。这是尊老。这样够不够呢？还不够。还要开办启蒙学校，让少年儿童都读书。

孟子说，王如果能做到这几点，天下归服不成问题，所谓“仁者无敌”。这样，儒家的“仁政”学说就出来了，很完整，发展了孔子的观点。朋友们，齐宣王会不会照孟子说的这样去做呢？不会的。他觉得孟子这个人太迂腐，在他看来读书人都太迂了。孟子说：“民为贵，社稷次之，君为轻。”（《孟子·尽心下》）他的这种观点给它一个名字，就叫“民本思想”。“民”是最重要的，“社稷”就是国家，是第二位的，第三位才是“君”。明代的开国皇帝朱元璋就曾对他的亲信讲，给我把《孟子》书里这些话全删掉。他认为“君令天下”，反过来民贵君轻，那还了得？但是孟子这个思想已经成为中国的名言。

孟子的民本思想和我们近代、现代所讲的民主思想有所不同，区别就在于孟子的民本思想是要靠王的恩赐（当时还没有皇帝呢，只有王，秦始皇统一天下才称“始皇帝”)。王爱老百姓，分给老百姓田地，减轻赋役，等等。这种“仁政”要靠王自己觉悟，认识到施行仁政的意义，而不是靠法律面前人人平等来推行的民主政治。所以在中国长期的封建社会里，哪怕是民本思想，也包含着一种恩赐的观点，这是历史造成的。所以我们对孟子的民本主义予以历史的肯定的同时，还要指出它的局限。

现在流传的《孟子》的版本非常多，我想大家可以找来已故北京大学中文系教授杨伯峻先生的《孟子译注》（中华书局出版）来读，这本书学术界评价很好。他把《孟子》翻译成现代汉语，注解很多，但不烦琐。

《孟子》在中国思想文化史中有什么地位呢？这还得从中国的传统文化讲起。

中华民族有悠久的文明史，文明史里当然包含文化，但是“文明史”概念的外延比“文化”还要大。中国五千多年的文明史包含着物质文明、精神文明、制度文明和政治文明，丰富多彩、博大厚重。在我们的文化中又包含各种不同类型的文化，例如观念文化、制度文化、物质文化、艺术文化等。我们的先辈在治理国家中有管理国家的各种制度，如何管理农业、手工业、商业，如何选拔官员等等，都是很值得研究的。我们有自己的艺术，如建筑、书法、绘画，还有我们自己的服饰文化。从地域上看，各有特色。那么，在多种多样的中华民族的文化中，有没有一个普遍性的东西呢？中华民族文化中有没有一根主线，或者说一个主题呢？

我的看法是，中国古代的文化有一个主题，主要是探讨“天道”与“人道”的关系。什么是“天道”呢？就是宇宙和自然的道理；“人道”就是指社会和人自身的道理。中国各种各样的文化都在探讨这个问题，从不同的角度、不同的观点出发，而且最终都要追求二者的统一与和谐。因此，中国古代的文化又可以称为“天道与人道既区别又统一的文化”。我觉得这是我们传统文化的精髓。

孟子认为天道高高在上，天道是人道的放大。你只有了解人性，才能了解天性是什么。比如孟子讲“尽其心者，知其性也。知其性，则知天矣。存其心，养其性，所以事天也”（《孟子·尽心上》），这与道家不同。但不管是道家还是儒家，最后都希望把天性与人性统一起来。

能不能用一个名词，或者一个范畴，把上面所讲的联系起来呢？

这个名词，孟子找到了，就是“诚心诚意”的“诚”。在孟子之前，战国中期孟子的老师子思在《中庸》里讲：“诚者，天之道也；诚之者，人之道也。”你看，春夏秋冬，四季分明，到什么季节就有什么样的气候变化，周而复始地按法则运行着。那么人道呢？“诚之者，人之道也”。孟子讲，人道要向天道学习，追求“诚”，“反身而诚，乐莫大焉”（《孟子·尽心上》）。后人发挥，说人要讲究诚信，讲知行合一，讲表里合一，讲朝着一个目标不断奋斗。你看，天道与人道，孟子用一个名词就统一起来了。

这个“诚”，在《孟子》书里是一种精神境界。“境界”这个词来源于佛教。近代学问大家王国维曾说，古今之成大事业者、做大学问者莫不经过三种境界。第一种境界借用晏殊的“昨夜西风凋碧树，独上高楼，望尽天涯路”来譬喻：深秋了，很寂寞啊，我只能独自上高楼，望着漫漫长途，她究竟在哪里呢？无穷的追求、强烈的思念在心头。第二种境界借用柳永的“衣带渐宽终不悔，为伊消得人憔悴”来形容：人不断思念、追求，都消瘦了，衣服都显得宽大了。“伊”，既可理解为“爱人”，也可看作“理想”“目标”。这说的是要吃尽天下的大苦，才能实现天下的大乐。不经过这个境界，那就达不到第三个境界了。到第三境界，王国维又从辛弃疾的词里摘出“众里寻他千百度，蓦然回首，那人却在灯火阑珊处”来说明：寻寻觅觅，蓦然间找到了，那种胜利的惊喜与感慨充满内心，是难以言表的。这些譬喻对我们有很大的启发性。

看来，“诚”的境界也就是人养成“浩然之气”的境界。这个境界有哪些内容呢？第一个就是“夜气”，即夜间的气。夜深人静，人经过休息，排除了白天的烦恼，神志清醒，心气非常平和，能够用理智判断分析一切。所以孟子就把这种心境称为“夜气”。白日之气不行，太浮躁，诸事纷扰，人安静不下来，非常容易冲动，心理不平衡，甚至使人四肢麻木、浮华虚伪、心灰意懒。所以孟子讲“夜气存而勿失”，就是说要把夜气保存起来，不要让它失去。这是他自己的经历，在平和的心境中，冷静地思考一切。这是人生很重要的经验，在座的各位可以借鉴。第二个是从道德伦理学的意义上讲的，就是“正气”。孟子解释“浩然之气”：“其为气也，至大至刚，以直养而无害，则塞于天地之间。”（《孟子·公孙丑上》）这种气是用正义培养起来的，把道德集中起来的一种精神状态，没有力量可以摧毁它，它是最强大的，而且充满上下四方，无处不在。“浩然之气”的第三个意思是“大勇之气”，就是指真正的勇敢。孟子讲，古代有一个人叫北宫黝，他培养勇气，他的皮肤被矛刺，眼睛被扎破了，再痛也不为所动。而且这位北宫黝先生不畏强权，国君骂他也一定回击。孟子还举了一个人，叫孟施舍，他培养勇气又有所不同。孟施舍也很勇敢，他面对不可战胜的敌人，仍然保持冷静，准备予以反击（《孟子·公孙丑上》）。这样讲，在北宫黝和孟施舍身上一定体现了“浩然之气”吗？孟子讲“非也”。这都是匹夫之勇，是意气用事，还不是真正的“浩然之气”。真正的勇敢应该建立在正义信念的基础上。有没有统一的标准呢？有标准。孟子讲“反身而诚”，这种“诚”的境界，才是真正的勇敢。“诚”就是信念、执着，就是奋进，就是坚持不懈的精神状态。

朋友们，当你在人生道路上因为遇到一些挫折、不如意而感到失望的时候，我想孟子的这种思想可以给大家提供一种精神境界的范本。这种精神境界是理性的，而且它有美感，是把知识、理性、感情集于一身的一种精神境界。这是没有时间限制的，两千年前是如此，现在也是如此，未来也是如此。如果我们多少体验到了这种境界、乐趣，我们说《孟子》这部书和我们当代人生还是有联系的，问题是我们怎样去运用。

我接下来讲第三个问题，与我们也是直接相关的，就是孟子的“生于忧患，死于安乐”的人生哲学。古人怎样认识、排遣不如意的事情呢？他们称之为“命定”，即所谓“死生有命，富贵在天”。很多事不是人力所能决定的，人们遭遇多少困难、多少痛苦，都是命的安排。《孟子》书里对此没有直接的反映，但是也谈到“正命”，就是把命摆正，正确地认识命运的左右。东汉哲学家王充观察社会，发现当时做官的没有几个好的，德行都不行。什么原因呢？王充讲，一个是“命定”，命中注定；另一个是“偶遇”，遇到有人提拔他，他就升迁了。孟子在他之前，但不是这样讲的，他主张要正确地认识命运的左右，就是“正命”。孟子举例：虽然死生有命，你也不要站在一堵危墙下，等着那墙倒下来把自己砸死；明知犯法是要被判刑的，还要去犯法，那就叫“不知命”。实际上，孟子对命运持否定态度。在当时社会不好直接说“我反对命运”，人们还没有达到那个认识水平。

正确地对待命运很重要，正面说就是充分发挥自己的主观能动性，自己心里要想得很清楚，有明确的目标、信念，有很高的自觉性。怎样提高自觉性呢？第一，孟子提到，首先你要做一个有人性的人。“什么是人性”是一个大的讨论话题。孟子的回答是：“人之所以异于禽兽者几希，庶民去之，君子存之。”（《孟子·离娄下》）人性与兽性的区别不大，就是那么一点点，就是人有理性，而其他动物没有理性。

理性究竟是什么东西？孟子明确回答，有四种：第一种是“恻隐之心”。孟子举例子，通俗易懂，说有一个小孩子正在快跑，就要掉到井里去了，生命就要发生危险了。作为人，天生就有人性，就一定赶紧上去把小孩子救下来。阿猫阿狗有没有这种“恻隐之心”呢？没有。第二种是“羞恶之心”。这个“恶”念“wù”，而不念“è”，就是人知道哪些事情该做，哪些事情不该做，就是有羞耻心。第三种是“辞让之心”，就是要懂得退让、恭敬。还有一种是“是非之心”。人长大以后，要懂得哪些事情是对的，哪些事情是不对的。这“四心”，孟子认为是四个起点：“恻隐之心，仁之端也；羞恶之心，义之端也；辞让之心，礼之端也；是非之心，智之端也。”（《孟子·公孙丑上》）孟子认为，把这“四心”作为四个开端，充分地发挥出来，加以发扬光大，不断充实，就能充分体现人性之所在，就能养成四种道德——仁、义、理、智，达到人性的完满。从这个意义上讲，孟子所说的“人性论”，历史上叫作“性善论”。他鼓励人向上追求，不要沉迷下去。

我们现代人，第一要做有人性的人，第二要做有宏大志愿的人。前面讲的“四心”只是一个基础，还要把这四种本能、四种潜在的品质都发挥出来。孟子给它一个词，叫“尽心”，就是把人性善良的方面尽量发挥出来。《孟子》书里专门有一篇就叫作《尽心》。经历生活的种种痛苦、磨难，而且磨难越深刻越好，越能把人性善良的方面发挥出来。所以孟子有这样的名言：“故天将降大任于斯人也，必先苦其心志，劳其筋骨，饿其体肤，空乏其身，行拂乱其所为，所以动心忍性，增益其所不能。”（《孟子·告子下》）大家很熟悉，是吧？

什么叫“苦其心志”呢？就是说人的心理、精神遭受一次又一次的挫折、打击，命运对你一次又一次考验，你不断地遭受失败，在失败中总结经验教训，你的内心更加坚定，意志更加坚强，你从此更加成熟。所以我们读《孟子》，精神常为之一振！我们不害怕“苦其心志”，这是我们由第一境界上升到第二境界，再由第二境界上升到“那人却在灯火阑珊处”的必要的过程。什么叫“劳其筋骨”呢？就是不让你的身体处于安逸的状态，而是使你的身体在劳苦中不断经受锻炼，这样你才能有健康的体魄，才能经受各种痛苦的磨难。历史上凡是成就大业的人都要经过这八个字：苦其心志，劳其筋骨。

朋友们，你们在生活上遇到一些不幸，遭受一些痛苦、挫折，就把《孟子》书上的这段话拿出来咀嚼咀嚼，我想对各位是有好处的。我有这样的体会，它确实很有用，真有一种力量在鼓励着我们。

此外，我们要懂得并实践“生于忧患，死于安乐”的真理。“忧患”不可怕，忧患使人精神蓬勃、头脑清醒；“安乐”才是可怕的，安乐使人意志消沉，使人沉溺下去。凡是经过1960—1962年我国困难时期的人，对粮食就比较爱惜。我们舍不得啊！那时候每天能吃窝窝头，就不得了了。当时我在中国社会科学院历史研究所，我记得很清楚，下午五点多钟就吃晚饭。吃什么呢？两个窝头，一大一小，还有一小碗白菜汤，有几片白菜叶子，上面浮着一些油星。到十点钟睡觉，我们年轻的同志都是三十多岁，晚上在宿舍肚子饿得不得了啊！经过这样一个阶段，我们很自然就养成一种爱惜粮食的习惯。我们要有一种忧患意识，孟子讲得确实很有道理。

我们中国文化最大的特点，是它具有巨大的文化包容性。孟子讲“人性善”，荀子讲“人性恶”，他们都不认为有什么人先天就决定了他们不能成为圣贤。我们翻翻《孟子》这部书，会得到一个结论：人经过努力，经过痛苦的磨炼，人皆可以为尧、舜。

佛教自西汉末、东汉初传入中国的时候，就碰到一个问题：是不是人人皆有佛性？是否人人皆可成佛？在印度的某些宗派不是这样看待的，但是到了中国，随着外来文化与本土文化融合，有些佛教宗派就认为“人人皆有佛性，人人皆可成佛”。而且中国的佛教还认为，你有佛性，相信佛教，但是你不能忘记儒家的伦理道德。当了和尚，你还要讲“父慈子孝”，讲“精忠报国”。所以中国许多佛教寺院叫“护国寺”“报国寺”。虽然“四大皆空”，但是有一点不能忘记，就是国家、民族不能忘记。唐代玄奘去印度取经，回来以后创立了“唯识宗”，很烦琐，不久就衰落了。相反，有一个宗派从者如云，就是“禅宗”。禅宗吸收了很多中国本土文化的内容，认为人人皆可成佛，而且做过坏事的人，只要能够“放下屠刀”，就能“立地成佛”。这也是中国文化具有很强的文化融合和包容性的体现。

我们必须在新的历史时期发扬文化的包容性。比如谈人性，也不是绝对地认为只有理性才是人性，感情就是坏的。中国古籍，无论儒家、道家，都承认在人性里包含着喜怒哀乐，包含着感情，只不过主张感情应该受到道德的约束，使它合情合理，不要像决堤的洪水一样泛滥。在中国传统文化里，也有“性情”一说。喜怒哀乐者，人性也。大家都是性情中人，没有感情的人是不存在的。关键是要把感情协调好，疏导好。这一点，我们也要继承并且发扬光大。对于我们青年朋友来说，感情的疏导、引导是十分重要的，而且文化素质教育就是为大家感情的疏导提供一个渠道，提供一个药方。我们既有理性又有感情，人生的大厦才能建设得更加美丽。

最后我要讲一点，就是请大家关注体验的方法。在座的各位，很熟悉科学的实证方法，但是在精神、感情的世界里，不能都用实证方法加以提炼，不能都加以量化。我想举一些例子。唐朝有一位诗人贾岛，他的五言诗《寻隐者不遇》，大家都能背出来：“松下问童子，言师采药去。只在此山中，云深不知处。”你看，深远的意境，使人精神开阔。可是，能不能实证呢？能不能量化呢？老师去采药，究竟在山的哪一头？云究竟有多深？离这儿有多少距离？一定要测量出来，那就变成笑话了，你这个人就变成诗盲了。（笑声）同学们都读过唐代诗人杜牧的《清明》：“清明时节雨纷纷，路上行人欲断魂。借问酒家何处有，牧童遥指杏花村。”杏花村有酒家，“遥指”这个“遥”究竟离这儿 2.5 公里，还是 1.5 公里？这又变成诗盲了。（笑声）在美的、诗的、艺术的世界里，就是让你去体验，无法用科学的实证方法去量化。所以，自我体验的方法，科学的实证的研究方法，这两种方法我们青年朋友都需要。

中国传统文化里有一点很值得我们细心体会，那就是不但想到自己，还要设身处地地想到别人。孔子讲得好：“己所不欲，勿施于人”。这真是很了不起啊！你自己不想要的，就不要强加给别人。这是用很简练的语言讲出很深刻的道理。我们在与别人交往的时候，也要尽量设身处地地想到别人的难处和困境。《庄子·齐物论》结尾讲，庄周梦见自己变成一只蝴蝶，可是梦醒了，惊疑不定。不知道庄周梦见自己变成了蝴蝶，还是蝴蝶梦见自己变成庄周。多么深刻！在一定条件下，我是主体，诸位是客体；在另一种条件下，诸位是主体，我是客体。这在戏剧学上有一个词，叫“角色转换”。人的一生有多种角色，在多种角色的转换之中，就上演了一出很丰满的人生喜剧。如果你老觉得自己是一个主体，而不是客体，那就无法体验“庄周梦蝶”的意蕴。一定要设身处地，在多种角色转换中去体验、去感受世界的多样性。

如果不懂自我体验的方法，要了解中国古代的传统文化，那是非常困难的事。这种自我体验的方法可以解决诸位在生活中遇到的很多问题。《孟子》这本书里也讲了很多自我体验的方法，给我们提供了一个很好的范本，大家可以去慢慢体会一下。自然科学的实证方法我们得有，自我体验的方法我们同样要有，物质世界需要去研究，人的精神世界、感情的世界同样需要去研究。用今天的话讲，就是人文教育与科学教育要融合，缺一不可。一部优美的经典文学作品，不是告诉人们实证的知识，而是给予人们自我体验，给人们以感染，给人们以启迪。积累多了，我们的境界自然就高了，我们自然而然就知道如何解决当代人生的问题，不会迷途，不会走上歧路，好好地享受一生应该得到的幸福。有高尚的情操，这不是金钱可以买到的，犹如金钱不可以买到健康一样。所以，我希望大家尽可能多地去接触中国古代的优秀文化，体验其中包含的哲理，作为大家的精神营养。祝愿大家幸福！（热烈掌声）

（原载《解放日报》2011 年 3 月 27 日，《新华文摘》2011 年第 13 期转载）

“四书”的文化意义

“四书”即《论语》《孟子》《大学》《中庸》，其中《中庸》《大学》本来是《礼记》中的两篇。“四书”形成于公元前500年到前200多年。南宋朱熹根据前人的注解重新注释，形成《四书集注》，它是元明清三个朝代科举考试的必读书。如果以《四书》作为主干，以朱熹的《四书集注》作为依据。因此，研究“四书”的文化意义，历史跨度非常大，需要进行选择。

（一）什么是“四书”

“四书”包括《论语》《孟子》《大学》《中庸》。

1.《论语》。《论语》是孔子和他的弟子之间的对话集。孔子去世后，他的学生开始编辑孔子的语录，到汉代才定型，取名《论语》。“论”，即“论纂”；“语”，即“语言”。“论语”指将“接闻于夫子之语”“论纂”起来[①]。《论语》字数不多，只有一万一千七百多字，但在中国历

① 参见杨伯峻：《论语译注·导言》，北京：中华书局，1980年，第25页。

史长河中却对中国人思想、行为产生了巨大影响。

2.《孟子》。孟子是战国中期人（前372—前289），是孔子的第四代弟子，邹国（今山东省邹县）人。当时中国处于诸侯国交战的时代，史称战国。孟子胸怀政治抱负，曾奔波于多国宣传自己的政治思想，最终没有被人采纳。晚年回到故乡授徒讲学，写下了《孟子》七篇。东汉学者赵岐，将《孟子》每一篇都分作上下两卷，七篇共十四卷，约三万七千多字。孟子与别人的对话很风趣，思想犀利。孟子提出了“民贵君轻”的主张，认为老百姓最重要，具有民本思想。古代一些专制帝王对《孟子》采用了压制的方法，如朱元璋当皇帝后，认为它有妨君臣大节，让文人学士删改《孟子》，但那些篡改的《孟子》很难流传下去。

3.《大学》。西汉学者戴圣和一些学者编选了《礼记》，它是一部有关礼学的论文集，包括《大学》，仅一千三百多字。《大学》的宗旨，即“三纲领”“八条目”。朱熹指出读《大学》首先要解决纲领、宗旨问题，其次是纲领如何实现，有八个步骤。朱熹强调读《四书》要先读《大学》，明白了学习的目的、方法后，才有可能讨论其他问题。

4.《中庸》。《中庸》也是《礼记》中的一篇，三千五百四十五个字。它讲了一个玄妙的道理：天道是什么，人道是什么，如何统一？

宋代以前，文献里没有“四书”这个词。“四书”的产生是春秋末到宋以前中国文化发展的自然结果，与当时的历史情况分不开，宋代儒家思想已经成为主流文化了。

不同时代都有不同的主流文化思潮。在孔子生活的时期，儒家和墨家是当时的“显学”。儒是对西周时期的制度礼节体系熟悉的“专家”，他们比较了解各种礼仪制度包含的思想内涵，认为西周礼制比较好。儒家就是由对西周礼制深有研究而且充满感情的人员组成的，孔子是儒家学派的创始人。

战国时期，以孔子为代表的儒家没有特殊地位，只是“百家争鸣”中的一家，和其他家相反相成。在《庄子》中，庄子经常将孔子作为儒家代表加以嘲笑、讽刺。当时孔子没有特殊地位，儒家也没有特殊性，在同各家争鸣中发展，儒家后来分化为八派，就是发展的具体体现。

公元前221年，秦始皇统一中国，实行法家“严刑峻法”的主张，焚书坑儒，统治残暴，十五年而亡。西汉时期，中国已经不是中原诸侯国四分五裂的情况了。特别是汉武帝意识到大一统的国家思想严重分歧的危险。大儒董仲舒献策，“罢黜百家，独尊儒术”，孔子得到推崇，这是儒学史上的一个转折。

但是，无论在西汉或东汉，人们对孔子还没有达到迷信的程度。东汉思想家王充的《论衡》，是一本批判论文集。《论衡》里面有一篇文章《问孔》，指出《论语》中很多矛盾的地方，可见汉代还没有对孔子达到十分迷信的程度。

西汉末东汉初，中国思想文化史上又出现了一个大的变化，外来文化佛教开始从印度传入中国，对中国影响很大。佛教的传入对中国儒学、中国的百家之学提出了许多问题。首先，儒家所讲的道理都是尘世的道理，但是人们经常会提出：人是怎样来的？生命是怎样来的？死后什么样？有没有灵魂？死后究竟进入哪个世界？作为人，不可避免地都会想到这些问题。

但是，早期儒家不讨论也不解决这些问题，儒家只讲“君君，臣臣，父父，子子”（《论语·颜渊》）。孔子的学生曾经问老师，人去世后，究竟到哪里去了呢？孔子听了很不高兴，答道：“未知生，焉知死？”（《论语·先进》）佛教讨论人死后的问题，向儒家“未知生，焉知死”提出了挑战。佛教宗派很多，但所有宗派都有一个基本概念“缘”。“缘”是各种错综复杂的关系互为条件，形成了世界上的各种现象。人死后到另外一个世界，跟今世有联系，也就是缘起。佛教轮回说就是针对这个问题创立的，很多人都相信它。根据佛教的道理，要长期修行，才能够成佛，进入极乐世界。但是，即使世世代代读佛经，积善行德，究竟要几世轮回才能够成佛？中国人创立了禅宗：“放下屠刀，立地成佛。”只要当下觉悟，就可以成佛。觉悟需要一些条件：例如认为世界是空，能做得到吗？在酒色等人生欲望的引诱下，能“了断”吗？佛经里面要求了断，了断又是十分痛苦的，于是佛教与儒家伦理进行调和，中国人在信佛的同时也可以保留传统儒家的伦理观念，这就是佛教的中国化。

佛教对中国人的影响很大，不仅给中华文化带来了很多的词汇，而且使人们的思想、观念及思维方式发生了一些变化，也给人生社会带来了思想冲突。

比如，儒家能称为宗教吗？宗教起码要具备以下三个特征：一是有神的观念，超自然，超人间；二是神具有感性的形态，具备人的模样、人的理解；三是通过一定的宗教行为沟通神与人的关系。从这三个特征判断，儒家的思想学说不能被称为宗教，儒家不是宗教。

那么，为什么儒学又被称为儒教呢？儒教的“教”是教化的意思，用儒学来教育别人，影响别人，实现教化的目的。中国人从儒家观点出发，“慎终追远”（《论语·学而》），怀念祖宗，在中国人的思想意识里对祖先的尊崇根深蒂固。通过祭祖把希望寄托在后代身上，祝福子孙有好的发展前途。儒家很注意亲情，通过亲情来安慰人们的心灵，给人以力量。中国人的“三不朽”（《左传·襄公二十四年》）理论发挥了很大作用：“立德”，道德风尚永存；“立言”，言论会流传给子孙；“立功”，事业不朽。能做到这三者的话，斯人去也，风范长存。在儒学“三不朽”思想的影响下，中国人解决生前死后的问题，和宗教不相同。

（二）朱熹与《四书集注》

佛教传入中国以后，向儒学提出挑战。尤其在两个问题上，挑战最大：

一是佛性论。为什么能成佛？有些佛教宗派认为，人有佛性。是不是人人皆有佛性？在印度人看来，不是人人皆有佛性的。如果没有佛性，再修行也成不了佛。中华文化有个特色，即主张人人皆可成为圣贤。孟子认为，只要努力学习，刻苦锻炼，人人皆可成为尧舜；荀子讲，经过学习以后，人性可以化恶为善，人人都可以成为大禹。佛教受到中华文化的影响，主张人人皆可成佛，因为人人皆有佛性。根据佛经的解释，觉悟之性就是佛性。“觉悟”这个词就是从佛教经典来的。觉悟了世界都是空的，而佛性却是真实的，这样，修行可以成佛。

二是“佛统论”。主要论述佛教某些宗派的传承关系。影响很大。中国儒学如何面对？这个问题唐朝韩愈解决了，而且解决得比较好。韩愈是反佛的，但是他也接受了一些佛教的理论思维。他认为儒家也有“道统论”，由尧传到舜传到禹，再文王、武王，最后传到周公到孔子、孟子，孟子以后，这个道统便中断了，到了唐代，韩愈接上了“道统”。此外，他又写了《原道》《原性》《原人》《原毁》等等来维护儒家。佛教有“佛统”，儒家有“道统”；“道统”问题解决后，就用“道统”抵制“佛统”。

在佛教的影响下，土生土长的中国宗教——道教产生了。道教形成于东汉佛教盛行的时期，南北朝时发展成熟，在唐代发展更快。道教不是一神教；讲究长生不老、现世成仙；具有导引法、内丹修炼法等修炼方式。

北宋时期就有皇帝把《大学》《中庸》择出来让臣下阅读、学习，认为这样才能振兴儒学。同时，宋朝统治者对佛教经典也比较重视。宋太祖开宝四年（971），开始刻《大藏经》（佛家的一切典籍称为《大藏经》）。佛、道融会在北宋时已表现得十分清楚。北宋思想家周敦颐《太极图说》写道："无极而太极。太极动而生阳，动极而静；静而生阴，静极复动。一动一静，互为其根；分阴分阳，两仪立焉。"他的散文《爱莲说》写莲花，有四个特点：一是香味；二是干净；三是柔软；四是可爱。这些都出自佛教，有些佛典就以荷花作比喻，说人皆有佛性。周敦颐已尝试努力把佛家、道家的学说吸收在儒家的思想框架里。北宋理学家程颢、程颐专门研究《论语》《孟子》《大学》《中庸》，提出重要的概念"天理"。没有"天理"范畴的提出，形成不了宋代的理学。正是有了很多前行的工作，朱熹才得以集大成。

朱熹花费了将近四十年的时间，将三教统一在以儒家思想为主的思想体系里。

朱熹（1130—1200）是南宋时期的大学者、思想家、教育家，原籍是徽州（今江西省），后来迁到福建，一生的活动都在南方。他做过地方官，但主要是讲学、著述，对文化事业贡献很大。他修复了江西的白鹿洞书院、长沙的岳麓书院，建筑了武夷山的精舍。岳麓书院被认为是宋代天下书院之首。1167 年，38 岁年富力强的朱熹抵达长沙，与学者张栻在岳麓书院讨论学问。他主要讲《中庸》，深入浅出。朱熹认为儒家思想必须像活水一样，不断流动，如果没有新的活水，学术难以延续下去。做学问就是找活水。他的思想直接影响到元明清三代。

研究《四书集注》要注意两个问题：一是朱熹参考别人注解的时候，吸取了哪些注解，为什么吸取某些注解，而不吸取另一些注解？一是他还研究了一些别人没有研究的内容，他凭着自己的思考新注了哪些内容？朱熹注“四书”，查阅了别人很多注解，然后选择甄别，用了近四十年的时间。

朱熹认为，天理包含两个内容，一是自然的法则，一是人间的法则（即道德法则）。这两个法则把天道、人道联系起来。佛教有“佛性说”，儒家也增加新内容“天理说”。儒家用“天理说”与佛教的“佛性说”展开论辩。天理如何运用到人世间？针对社会浮华、功利横行的现实生活，朱熹提出“存天理”。他运用佛教的论证方法，指出人人心中都有天理，心中的天理被灰尘蒙住了，需要拿布擦拭，这就需要有自觉性。什么是自觉性？用六个字概括：“存天理，灭人欲”。“存天理”，做事时就要考虑行为与自然法则是否符合，与道德伦理是否符合；“灭人欲”，朱熹讲过多次，不是否定物质需要，“人欲”是指过分的要求，是背离道德水平的行为。后来有人过分批评朱熹“存天理、灭人欲”，与事实有出入。

朱熹对“四书”的阅读顺序有一个看法。他认为，第一本应该阅读的是《大学》，因为它是最基本的学习纲领，学习目的性明确以后再读其他书。第二本读《论语》，他认为《论语》是根本。第三本读《孟子》，把握《孟子》如何发挥和维护孔子的思想学说。第四本要读《中庸》，领悟儒家思想的微妙处。《中庸》最难读懂，所以放到最后。后来元、明、清三朝教学生读书，基本上根据朱熹提出的这个程序进行。

在中国封建社会后期，最有影响的学术就是儒学的新形态，也叫作理学，最有影响的书，就是朱熹编著的《四书集注》。这部书我们不能轻易否定，而是要进行细致深入的研究。

（三）人生事业的目标——《大学》

《四书集注》中的《大学》很重要，是修身治学的入手处，即“三纲领”“八条目”。

除了朱熹的序以外，《四书集注》第一句话就是三个纲目：“大学之道，在明明德，在亲民，在止于至善。”

第一，“明明德”。朱熹的注很有新意，显然受了佛教的影响。人从出生就自然而然地具有一种人性。在孟子看来，人性包含四种心：一是恻隐之心，就是同情心；二是羞恶之心，就是知道羞耻；三是谦让之心，明白辞让的道理；四是是非之心，能够区别是非。这四种心大部分都是与生俱来的，四心实际上是指人的灵性。私欲指自己的欲望，欲望越来越大，越来越强，就把灵性掩盖起来了，这跟佛家的“佛性论”论证方式比较接近。人们设法通过学习把盖在灵性上的阴影、私欲去掉，使灵性恢复光明，这就叫“明明德”。第一个“明”是动词，第二个“明”是形容词。这是朱熹的特点，借用佛教某些宗派的推论方法解释儒家的经典。这是第一个纲领，它是道德修养的起步。

第二，“亲民”。朱熹对“亲民”的解释与二程相同，“亲民”就是“新民”。“在新民”就是不但自己要减少私欲，让灵性恢复光明，而且让老百姓也能够这样做。

第三，“止于至善”。人要不断地修养，这种修养是无止境的，最终的目的就是进入至善的境界。

这三条纲领特点鲜明，也有不足。不足之处就在于学习的目的集中于道德修养上。中国古代思想家很多把知识基本都归结为道德修养。道德修养固然很重要，但是不能代替一切知识。此外，往往忽视了人之为善除了自我修养，还要借助制度来约束。

“八条目”讲了怎样学习，学习过程中应该采用什么样的学习方法。第一是“格物”，要研究客观事物。第二是“致知”，即求知。第三是“诚意”，要诚实。第四是“正心”，有理性认识。第五是“修身”，把个人道德、操守、学问修养好。第六是“齐家”，将自己的家庭宗族治理好。第七是“治国”，把国家治理得井井有条。第八是“平天下”，实现自己的理想社会。

在朱熹看来，“八条目”可以实现“三纲领”。在注解《大学》时，朱熹从佛教那里得到启发，将佛教和儒学结合起来。佛教有很多宗派讲怎么成佛，成佛有两个途径：一种是顿悟，另一种是渐悟。顿悟与渐悟没有绝对的对立，顿悟要以渐悟为基础，在人的一生里，往往二者并有。朱熹借用佛教的“顿悟”和“渐悟”，对儒家思想作了发展。人们不断地研究客观事物，所获知识越来越多，一旦豁然开通，进入新的境界，达到整体的了解，“众物之表里精粗无不到，而吾心之全体大用无不明”（《四书集注·大学》），不但了解了表象，表象后面的实质也把握到了，而且很全面、很深刻，这才叫“知之至也”。顿悟的表现就在于“众物之表里精粗无不到，而吾心之全体大用无不明”（《四书集注·大学》）。这是非常高的境界，是朱熹对儒学的发展。

朱熹认为过去的圣贤们没有把《大学》第五章格物致知章注好，自己就把它补起来。当然，“众物之表里精粗无不到，而吾心之全体大用无不明”这种修悟也有缺点，就是如果某个人说自己达到了豁然贯通，却没法证明，只能自己体会。中国传统文化里有很多丰富的东西，但是如果用近代的实证主义方法衡量，那就没有办法实证，留下很多空白和缺点。所以，朱熹这一套理论到 19 世纪末便发生了深刻的危机，20 世纪人们必须向西方学习实证科学。

（四）人生事业的基点——《论语》

人生事业的基点是“仁”。

《四书集注》第二部《论语》，朱熹也下了很大功夫。他注解《论语》时参考三国魏人何晏的《论语集解》，并对二程等人的注解进行取舍，编了一本《论语要义》，后来又编了一本《论语训蒙口义》，不断地完善，吸取精粹，集锦为《论语集注》。朱熹在注里反复强调“仁”。

《论语》里面有两个重要的概念：一是礼，一是仁。朱熹着重注的是“仁”。可以说，朱熹在这一点上把握得好，他针对宋代的社会风气和具体状况，认为要挽救社会风气，正人心，将人的思想引到正路上，必须强调仁爱。孔子讲须臾不可离开“仁”，哪怕吃一顿饭转身的时候也不能离开。学生听得有点不耐烦了，就问孔子，那究竟怎样定义“仁”？孔子不慌不忙地说：“爱人。”（《论语·颜渊》）“仁者，爱人”就是首先要承认别人存在，这样才能爱别人。朱熹对此体会很深，把这句话的重要意义挖掘出来，贡献很大。他强调“敬”，“敬”就是尊重别人，讲得非常深刻。什么叫大不敬？不尊重别人就是大不敬。敬就是要尊重别人，为别人着想。不仅要“己所不欲，勿施于人”（《论语·颜渊》），还要有恢宏的气度，“己欲立而立人，己欲达而达人”（《论语·雍也》）。“仁”是儒家道德的总称，核心就是爱人，这很有教育意义。“仁”还强调言行一致，观其言察其行。

（五）人生事业的开端——《孟子》

《孟子》开篇是孟子和梁惠王的对话。这个对话生动有趣，讨论怎么实现“仁政”？仁政是有利于黎民百姓的一种政治。孟子认为，百姓要有固定的产业，有地可以种。每年都要规划好：土地要拨出一部分养蚕，养蚕可以吐丝，这样七十岁以上的人穿丝绵袄，就可以保暖；还要拨出一块地养家禽，保证有肉吃。“老吾老以及人之老，幼吾幼以及人之幼”。（《孟子·梁惠王上》）第一个“老”是动词，意思是爱老，尊老。第二个“老”是形容词，指年老的。前半句话的意思是从尊重爱护自己的长辈出发，尊敬爱护别人的长辈。第一个“幼”是动词，第二个“幼”是形容词，意思是幼小的。对自己小孩应该喜欢他，教养他，对别人的孩子应一视同仁。这个思想非常深刻。

孟子强调“民贵君轻”，要爱民重民，与民同乐，与民同忧。这种民本主义思想很宝贵。

古代的“民本思想”和今天的“以人为本”有区别。第一，古代的“民本思想”并不了解社会的主体是民。第二，古代老百姓要过上温饱生活，要靠君王恩赐。第三，古代老百姓没有权利观念，中国古代文化整体上缺少权利观念。所以，古代文化观念非常值得我们反思，一是缺少制度观念，或靠君主恩赐，或靠个人修养，而不是依靠制度；二是没有提到老百姓享有的权利。仁政为什么能够实现，靠“四心”；只靠“四心”远远不够，还要靠后天的努力和学习锻炼。“天将降大任于斯人也，必先苦其心志，劳其筋骨，饿其体肤”（《孟子·告子下》），一次一次失败，积累经验，体会到人生的成败在于“生于忧患，死于安乐”（《孟子·告子下》）。如果能体会到这八个字，就能够掌握人生的成败。忧患使人发展，使人头脑清醒，生气勃勃，前途无量；而迷恋于安乐，使人不思进步。一个人一生如果懂得并实践这个道理，就不会失败。

此外，要培养人的浩然之气，而且要有精神境界，成为对社会和国家有用的人，首先要“诚”。经过磨炼，达到最高境界，就能“富贵不能淫”，虽然富了有钱了，地位很高，但是不做坏事；“贫贱不能移”，虽然没有钱，但是志向不能改变，还要继续努力；“威武不能屈”，刀架在脖子上，也不改变伟大的志向（《孟子·滕文公下》）。这些很多人往往难以做到。

总之，朱熹注解《孟子》，把握住了孟子思想的精髓，对古代的“民本主义”进行了归纳。经过朱熹的注解，《孟子》就更加生动了，“生于忧患，死于安乐”，可以称之为“人生事业的成与败”。

（六）人生事业的最高境界——《中庸》

朱熹对《中庸》的注释也很好。原来，孔子就对“中庸”作了很明确的界定：任何事情不能过头，也不能不及。过头和不及都不好，都应该警惕。二程和朱熹对《中庸》的界定就又深了一步。“中”不是玄妙的、任何人都做不到的道理，而是指很平常的道理。“庸”就是“和”，如果不偏不倚，做得恰到好处，就是和谐，也叫作庸。

《中庸》：“诚者，天之道也；诚之者，人之道也。”首先，天地法则归结为一个字：“诚”。如果能做到诚，就是最高境界，没有任何恐惧，处事公平，人生畅达。朱熹的注解增加了新意：天按照规则来运行（当时并不知道地球围绕太阳旋转），早上太阳出来，晚上太阳落山；人也应该按规矩办事，不能随心所欲，这就是“诚”。其次，“诚”还具有“自强不息”的含义。天道永远在运行，这就是自强不息。很多学者给《周易》作注解，《周易》乾卦：“天行健。”自然运行永不停顿，每天都循环往复。人道学习天道就要“君子以自强不息”，这就是诚。《周易》坤卦描写大地的特点是能够容纳万物，“君子以厚德载物”，就要像大地一样能够包容万物，这也叫“诚”。再次，要做到诚信。诚信只是“诚”里面的一种，不能代替所有的内容。最后，不但要爱人，而且要爱万物。孟子说过："仁民而爱物。"由爱民推广到爱万物，爱大自然。当人达到诚的境界，让诚来支配自己的行动时，就进入了一个最高境界："从心所欲不逾矩。"

怎么达到这个境界呢？《中庸》强调：第一"博学之"，广博地学习，多研究社会，多交流。第二"审问之"，详细地向别人请教，与别人讨论。第三"慎思之"，周密地思考。第四"明辨之"，清楚地分辨是非，辨别美丑。第五"笃行之"，懂得道理以后还要付诸行动。如果用这些方法来学习，就能达到"诚"的境界。通过学习可以达到人生的最高境界。

这样，佛教有释迦牟尼，儒学有孔夫子；佛家有"真如佛性"，儒学有"至诚之道"；佛教有成佛的途径，儒学有达到至诚的"五步法"；佛家以释迦牟尼为佛祖，儒学以孔子为圣人；佛教有继承的佛统关系，儒家有道统。儒学在面对佛教挑战时没有被动摇，还有了发展。

朱子难能可贵的地方在于他没有造神，他提出君子要研究两门学问：一是"尊德性"，一是"道问学"。这两门学问都要学习。"尊德性"就是宏观的修养，而"道问学"就是具体的知识。在学习过程中，既要博大又要精微，既有宏观又有微观。如果在这两方面都下了功夫，则必有所得。这就比视孔子为神要高明得多了。

（本文由作者根据 2004 年 10 月 30 日在湖南大学岳麓书院明伦堂所做的讲演录音整理、定稿。）

第三篇

老子思想研究

我读《道德经》

各位朋友们：

上午好！

感谢论坛邀请！我以《我读〈道德经〉》为题，在四五十分钟时间之内谈一谈我个人读《老子》（也名《道德经》，或《道德经五千言》）的一些体会，以便与朋友们交流。

我这里所讲的《老子》，是指三国时期魏人王弼注解的《老子》，也称为《老子》的通行本。《老子》仅有五千字，所以被称作《道德经五千言》。为什么要作上述说明，目的是强调我的讲题不包含地下出土的《老子》著作，如1973年出土的湖南长沙马王堆帛书《老子》、1993年出土的湖北郭店楚墓竹简《老子》，这些内容我已在其他论文或场合作过论述。

我从历史文化的角度谈自己关于《老子》的体会，来不及从宗教文化的角度看《老子》。但是宗教文化特别是道教文化的研究需要深入地展开，这个课题我想将来有机会再和朋友们商量。

老子其人的生平状况究竟怎样？历史上的记载最有权

威性的就是我们韩城人、大史学家司马迁在《史记》中的记载（《老子申韩列传》）。我们所称“老子”，往往忘记了他的名和姓。老子，姓李，名耳，楚国苦县（今河南鹿邑）人。他也被称作“老聃”，“聃”即“耳长貌”，他是一个耳朵很长的有智慧的老人，从“老聃”引申出“老子”，成为人们熟悉的称谓。他曾经担任东周王室管理图书的工作，用今天的话说就是东周国家图书馆的馆长。他学问渊博，对兵学、农学都深有研究。司马迁《老子申韩列传》记载，老子看到东周王室衰微的景象，不愿意待下去了，出了函谷关（在今河南灵宝县附近），行踪不详。

我开始读《老子》，是在我读大学本科的时候，1946—1950年夏天我在北京大学哲学系读书，主课有“中国哲学史”。老师讲《老子》，学生必读《老子》，当时我没有读懂，没有特别的感受。我在大学写的日记里，关于《老子》几乎没有新的体会。大学毕业以后，1950年夏天我考进了清华大学哲学系读研究生，当时清华还有文科，1952年年底清华的文科全部合并到北京大学。清华大学哲学系教授朱谦之先生专门研究《老子》，我向他请教如何读《老子》。朱先生没有正面回答我的问题，他说：“现在你还年轻，（二十多岁嘛。）不要着急，到你四十多岁的时候再读，或许会有一些心得。”话说得很活，“或许会有一些心得”，不排除四十多岁再读仍然没有什么心得。1952年年底我来到古城西安，在西北大学做讲师，课程讲得很杂，没有时间读《老子》。后来政治运动不断，所有的政治运动与《老子》大异其趣，所以我四十岁也没有很好地读《老子》。一直到五十多岁，我国进入改革开放新的历史时期，我才真正回到了研究岗位，从事中国思想史研究，开始重新读《老子》。到今天我的精神生活，我的灵魂深处，已离不开《老子》了！在我家客厅，有两幅字，一幅是老子的名言“道法自然”，一幅是孔子的名言“仁者寿”。老子和孔子是我最崇敬的中国古代两位大思想家。我的精神生活离不开道家，也离不开儒家。

这三十年，我所写的书里，关于《老子》的研究占有一定的篇幅，因为时间的关系，我只是很简略地介绍一下。

一、世界的本原是道

老子认为，世界的本原就是“道”。《道德经》全书81章，直接谈到“道”的有77章，“道”字在五千言中出现过74次，从不同的层面阐述世界的本原。

“道”在汉语系统中最初指“道路”，老子讲的“千里之行，始于足下”(《老子》第64章)，就是指道路。再向前推，走到尽头，“道”就变成为世界的本原了。在座的年轻朋友，你们要读《道德经》，我建议首先要将第一章读懂，该章是五千言《道德经》的总纲。“道，可道，非常道”，道可以用语言文字来表述，但用语言表述的道并不是常道。“名，可名，非常名”，名可以文字来表述，但用文字表述的名并不是常名。“无，名天地之始”，无才是天地的开始。老子所说的“无”是什么呢?“无”指空间，没有任何形象，不好说它是方，也不好说它是圆，所以说

“无”名（动词，叫作）天地的开始。“有，名万物之母”，有才是万物的开端，“有”开始有了具体的形象了。老子接着提到，“故常无欲以观其妙”，人们用“无”去了解“道”的奥妙。“常有欲以观其徼”，用“有”去体会“道”的伟大的创造。“此两者同出而异名”，“无”和“有”都是“道”的表现。“同谓之玄”，用一个名词来表述，就叫作“玄”。“玄”是“玄妙”的“玄”，“道”的作用就是“玄”。“天地玄黄”（《千字文》），玄指黑色，意味着深远幽杳，看不清楚它的细节。所以说“玄之又玄，众妙之门”，这种“玄妙”才是天地万物产生的根源呀。整个第一章的核心就是“玄之又玄，众妙之门”。

老子不用“神”，不用上帝祖先神，去说明世界，而用“道”去说明世界。老子也不用不同的物质，如中国古代的金木水火土，去揭示世界的来源。老子用智慧把握世界的本质与来源，这是一种哲学的方式。哲学，简言之，就是智慧之学，是从多中求一的学问。世界现象纷纭复杂，其中贯穿着的本质或本原，就是“一”。在老子哲学中，这个“一”就是“道”，分而言之，就叫作“无”和“有”。“道”怎样转化为丰富多彩的世界呢？这种转化或变化的过程，就是“玄之又玄，众妙之门”，很难一下子用语言文字表达清楚。但是老子用“道”说明世界的本原，这是中国文化史上最早的伟大创造。

二、世界万物怎样从“道”中产生？

《老子》称“道法自然”（《老子》第25章），“道”自然而然地产生出了千变万化的世界。

朋友们，如果要读《老子》，我希望注意“道法自然”中“自”这个字眼，“自”即自己，在《老子》中出现很多，如“自是”（《老子》第 22、24 章）、“自正”（《老子》第 57 章）、“自化”（《老子》第 37、57 章）、“自伐”（《老子》第 22、24 章）、“自知”（《老子》第 33、72 章）、“自见”（《老子》第 22、72 章）、“自胜”（《老子》第 33 章）、“自定”（《老子》第 37 章）等。在《老子》思想中，世界是自然而然地产生的，本来就是这样的状态，天然就是如此，这就叫作“自然”。没有哪一个神或 God 来创造它。所以说“人法地，地法天，天法道，道法自然”（《老子》第 25 章），人效法于地，地效法于天，天效法于道，天地人都是自然而然地从“道”中产生的。

“道法自然”可以给我们很多体会。朋友们，我们五千多年文化史上，世世代代人们都很重视劳作和创造，他们观察世界，日夜更迭，四季交替，往复不息，所以，《老子》讲天道的特点是“反”（向相反的方向运转），也是“不争”。天道“不言”，也不骄傲，自然而然。老子认为，整个的天道像无形的巨网一样，广大无边，虽然稀疏，却没有任何遗漏，将一切都囊括在其中，“天网恢恢，疏而不失”（《老子》第 73 章）。

《老子》所谈的人道很自私（只有婴儿不自私），天道“损有余而补不足”，人道“损不足以奉有余”（《老子》第 77 章）。人道偏执，由人道所形成的社会也很不公平，流行阿谀奉承、追逐名利，因而人道应该学习天道的自然而然。

三、关于《老子》的重要理念“反者道之动，弱者道之用”

“反者道之动，弱者道之用”（《老子》第 40 章）是《老子》的主要内容和精神。

道一直在运动，道的运动路线就是“反”，即道不断向相反的方向运动。今天，我们青年身强力壮，精力饱满，健步如飞，充满了活力．然而“反者道之动”，一到中年和老年，情况就发生了变化，老年可能要扶着拐杖走路，做到步行自由就已经很不容易了。人人皆有生，人人皆有死，正印证了“反者道之动”的道理。道的运动路线就是不断向相反方面运动，最后回到道本身的出发点，这两种含义（“相反”“返归”）都叫作“反”，包括返本与向对立面转化。它提醒世人，不要仅看当前，要着眼长远，有一个规律，任何社会、个人都挡不住的，这就是“物极必反”的法则，任何事物发展到顶点就会向相反的方面发展。老子在《道德经》五千言中将“反者道之动”的“物极必反”规律讲得十分透彻，比当时任何一部著作都要透彻。

既然“反者道之动”，那么，有没有可能防止事物向相反的方向转化，怎样才能防止事物向相反的方向转化，以便避免灾祸？老子提出必须柔弱，“弱者道之用”，要无为。“无为”是《老子》特有的概念，指不强求，不妄为，不自以为是，不要把事情做得非常绝对，要有包容性，这样事业最终才能成功。“天下难事，必作于易。天下大事，必作于细。是以圣人终不为大，故能成其大。”（《老子》第 63 章）天下的难事，一定开始于容易；天下的大事，一定开始于细微处。因而圣人不自视甚高，不把自己看作为大，所以最终能自然而然地成为大。“圣人终不为大，故能成其大”，对今天的年轻朋友也会有启发。

四、老子倡导“上善若水”

“上善若水”（《老子》第 8 章），意思是最高的善像水那样，是至柔的，无为的，但它才是真正无坚不摧的，才能够成其为“大”。

至善若水，我想向大家提一个问题，水的特性是什么？水的特性，自古以来大家的看法相同，“人往高处走，水往低处流”，水的特征是向下。用现代汉语来讲，就是与老百姓永远在一起，眼睛向下，心胸向下，向着人民。用《老子》的话讲，就是“圣人无常心，以百姓心为心”（《老子》第 49 章），圣人不考虑自己固定的想法，而是以百姓的心思作为自己的心思。

《老子》第八章专门谈“上善若水”。“上善若水”，最高的善要像水那样。“水善利万物而不争”，水善于帮助万物而不与其他的人争利。“处众人之所恶”，水停留在人们都不喜欢的地方（向下嘛）。“故几于道”，所以水接近于“道”。懂得这个道理，怎样才能做到“上善若水”呢？《老子》提出，“居善地”，做人要像水那样安于卑下，要谦卑；“心善渊”，存心要像水那样的深沉；“与善仁”，交朋友要像水那样的相亲；“言善信”，言语要像水那样诚实无欺；“正善治”，为政做官要像水那样清廉；“事善能”，办事情要像水那样无所不能；“动善时”，行动要像水那样恰逢其时；“夫唯不争”，正因为能做到像水那样与万物无争，而且不高高在上，永远保持着谦虚卑下的姿态；“故无尤”，才不会犯大的错误。这一段既谈到做人的原则，又谈到为政的纲要。

总之，《老子》的“上善若水”也就是“无为”的原则，“柔弱”的原则。“上善若水”的根本精神是什么呢？我觉得应是“大爱”的精神。这种“大爱”精神为中华民族树立了很好的精神支柱。

还有最后一点，过去我们没有注意到。最早提出生态文明含义的是《老子》，在道文化中具有很大的影响。《老子》中没有人类中心主义的偏执，但是西方文明中人类中心主义非常明显。《老子》所主张的人与自然是一体的，人应该尊重自然，自然而然，与自然和谐相处，老子理想的世界蓝图是万物和谐，各有个性，充满生机的协调的世界。

其他方面，因时间关系，我就不涉及了。

这些认识，我在上个世纪 90 年代初都认识到了，有论文和书可作证明。正因为对《老子》有这样的体验，在上个世纪 80 年末 90 年代初，我向当时陕西省省长白清才先生建议，在陕西最好能够成立老子思想研究会，得到了白省长的支持。陕西老子思想研究会成立，并举行了两次老子思想学术研讨会，出版了论文集。后来一度停顿。现在在新的历史阶段，老子思想研究会又被批准恢复，我们即将展开老子及道家思想的学术研究。这个研究会将由西北大学中国思想文化研究所谢阳举教授具体负责。

最后再讲几句。喜怒哀乐，每个人都会有。我也有。我的喜怒哀乐通过什么加以解决呢？我通过阅读中国传统文化的人文经典来解决。在千万种人文经典中，我觉得两本最为重要，一是《论语》，是孔子和他的学生的对话集；一是《老子》。

今天我们读《老子》，我希望在我们的社会里多一点淳朴自然，少一点雕琢文饰；多一点眼睛向下，眼睛向平民百姓，少一点浮躁，少一点势利，少一点急功近利！我还希望在我们古城西安多一点蓝天，少一点阴霾。

最后，我想用一句话结束我的发言，我们既要读古代王弼注的《老子》，也要读《老子》的现代版，把今天的时代精神和《老子》道文化中的精华紧密地结合起来。我希望我的讲演结束以后，有朋友会去读《老子》，会去思考《老子》的现代版应该增加哪些内容。

谢谢大家！

（2012 年 3 月 4 日在首届“西安楼观·中国老子文化节”之“老子道文化与社会发展”高端论坛上的讲演，原载《张岂之谈中华优秀传统文化》，西安：太白文艺出版社 2012 年版，第 96—102 页）

老子与《道德经》
——读任继愈先生《老子绎读》

诸位书友们：

今天是 2009 年元旦，祝大家在新的一年里身体健康，在求学和事业上有新收获。

为了弘扬祖国优秀文化，对一些重要的人文经典，从学术研究的角度加以论述、介绍，使更多的朋友能够有所收益，以加深对优秀传统文化的理解，这也许是国家图书馆文津学术讲座的主要职责之一吧。鉴于此，我今天和大家讨论一个题目：老子与《道德经》，副标题是：读任继愈先生的《老子绎读》。

一、《老子绎读》简介

任继愈先生是我国著名的人文学者、人文学术大家。国家图书馆原馆长。“文津讲坛”是他倡议设立的。他是我的老师，1946－1950 年我在北京大学哲学系学习，听过任先生的“隋唐佛学”课，当时我写的一些读书笔记，经过他的指导和审读。任先生今年已是 93 高龄的长者，他一直关心国家图书馆的学术讲座。今年他要我在元旦作学术发言，师命不可违。讲什么呢？我想介绍任先生在九十高龄写作并出版的《老子绎读》一书。

《论语》和《老子》（亦名《道德经》或《道德经五千言》），是我国古代人文经典中最重要的两部著作。要把它们译成现代汉语，并力求准确讲出其中的要义，没有深厚的学术功底，是做不到的。关于《论语》，学者杨伯峻先生的《论语译注》受到人们的好评。至于《道德经》，任继愈先生的《老子绎读》则是一部功力很深的阐释老子思想的著作。

任先生对《老子》一书的研究，跨越了两个世纪。从20世纪50年代开始，他为了教学方便（给来自东欧保加利亚的留学生授课），开始将《老子》译成现代汉语，称为《老子今译》。后来有所修订，称之为《老子新译》，这两种译本都公开出版过。它们均根据魏人王弼的注本，即《老子》通行本。1973年在长沙马王堆发现了大量帛书。经修复后，通过整理和考订，其中有《老子》甲、乙本。这是西汉时期的《老子》。将帛书本与通行本《老子》互相对照比较，有助于深切了解《老子》。任先生对照通行本和马王堆帛书本作《老子全译》。

1993年10月，湖北荆门市沙洋区郭店一号楚墓出土了一批竹简，其中有《老子》甲、乙、丙本，这是战国时期的《老子》。研究郭店楚墓的简本《老子》，并与通行本《老子》对比研究，国内学者在这方面做了不少工作。

基于以上情况，任继愈先生以《老子》通行本为底本，并参照楚墓出土的竹简本，对《老子》进行第四次今译，名《老子绎读》，2006年12月由北京图书馆出版社出版，至今整整两年。对于书名，任先生有这样的说明："'绎'，有阐发、注解、引申的涵义，每一次关于《老子》的翻译都伴着我的理解和阐释，因此，这第四次译《老子》称《老子绎读》。"（《老子绎读·后记》）从以上叙述，大家可以看到任先生的严谨治学精神。

任先生对老子思想的历史价值作了全面的分析。他说："《老子》文约而义丰，有很多精到的见解，值得很好钻研。有五千年文明的中国，流传广泛的哲学流派不少，号称百家，其实只有两家，一个是儒家，一个是道家。……老子用诗的语言表达深邃的思想，善于正话反说，善于用浅显比喻说明深奥的道理。"（《老子绎读·前言》）

在《老子绎读》中，任先生对老子思想的来源进行了分析。他认为，老子思想来源有三：一是继承荆楚文化的特点，贵淳朴自然，反雕琢文饰；二是吸取古代文化遗产，总结前人经验，他在东周做过管理王室图书的工作，便于他接受并审视他以前的文化成果；三是来源于社会现实，他是春秋末期人，亲眼看到春秋时期社会的混乱，旧礼制的崩坏和仁义口号的虚伪性，思考怎样才能拯救时弊。

任先生还分析了老子思想对后代的重大影响。一是对哲学思想及宗教思想的影响。产生于东汉中叶的道教，尊老子为教祖，以《道德经》为主要经典，并加以宗教性解释，宣传人们经过一定的修炼，可以使精神、肉体长生永存，成为神仙。一是对中国古代政治的影响。封建王朝为恢复社会经济而采取的与民休息政策，其指导思想多来自《老子》。老子和中国古代军事思想也有密切的关系。这些评价会有助于人们去了解老子及其著作。

还应当提到，《老子绎读》在体例上将古代人文经典的深厚学术内涵与今天一般读者所需要的文化普及性有机地结合起来。全书包括前言、译例、译文、索引四部分。索引又分为重要名词索引和内容分类索引两部分。结尾有附录：一、马王堆汉墓帛书《老子》释文（甲、乙本）；二、郭店楚墓竹简《老子》（甲、乙、丙本）；三、《老学源流》；四、《我对〈老子〉认识的转变》；五、《寿命最短的黄老学派，效应长久的黄老思想》。这样完备的“附录”，有助于读者深入理解《老子》。在学术观点上，学者们对我国古代人文经典的解说，自古以来就有多种说法；任先生对《老子》的疏解和阐释，只是一家之言，供读者朋友们研读，以便进入《老子》的精神殿堂。不过，任先生的阐释，是有特色的，他更加着重对《老子》哲学思想进行提炼和说明。他说：“哲学包罗万象，哲学理论是高度抽象思维的精神产品，好像与现实生活不那么密切，但是越是高度抽象的哲学，它的根基却深深地扎在中华大地的泥土之中。”（《老子绎读·后记》）如果要将抽象还原于社会现实，任先生则认为，老子思想的社会基础是中国古代农业社会中的农民；“反映农民呼声最早、最系统的是《老子》”（《老子绎读·前言》）。在贯彻学术“百家争鸣”以推动哲学社会科学发展和繁荣的今天，这也是一种认真思考过的学术观点，可供读者参考。

现在我们提“中华文明走向世界”，我国人文经典在国外译本最多的，大约要数《老子》。不过，它往往不是外国译者所能理解的。季羡林先生在《展望比较文学的中国学派》一文中说：“比如我见过他们（外国译者）的几十种《老子》译本，能准确反映《老子》思想的很少，多是夹杂着许多译者主观的东西。”[①] 因此，使“中华文明走向世界”，就要有准确的好的外文译本，首先要有高质量的现代汉语译本，这会有助于译成外语本。

二、《老子》的“道”论

老子是我国古代哲学大家、思想家，道家学派的创始者。他对中国传统思想文化发展做出了重大贡献（以下有些是阐述任继愈先生的观点，也有一些是我个人的看法）。

司马迁在《史记》中记载了老子的事迹（《史记·老子申韩列传》）。老子姓李名耳，春秋末期人，比孔子岁数略大，楚国苦县（今河南鹿邑）人，曾任东周王室管理藏书的官吏。有时称他为“老聃”。“聃”指耳长，“老聃”即耳长的老者的俗称。据说东周王室衰微，老子离职而去，不知所终。我赞同有些学者的意见：《老子》不是老子亲自写成的，是他的后学在战国时期写成的，属于战国时期的韵文体，它忠实地记录了老子本人的思想。

《老子申韩列传》记载，孔子曾向老子请教。孔子是

---

① 《季羡林文集》第8卷，南昌：江西教育出版社，1996年，第334页

儒家学派的开创者（前 551—前 479），他创立“私学”，授徒讲学，周游列国，宣传自己的主张。孔子从人的亲情出发，倡导仁爱哲学，提出“己所不欲，勿施于人”（《论语·颜渊》）、“己欲立而立人，己欲达而达人”（《论语·雍也》），道理平实、深刻。他不谈人的生死，“未知生，焉知死？”（《论语·先进》）不言“怪、力、乱、神”（《论语·述而》）。他主张通过教育改造社会，在形式上维护西周的礼制，但灌注了新的思想，即仁爱思想，以达到“君君，臣臣，父父，子子”（《论语·颜渊》）相互和谐的社会境界。所有这些主张，在老子看来，都是功利性的、世俗性的，不予肯定。老子说：“良贾深藏若虚，君子盛德，容貌若愚。”（《史记·老子申韩列传》）并认为像孔子这样直白地阐述自己的主张，表现出“骄气”和“多欲”，应当把这些毛病去掉。“骄气”和“多欲”，用今天的话来说，就是功利化、世俗化。这很像是老子的口吻。

与孔子不同，老子所要探求的则是世界的本原问题，用哲学名词说，就是本体论问题。

老子哲学本体论可叫作“道”论。“道”是《老子》思想体系的核心。全书 81 章，直接谈及“道”的有 77 章。“道”字出现 74 次，运用形象、概念和推理方法，从不同层面阐述关于“道”的哲学。

在老子看来，“道”乃是勉强提出的一个概念，而不是对世界本原的准确描述。人们可以认识“道”，可以用语言文字来表述“道”，但人们所认识到的内容，语言文字所表达的内容，并不是“道”本身。《老子》第 1 章是全书的总纲，对“道”作了扼要论述：

> 道，可道，非常道。名，可名，非常名。“无”，名天地之始。“有”，名万物之母。故常无，欲以观其妙；常有，欲以观其徼。此两者，同出而异名，同谓之玄。玄之又玄，众妙之门。

这段文字可以译成如下白话文：“道，可以用语言文字来表述，可是并不是常道。名，可以用文字来表述，但并不是常名。‘无’才是天地的开始。‘有’才是万物的开端。人们用‘无’去了解道的奥妙，用‘有’去体会道的创造。‘有’与‘无’同源于道，不过表述不同，它们都可以说是深远的。极远极深，这种玄妙是天地万物产生的根源。”这里，老子提出了三个概念：道、无、有。什么是“道”？道是有、无的统一。什么是“无”？“无”不是什么都没有，而是指没有形象，没有体积。它和具体的事物不同，指的是空间，是不确定性的存在。什么是“有”？“有”是万物的开端，指能够被人感知的事物的确定性。万物来源于“有”与“无”。有与无的作用是玄妙的，“玄妙”才是万物产生的根源。

关于世界的本原，老子并未用创造万物的“神”（上帝）的概念，在我国商周时期，“上帝”原指祖先神，能够创造一切；老子也并未用不同的物质形态加以描述，如金、木、水、火、土，作为世界万事万物本原的所谓“五行”。老子是真正的哲学家。什么是哲学？哲学是智慧之学，是从“多”中求“一”的学问，从“多”中抽象出

“一”来，这种抽象是理论思维能力的表征；以此为土壤，才产生出不同的世界观、人生观与价值观。老子认为，这个“一”叫作“道”，分而言之，即“无”与“有”。战国时期儒家也接受了这种观点，在《易传·系辞》中称“形而上者谓之道，形而下者谓之器”。这里，“形而上”并不是一个贬义词。后来，宋明时期的思想家们则认为研讨关于世界的本原、心性关系等都属于“形而上”范畴。也有思想家认为，形而上的“道”，即存在于具体的器物（或事物）之中。近代有人翻译希腊哲学家亚里士多德的哲学名著，名《形而上学》，这是采取了日本学者的译法。原来，亚里士多德写了讲义《物理学篇》（physics）以后，开始探讨哲学问题，将其著作命名为“metaphysics”，即《物理学后篇》（也就是“写在物理学著作以后的哲学论著”），其实，这是十分简洁明了的。20 世纪，“形而上学”渐变成与“辩证法”相对立的名词，成为静止、孤立、片面的同义语。这里要说明的是，《易传·系辞》中的“形而上者谓之道”并无此义。

在 2500 多年前，中国古代哲学已经达到如此高的水平，为什么后来没有引导创建近代自然科学？不久前有学者撰文《自然科学为何没有诞生在中国?》，认为最主要的一条原因是“中国传统文化缺乏追求理性而是重于应用”（尤广建，《北京日报》2008 年 11 月 24 日转载）。但是我们从《老子》论“道”中可以看到深刻的理论思维，中国古代并不缺乏对理性的追求。历史的事实是，老子提出的理论思维，到东汉时期被宗教化了，被引导到追求长生不死的宗教信仰上去了，没有成为近代科学的来源。不过，在道教的一些典籍中也包含着丰富的中国古代科学的内容。

老子的“道”论，在《老子》第25章体现得分外鲜明：

> 有物混成，先天地生。寂兮寥兮，独立不改，周行而不殆。可以为天下母。吾不知其名，字之曰道，强为之名曰大。大曰逝，逝曰远，远曰反。故道大，天大，地大，人亦大。域中有四大，而人居其一焉。人法地，地法天，天法道，道法自然。

译成白话文，即：“有一个东西是浑然一体的，它存在于天地之先。无声无息，又无形体，它不依靠外力，循环运行永不停止。可以称为万物之母。我不知道如何称呼它，把它叫作‘道’，勉强叫它为‘大’。大叫作消逝，消逝到极远，从极远又返还。所以道大，天大，地大，人亦大。国中有四大，人是其中之一。人效法地，地效法天，天效法道，道效法自然（自己）。”值得注意的是，这段文字中“域中有四大，而人居其一焉”等，王弼通行本“人”均作“王”字，但却是按照“人”字注解的；“域中”，马王堆甲、乙本作“国中”。“天”“地”没有意识，但“人”是有意识的；人体验到“道法自然”的真理，即世界是自然而然地形成的道理，进而在“自然而然”上下功夫，不自以为是，人才能称之为“大”。

那么，“道”怎样演化为万物？《老子》第42章这样写道："道生一，一生二，二生三，三生万物。万物负阴而抱阳，冲气以为和。"对这一章，任继愈先生解题："这一章从'道生一'到'冲气以为和'讲'道'是万物的总根源。这里的道理并不复杂，道生一，一生二，二生三，只说明事物由简单到复杂逐渐分化的过程。前人注解虽多，但失于穿凿，替老子说了一些老子没有说过的话。可供参考，但不能当真。"关键是"一生二"的"生"，是否像人一样去制作一件器物？不是的。这里"一生二"，和"一到二"是一个意思，不是任何人（神）的有意制作。万物处于什么状态？在老子看来，万物都背负阴气而怀抱阳气，阴阳二气交互影响形成和气；和气就是对立面的统一，相反而相成。这是中国古代辩证法。这种辩证法的形成归根到底，也是源于对农业生产经验的总结。例如，山的向日面，即阳；山的背阳面，即阴。人们在生产实践中提炼出抽象化的"阴""阳"概念。西周时的文献《周易》就试图用阴阳去解释自然和人类社会，从而预测人的吉凶。《周易》中的阴阳变易思想对儒家和道家都有影响。《老子》有丰富的辩证法思想，处处提醒人们不要走极端，强调"有无相生，难易相成，长短相形，高下相倾，音声相和，前后相随"（《老子》第 2 章）；"祸兮，福之所倚；福兮，祸之所伏"（《老子》第 58 章），已经看到了矛盾的转化。

不论是中国的古代还是西方的古代，当时的哲学家们都认识到事物中包含着相互对立的方面。在中国，思想家们强调的是相反而相成，即一元的和谐论，虽然儒家和道家在"相反"与"相成"中哪一方面占主导问题上有异议，比如儒家强调刚强，主张自强不息，而道家则强调柔弱，主张以柔克刚，但最终他们都希望对立的两个方面能够“相成”“合一”，落到一个“和谐”的“道”上去。然而西方古代有些哲学家则是二元对立的思维，强调差别、斗争的意义和作用。这从一个方面展示了中、西方文明存在着差异。中西方古代哲学基本面貌的差异比较，更能突出各自的学术特色，这不好说哪一个更好，因为人类文化自古以来就具有多样性，各有特色，互相补充、借鉴。

可见，老子的“道”论包括：“道”是世界的本原；由“道”到万物，是一个逐渐运动、演化的过程，即“道法自然”的过程；“道”是万物变动的根源，它在万物演化中体现出相反而相成的作用。

三、老子“贵柔”的人生哲理

作为老子“道”论的逻辑延伸，老子强调阴，即柔弱的作用，提出了一套以贵柔、守雌为特点的辩证法思想。他从农业生产中发现，植物的幼苗虽然柔弱，但它能从柔弱中壮大；当它壮大了，反而接近死亡（《老子》第76章）。他认为人们对待生活的态度，最好是经常处于柔弱的地位，这样就不会转为坚强，即可避免走向失败、死亡的结局。

老子主张“反者道之动，弱者道之用。天下万物生于有，有生于无”（《老子》第40章）。道的运动是向相反方面转化，“反者道之动”，即物极必反。那么，人应当如何做？“弱者道之用”，柔弱谦和就是“道”的具体运用。老子对此有详细的论述。他问天下最坚固的是什么？一般回答：几个人合抱的大树也许是最坚固的，他的回答则是：不然。水才是最坚强的，表面柔弱，处于卑下地位，其流动不舍昼夜，有时甚至会摧毁一切。人应当像水一样，所以《老子》第8章说：

> 上善若水，水善利万物而不争；处众人之所恶，故几于道。居善地，心善渊，与善仁，言善信，正（政）善治，事善能，动善时。夫唯不争，故无尤。

这段文字可译为："最高尚的善像水那样，水善于帮助万物而不与争利；它停留在众人所不喜欢的地方，所以最接近'道'。居住要（像水那样）安于卑下，存心要（像水那样）深沉，交友要（像水那样）相亲，言语要（像水那样）诚实，为政要（像水那样）有条有理，办事要（像水那样）无所不能，行为要（像水那样）待机而动。正因他（像水那样）与万物无争，所以才不犯过失。"

"上善若水"，老子称之为"无为"原则，"无为"不是什么都不做，而是"道法自然"原则在人生哲理中的体现或具体运用。"上善若水"在今天依然有借鉴意义。如：人愿意把自己摆在"卑下"的地位吗？"自视甚高"是人之常情，处处自觉自己只是平民百姓中的一员，并非易事。愿意和社会的弱势群体做朋友吗？不受攀龙附凤、依靠权势观念的束缚，而自愿为弱者呐喊奔走，才真正领悟了"上善若水"的真谛。生活中谦虚谨慎，诚实守信，从水的流动中吸取智慧的启示。如果肩负重要责任，能不走极端，不搞大起大落吗？“致虚极，守静笃”（《老子》第16章），“无为而无不为”（《老子》第48章）“治人、事天莫若啬”（《老子》第59章），“治大国若烹小鲜”（《老子》第60章）“为无为，事无事”（《老子》第63章）等，都在告诫人们不要强作妄为，用今天的话说就是“不折腾”。在名利面前，能淡然处之吗？能堂堂正正做人吗？这些都可从“水”中获得启示。

老子所说的“柔弱”有两方面内容，一是指“人道”应当效法“天道”，一是指要有包容天下的宽阔胸怀。

“人道”效法“天道”，在老子看来，“天之道不争而善胜，天之道不言而善应，天之道不召而自来。”（《老子》第73章）即：天之道不争而善于获胜，不说而善于回应，不召而自动到来，是自然而然的。然而，“天网恢恢，疏而不失”（《老子》第73章），天道包含一切。在治理国家上，“圣人”依据“天道”，也就是“以百姓心为心”（《老子》第49章）；当政者“功成身退，天之道”（《老子》第9章）。人们无论做什么，都是随其自然，不要勉强、强求，保持平静淡泊的心境。

为政者要有包容天下的宽阔心怀。《老子》第16章：“知常容，容乃公，公乃王，王乃天，天乃道，道乃久，殁身不殆。”意思是：“认识‘常’（即常道），才能包容一切；包容一切，才能坦然大公；坦然大公，才能担当首领；担当首领才能符合自然；符合自然就是‘道’；符合‘道’，才能长久。”

将“柔弱”的这两方面内容综合起来，就叫作“常德”。“知其雄，守其雌，为天下谿。为天下谿，常德不离，复归于婴儿。”（《老子》第28章）意思是：“虽然知道什么是刚强，却安于柔雌，甘作天下的沟溪。甘作天下的沟溪，永恒的‘德’永不相离，重新回到纯洁的状态，像个婴儿。”《老子》之所以被称为《道德经》，因为它的主旨论述了“常德不离，复归于婴儿”的“贵柔”人生哲学。因此，老子哲学没有人类中心主义的弊端，其“道法自然”的理论阐述了人认识的某些局限性，提醒人们谦虚谨慎，对自己的才智不要过度自信，以为自己了不起。他从反面论证，“俗人昭昭，我独昏昏。俗人察察，我独闷闷……众人皆有以，而我独顽似鄙。我独异于人，而贵食母”（《老子》第20章）。意思是：“世人都那么明白，我却这样糊涂。世人是那么精明，我却在一旁沉闷。……世人都有一套本领，独我又笨又无能。我跟世人不同，在于我找到了根本（母）。”从某种意义上说，这种思想认识是消极的，但从事物的辩证发展角度分析，它却时时提醒世人不要张扬，保持头脑清醒，谨防事物向坏的方面转化，把握“道”的大体，才能使自己立于不败之地。也许这并非消极悲观，而是一种清醒剂！

同时，在中国古代，老子的“贵柔”思想对人们的养生理论和实践也做出了贡献。这要作专门的分析，这里从略。

总之，老子的“道”论思想和“贵柔”思想具有内在的联系，“贵柔”的人生哲理是老子“道”论思想在人生领域的体现和延伸，也揭示了“道”与“德”的密切关系。在此，我在任继愈先生《老子绎读》的基础上，谈了若干体会，供各位朋友参考。谢谢大家！

（2009 年 1 月 1 日张岂之教授在北京国家图书馆“文津讲坛”所作学术演讲，由陈战峰博士整理。）

人与自然的和谐

——庄子哲学点滴

一般都说老子、庄子是先秦时期道家的代表人物。其实，有学者（如胡适）早已指出，在先秦古籍中并无道家之名。“道家”一词首见于司马迁的《史记》。不过，老子、庄子着重研究天道自然变化，由此而认为“道”为天地万物的本原，在关于“道”的学说里提供了丰富的理论思维。

庄子论“道”，在《庄子》书《知北游》《大宗师》等篇中有详细的论证，这里不去说它。我读庄子，觉得庄子所说的“道”既有法则（所以然），又有本体的意义。还有一层意思，即认为“道”是整体，如果要形容，它相当于庄子说的“浑沌”。请看《庄子·应帝王》中有一段具有哲理性的描述：

> 南海之帝为倏，北海之帝为忽，中央之帝为“浑沌”。倏与忽相遇于浑沌之地，浑沌待之甚善。倏与忽谋报浑沌之德，曰：人皆有七窍以视听食息。此独无有，尝试凿之。日凿一窍，七日浑沌死。

这里说的“浑沌”是自然整体，是不能分割的。如果一定要分割它，就只有拿它的生命作代价。在庄子看来，整体并不是部分的相加。追根究底，整体与部分是一体，问题是人们究竟从哪个视角去看。“道”是本根，从这个意义上说，它是整体。如从形形色色的事物来看，“道”又表现为纷纭复杂的具体世界。这样说来，整体即部分，离开整体就没有部分；离开部分整体就无法表现。因此，在庄子哲学中，整体和部分是辩证地融合在一起。庄子论述“道”无所不在，在蝼蚁，在稊稗，在尿溺等等，其实都说的是整体与部分的齐一，也就是共相与殊相的齐一。

庄子是中国文化史上论述“有对”互相齐一最为深刻的哲学家。他的着眼点不是事物的区别与对立，而是它们之间的一致与和谐。在他看来，人们如果用世俗的眼光来看，不同事物有不同的质，但是，当人们转而从“道”的角度看，就会了解，林林总总的事物其实都是“道”的存在形式，这就是事物的齐一性，亦可称同一。《庄子·齐物论》着重分析了这个道理。

庄子举了一个“朝三暮四”的例子。有位老者养了一群猕猴，每天用橡子喂养它们，原先早上发三升，晚上四升，猕猴们感到愤怒。于是老者改变方式，早上发四升，晚上发三升，猕猴们欣喜异常。猕猴们只看到早晚橡子的数量的差异，而没有计算橡子总数的齐一。这岂不是令人觉得可笑吗？庄子在这里进行嘲讽，世人们大都囿于偏见，去寻求事物间的差别，从而产生错觉和偏见。如果人们觉醒起来，突破自身的狭隘经验，而从天地宇宙的齐一方面观察，寻求事物的同一，这样也许才能获得“至明之理”呀。

庄子是首先看到人的主体与事物客体之间存在齐一的哲学家。这中间透露出主体与客体相互转化的猜测，使人深思。《庄子·齐物论》中有这样一则故事：

> 昔者庄周梦为蝴蝶，栩栩然蝴蝶也；自喻适志与，不知周也。俄而觉，则蘧蘧然周也。不知周之梦为蝴蝶与？蝴蝶之梦为周与？周与蝴蝶，则必有分矣。此之谓“物化”。

庄周梦见自己变成了蝴蝶，真是轻松愉快，自己不知还有庄周（没有主体意识）。觉醒以后，吃了一惊，原来自己是庄周（恢复了主体意识）。于是问题产生了，不知庄周梦见了蝴蝶，抑或蝴蝶梦见了庄周？可见区别主体和客体并不容易，而主体也是可以转化的。究其实，主体与客体还是齐一的，因而归根到底它们都是“道”的体现。当人们感到要去区别主体和客体的时候，这个时候才开始去探索不同事物变化的道理。在这里庄子提出了一个有趣味的哲学问题：主体与客体既是齐一的，又是转化的。也就是说，这二者既区别又齐一。

天外有天，楼外有楼。区别中还有区别，以至于无穷。因此，对于世人来说，千万不要局限于一隅，斤斤于尊卑贵贱的区分，而应当着眼于无边的广大世界，也就是说从“道”的齐一方面看种种世相。他在《庄子·秋水》中所讲的“河神”故事，不是发人深省吗？

这个故事说，秋天水涨，百川流入黄河。河神很高兴，自以为天下第一。它顺流东行，到了北海，四周不见边际，只见浩瀚一片，他这才醒悟，带着愧疚的心情对海神说："我看到您是这样广大无边而难于穷尽。如果我不到您这里来，坐井观天，我肯定会被理解大道的人们所耻笑。"

庄子强调的是人与大道的合一，这也就是人与自然的和谐。这比儒家所说"天人合一"更富有哲学的理论思维。庄子也有渲染。他认为真正了解大道的人，可称之为"至人"，其特点是："至人无己，神人无功，圣人无名。"（《庄子·逍遥游》）他笔下的"至人"顺应万物的自然，驾御六气的变化，遨游于无穷的宇宙。"至人"超越了"主体"，进入绝对自由的世界。这是庄子的想象。但是，人们如何才能进入自由世界，能提出这个问题，在理论思维史上也是很有意义的。

庄子像以往所有哲学家一样，也有偏颇。不过，从古代哲学史上如何才能找出一位毫无偏颇而又绝对正确的哲学家呢？似乎没有。所以我说：庄子之论述"有对"的齐一，是值得我们仔细品味的。在以往中国哲学史中还有一位着重论述事物区别的，他就是荀子。如果人们读《庄子》又读《荀子》，体验事物既区别（"分"）又齐一的哲学，这岂不是可以使我们得到更加充分的理论营养吗？

（写于2000年）

第四篇

中国学术思想研究

先秦哲学关于“天道”与“人道”问题

一、问题的提出

哲学是时代精神的反映，民族文化的灵魂。中国古代哲学有深厚的理论思维，有特殊的表现形式。关于“天道”与“人道”的研究，就是中国古代哲学的重要问题之一。

所谓“天道”，泛指宇宙、天地、自然的起源和法则，而“人道”则是关于人类社会和人自身的道理。这二者之所以引起哲人的研究兴趣，和古代农业生产的发达有关。中国有悠久的农耕历史和丰富的农学成果。《周易》有这样的话：“文明以止，人文也。观乎天文，以察时变；观乎人文，以化成天下。”（《周易·贲卦·彖辞》）这里的“天文”指关于季节、时令变化的学问，目的是为了使人们能适时地进行农耕活动；“人文”则是人类“文明”的另一种表述，主要指社会制度。古代哲学关于“天道”与“人道”相互关系的探讨和论述，就是对于“天文”和“人文”认识的深化与发展。

哲学是人类理性活动的成果。如果人们囿于传统观念，认为“天”是祖先神或上帝，对它只有顶礼膜拜、绝对服从，那么只能产生宗教意识，这还不是理性的哲学思维。当先哲们用阴阳、五行观念来解释世界的时候，历史上便迸发出最初的理性之光。到春秋战国时期，理性之光已经照遍思想意识的各个领域，形成中国哲学最早的辉煌时代。哲人们关于“天道”与“人道”的理性认识，经过历史的洗练，今天我们再去读它，仍然会惊诧于它的深刻性和普遍性，这应当是中国历史文化中卓有成就的一页。

二、“天道”自然，“人道”不妄为

春秋战国时期，深入探讨“天道”与“人道”关系，构筑完整的理论体系，建立自然哲学丰碑的，首先应提到老子和《老子》书。

据《史记》载，老子姓李名耳，春秋末期人，曾任东周王室管理藏书的史官，有机会博览群书，融会“天道”与“人道”的知识，得以成为当时最有教养的大哲学家。他被认为是道家学派的创始者。

有些学者认为，《老子》书（又名《老子五千言》《道德经》）并非老子本人所著，而是成书于战国时代。三国魏人王弼给《老子》书作注，其注与《老子》文珠联璧合，都是哲学美文。后人将王弼注本称为《老子》书的通行本。1973 年在长沙马王堆发现了帛书《老子》甲、乙本，这就便于学者们将帛书本和通行本《老子》加以对照研究，进一步理解老子哲学的精义。通行本和帛书本有同有异。1993年又在湖北荆门郭店一号楚墓中发现了一批竹简，其中也有部分《老子》简文，学者们正在研究。可见，关于《老子》书的材料颇为不少。不过，我在这里的论述仍然依据通行本《老子》。

《老子》五千字，赫然在目的一个范畴，就是“道”。其书第一章对于“道”的说明可说是老子哲学的总纲。“道”被认为是世界的本原。它是“有”与“无”的统一。“无，名天地之始；有，名万物之母。”（《老子》第1章）什么是“无”？这不能照字面解释成什么都没有，“无”指的是空间、空虚。“无”的再一个含义是指“道”体不同于通常的物体，不能说它是圆或是方，它具有不确定性。至于天地万物的最初形态，可称之为“有”，由此演变出纷繁复杂的大千世界。总之，老子进行了哲学的抽象，表现出理论思维的广度和深度。

在老子哲学中，“天道”受到赞扬，而“人道”则遭到贬损。在他看来，“道”演化为天地万物，没有神力，没有矫饰，自然而然。“天道”不争、不言、不骄，没有制物之心，像无形的巨网广大无边，虽然稀疏却没有任何遗漏，将一切都囊括于其中。这就是《老子》的名言：“天网恢恢，疏而不失。”（《老子》第73章）这实际是对必然性的形象表述。与此不同，“人道”便显得自私、偏狭、不公。于是问题产生了：如何改造“人道”？老子的回答是：“人道”应效法“天道”。

如何效法？这就不能不分析“道”的运行法则及其应用。老子提出：“反者道之动，弱者道之用。”“反”即向相反的方向运动，而发展到了相反方向以后，又要向相反的方向发展，直至回到原初的状态。因此，“反”具有对立转化和返本复初两个含义。在这个总法则的影响下，老子描绘了强与弱、生与死、祸与福、上与下、前与后等等对立转化的画卷。他提醒人们，世界的各种对立现象怎样才能不伤及人类社会和人自身？他主张将“天道”的自然特征运用于人事，使施政者具备“柔弱”“无为”的品格和风貌：淳朴、纯洁、不自以为是、不固执己见、不扰民、以百姓之心为心等等。这样经过“天道”浸润的“人道”才能立于不败之地，用老子的哲学话语说就是“无为而无不为”。“无为”主要指的是清除独断的意志和专断的行为，含有不妄为的意思，并不是什么事情都不做。

老子关于“天道”与“人道”的论述，展示了中国古代辩证思维的绚丽画卷，其中充满智慧和洞察力，对中华民族思想文化的发展产生过重大影响。当然，无须讳言，老子哲学用自然的“天道”否定“人道”自身的特点，在理论上有其偏颇的一面。不过，在历史的进程中，我们可以看到，当封建社会的施政者在一定范围内将老子哲学的某些方面加以实施的时候，确实有过若干成效。老子思想在西方影响也很大，《老子》一书在西方被翻译成多种文字。不过，季羡林先生曾说，这些译本，能准确反映《老子》思想的不多。

三、“天道”变化，“人道”自强

关于“天道”与“人道”的关系，先秦时期的儒家学派也有系统的哲学理论。这里不能不提《易传》。关于它的作者，人们有不同的看法。历史上有的学者做出这样的论断：《易传》不好说是由某个人撰述而成，可能是众多的学者研究《周易》和有关儒学典籍的集体创作。其思想总体上属于儒家学派，但同时也吸取了诸子百家的成果，成书约在战国末年。《易传》有十篇。其中《系辞》上下篇主要在于发掘《周易》的哲学潜质，因此，研究中国古代哲学，《系辞》便成为重要的思想资料之一。

值得注意的是，《系辞》并没有多少占卜的味道，而是借用《周易》来表述一种系统的哲学见解。孔子教育他的学生，不要听信怪、力、乱、神之类的无稽之谈，而应着重实事求是地研究自然、社会和人生的道理。在《系辞》中，我们可以看到，作者力求探讨世界变化的原因，得出了这样的结论："刚柔相推，而生变化"（《周易·系辞上》）；"刚柔相推，变在其中"（《周易·系辞下》）；"一阴一阳之谓道"（《周易·系辞上》）。阴、阳表示一切都是"有对"的。放眼世界，动与静、刚与柔、天与地等，难道不都是"有对"的吗？唯其如此，天地与人间才有变化。《系辞》说，鼓动万物有雷电，润泽万物有风雨；太阳和月亮在运行，一寒一暑在推移，这些不都是证明变化的源头是阴、阳的激荡相摩吗？在《系辞》中，古代哲人对"天道"与"人道"的变化和关系也作了理论探索，但并不像老子那样强调"人道"必须效法"天道"，而是强调人与自然的相互作用，强调将事物变化的道理运用于人类社会。《系辞》说"天下同归而殊途，一致而百虑"

(《周易·系辞下》),认为人们走的道路各有不同,但目的却是相同的,以此说明世界的同一是建立在“有对”(相异)的基础之上。又如:“穷神知化,德之至也”(《周易·系辞下》),认为圣贤懂得事物变化的道理,这才是最高的品德。再如“一阴一阳之谓道。继之者,善也。成之者,性也”(《周易·系辞上》),认为人们在阴、阳即“有对”、矛盾的互相交错中即可体察到事物运转变化的途径;人们懂得变化的道理,就可以形成良好的行为;按照这个道理去待人接物,才能体现人之所以为人的本性。由此可见,《系辞》用变化的道理将“天道”和“人道”联系了起来,认为这才是世界的普遍法则。

《系辞》还洞察到,人们认识世界变化的法则,并不是一件容易的事,因为法则是无形的、抽象的(用“形而上”一词加以表述),而事物的现象却是有形的、具体的、人们可以感知的(用“形而下”加以表述),并由此概括出“形而上者谓之道,形而下者谓之器”(《周易·系辞上》)的著名哲学命题。强调人们应从“器”中悟出变化的道理,再将此类道理运用于人的活动中,实现人的预期目的,这被称为“变通”。由“变通”落实为对天下黎民百姓有利的举措,这才是圣贤孜孜不倦追求的“事业”。因此,《易传》宣扬“变革”的合理性。《革卦·彖传》云:“天地革而四时成。汤武革命,顺乎天而应乎人。《革》之时,大矣哉。”“革命”一词即出自这里,认为商汤灭夏、武王灭商,这些都是顺应历史潮流的事业。

《易传》的辩证思维不同于《老子》之处的是:《老

子》主张柔弱、无为，而《易传》则强调刚健。《乾卦·象传》说："天行健，君子以自强不息。""健"即永不中断、永远如此，具有不知疲倦的刚毅精神。不过，《易传》在主要强调刚健的同时，并未否定柔弱的作用，主张刚柔相济，二者相互为用，防止将刚毅绝对化。在古代哲人看来，君子的自强不息精神并非只是表现于一时一地，而应当贯穿于他们的整个生命历程，并世代相传。这种精神，孔子曾用"松柏后凋"（《论语·子罕》）作过譬喻，后又演变为愚公移山精神（《列子·汤问》）。不仅如此，"自强不息"还不断被赋予新内容，认为这种精神不是凭空而起，而是和人们的气节、操守以及人的高尚品格联系在一起的。所有这些，对中华民族历史文化的发展都曾有过重大的影响。

今天重温这些内容是有必要的。《周易》讲天、地、人三才之道的统一，有些西方人称之为一种有机整体的世界观。《易传》说"生生之谓易"（《周易·系辞上》）乃合乎生命伦理的基调；又说与天地合德，要求人们认识自然法则，以自然法则引导实践；还以天地为万物之母，生养之源。这些都给当今生态哲学提供了一种思想资料，其中含有人与自然协同演化的生态平衡智慧。

四、"天道"有常，"人道"有本

中国先秦哲学探讨"天道"与"人道"并非只有一种思路，而是从多角度来透视的。这里还应当提到战国末期百家之学的总结者荀子的思路。

我们从《荀子》书中可以读到一篇划时代的哲学篇章，名叫《天论》，阐述“天道”有常、“人道”有本的哲学观。

《天论》开宗明义有这样的话：“天行有常，不为尧存，不为桀亡，应之以治则吉，应之以乱则凶。”（《荀子·天论》）认为自然有常规（法则），不受人的意愿支配。顺应它的法则，人们将能从自然界取得自身需要的粮食等。如果人们违反了自然法则，必然要受到它的惩罚。

“人道”有“本”。这个“本”，在荀子看来就是农业生产。《天论》阐述这样的哲理：“强本而节用，则天不能贫。养备而动时，则天不能病。修（循）道而不贰，则天不能祸。”（《荀子·天论》）坚信人们抓住农业这个根本，并且厉行节约，天就不能使人贫困；有充分的养生资源，按季节进行农事，天就不能使人患病；遵循农业生产本身的法则行动，天就不能使人遭到祸患。可见，人在自然面前不是完全无能为力的。荀子又说：“错人而思天，则失万物之情。”（《荀子·天论》）如果看不到人的作用（含人的认识能力和实践能力），只是祈求天的恩赐，这就和天人关系的真实情况不符了。由此他得出这样的结论：“故明于天人之分，则可谓至人矣。”（《荀子·天论》）

这里，荀子深刻地阐述了一个客观真理：当人们从自然界分离出来，成为与自然相对的认识和实践主体的时候（即“相分”），人在这样的实践和认识过程中便逐渐提高了自身的能力，成为有智慧、有道理、有自觉性的主体——用荀子的话说就是“至人”。在荀子看来，人虽然是从自然分化出来的，但人具有不同于自然的特点。这个曾经被老子忽略了的问题，在荀子的哲学观中得到了比较充分的论证。同时，对于《易传》所强调的君子自强不息的理论，荀子也做了具体的规定，认为主要是进行农业生产活动，这才是一切的根本。

荀子强调人对自然的利用，但这并不等于要人们脱离自然法则蛮干，而是主张符合自然法则的合理行动，从这里才显示出人与其他动物的区别。他说，人能够适应天时，顺应地利，参与自然界的变化。人的这种能力叫作“能参”（《荀子·天论》）。他有一个著名的政治哲学命题，认为人的本质在于“人能群”（《荀子·王制》），人能过群体性的社会生活，人能为社会进行有目的的农业生产，人能为社会制定各种制度规章，所有这些都体现了人是社会动物（“群”）的特色。由此可以看出，在对于“人道”的认识上，荀子的哲学观在先秦时已达到了相当高的水平。同时，他关于“天道”的完整的自然唯物论观点也是值得称道的。

荀子论述“天道”与“人道”的理论充满辩证思维，他既看到人与自然对立的一面（“相分”），又看到这二者统一的一面（在这一点上他继承并发展了老子观点，认为自然和人都是“道”的组成部分），认为这二者有相分才有统一。它们的统一还表现在人对自然的正确认识上，人应当自觉地克服自身在认识上的各种错误和片面性，他称之为“蔽”。为了使人看到事物的真相，他还写了关于哲学认识论的名篇《解蔽》，关于人的认识过程，他又有

《正名》篇存留于世。除此，荀子在逻辑学、政治学、历史学等方面都有创造性贡献。

需要指出的是，荀子虽然主张天人相分，但也提出了明确的维护自然资源平衡的思想。从《荀子·王制篇》中可以看到，荀子主张规定一种严格的制度：草木生长时刻，禁止砍伐；各种鱼类正在产卵时候，禁止捕鱼；春耕、夏锄、秋收、冬藏不错过节令，粮食生产就有了保证……认为这样才能可持续地利用资源。可见，荀子主张人“能参”的思想和征服自然论是有不同的。

五、结语

中国古代哲学中关于“天道”与“人道”关系的理论观点，在先秦以后也有许多丰富的资料，不过限于篇幅，这里只能从略。古代的思想文化对今人是有启迪作用的，因为今天的历史文化是古代历史文化发展的结果。仅举本文前面介绍的一些内容，不难看出，其中许多范畴、命题和论断都深印在我们的头脑中。如果善于使用这些思想资料，无疑对提高我们的历史文化修养及科学世界观、价值观、人生观的形成，都有积极作用。历史文化应当成为我们学习的内容之一，特别对我们这样一个具有悠久历史和灿烂文明的国家来说，更加不能忽视。

关于“天道”与“人道”的相互关系，内容相当丰富，很难用一个命题，比如“天人合一”加以概括。汉代思想家董仲舒说：“天人之际，合而为一。”（《春秋繁露·深察名号》）这实质上是“天人感应”论的一种表述。以为天、人之间存在着一种神秘的联系，天主宰人事，人的行为也能感动天，这明显带有天命决定论的色彩。而哲学上“天道”与“人道”关系的理论探讨，则是排除天命论的理性思维活动，这二者有本质区别。在我看来，“天道”与“人道”的相互关系的理论探讨蕴含着丰富的哲学资源，是一个值得深入研究的课题。

（原载《人民日报》2000 年 5 月 11 日，《学术动态》栏目）

王夫之《张子正蒙注》的理论贡献

——王夫之对《易》学的改造

一、“生生不息”学说的发展

王夫之（1619—1692），号船山，是明末清初大学者和思想家。

他的著作很多，现存比较完整的《船山遗书》（1933年上海太平洋书店刊印）共收录65种355卷，相当于他的全部著作的80%。《张子正蒙注》是他的一部重要的代表作。探讨王夫之的哲学理论，需要研究他对《易》学的改造。而要做到这一点，我的浅见是：以王夫之的《张子正蒙注》为重点解剖对象，旁及《周易内传》《周易外传》和《思问录》，比较顺理成章。

《张子正蒙注》一书，从“注”上看，并不单纯是对张载《正蒙》的文字注解，而是包括着王夫之自己的思想观点。

潘宗洛《船山先生传》和王敔《姜斋公行述》，都把《张子正蒙注》（以下简称《正蒙注》）和《思问录》相提并论："《正蒙》一书……其义与《思问录》内外篇互相发明"，"欲尽废古今虚妙之说而返之实"。这个论断是正确的，需要补充的是：《正蒙注》和《周易内传》《周易外传》，在思想上也有紧密联系，因此本文有时也将谈到《周易内传》和《周易外传》二书。总之，《张子正蒙注》是从理学转变到早期启蒙思潮的一部划时代的理论著作。

王夫之推崇张载，说："张子之学，上承孔、孟之志，下救来兹之失，如皎日丽天，无幽不烛，圣人复起，未有能易焉者也。"（《正蒙注·序论》）所谓"上承孔、孟之志"，并非虚语，王夫之确实接受并发展了早期儒学的若干观点。"下救来兹之失"也是真实的评价，即指张载对释、老之批评。王夫之更公开地批评陆（象山）王（阳明），对程（颐）朱（熹）虽然没有明确指责，但是，《周易内传》《周易外传》和《正蒙注》中的思想内容，同程、朱的观点相比，确实在一些重要问题上有所不同。

王夫之将《正蒙》和《周易》并论："张子之学，无非《易》也。""张子言无非《易》。"（同上）这里所谓《易》，并非《周易》的本来内容，而是经过改造了的《易》，具体地说，即：

其一，在解《易》的形式下进行理论探讨。宋、明理学家将《易传·系辞上》"易有太极，是生两仪，两仪生四象，四象生八卦，八卦定吉凶，吉凶生大业"中"太极"这一名词作为世界的始原。邵雍作《皇极经世》，宣称"心为太极""道为太极""万化万事生乎心"。周敦颐的《太极图说》更发挥出所谓"无极而太极，太极动而生阳，动极而静，静极复动，一动一静，互为其根，分阴分阳，两仪立焉……”。朱熹据此又和华严宗的“理事说”相结合，称：“太极只是个极好至善的道理。……周子所谓太极，是天地人物万善至好的表德”（《朱子语类》卷九十四）；“太极无方所，无形体，天地位可顿放”（《朱子语类》卷九十四）；“有此理后，方有此气”（《朱子文集》卷五十九）。这些正是朱熹思想体系中的几个重要环节，把超时间、空间的所谓“净洁空阔”的“理”世界看成是宇宙的本原，而“气”中的阴阳矛盾对立，只属于“形而下之器”的领域。

其二，张载依据《易》建立自己的哲学体系，但是，在基本点上和《易》的本来内容有所不同。他在自然观上提出“虚空即气”的观点，认为没有超乎“气”之上的“太极”或“理”的世界，换言之，“气”不是被创造出的产物。又由此推论出天下万物由“气”聚而成；物毁气散，复归于虚空（或“太虚”），而在气聚、气散即物成和物毁的运动过程中，才显示出事物的条理性。张载说：“太虚不能无气，气不能不聚而为万物，万物不能不散而为太虚，循是出入，是皆不得已而然也。”（《正蒙》卷一）他认为用这个观点去看待万物的成毁，“则深于《易》者也”。应当指出，易学有生生不息的观点，但《易》本身并没有气化的学说。《易传》有气化学说的萌芽，但也不像后来张载所阐述的这么完整和系统。张载的气化学说就是易学与道家学说某些方面的结合。

从形式上看，王夫之也借《易》建立自己的哲学体系，承袭了《周易》和《易传》中的许多范畴和命题，但又比张载对易学作了更多的内容上的改造。他继承张载关于“虚空即气”的学说，特别在事物运动问题的哲学论证上具有独到的成就。中国古典哲学中“有对”之学（辩证思维）的发展，王夫之有着重要的贡献。

王夫之论述了事物的运动。在没有引用《正蒙注》中有关材料以前，不妨从《周易内传》卷五摘引一条材料：

他对《易传·系辞上》“易有太极，是生两仪，两仪生四象，四象生八卦，八卦定吉凶，吉凶生大业”，作注说：

> 太极之名，始见于此。太者，极其大有无尚之辞也；极，至也，语道至此而尽也。……两仪，太极中所具足之阴阳也。……非太极为父，两仪为子之谓也。……太极非孤立于阴阳之上者也。

这里，对“太极”的解释，和周敦颐、朱熹的解说，形成了多么鲜明的对比！王夫之所谓“太极”指的是“细缊”，即阴阳二气和合未分时的运动状态。所以他又说“……合之，则为太极；分之，则谓之阴阳，……阴阳充满乎两间，而盈天地间惟阴阳而已矣。”（《周易内传》卷五）他强调“太极”和阴阳二气没有创造和生成的关系；“太极”中本来就包含着阴阳，阴阳和太极不可分。

上述论点，王夫之在《正蒙注》中有着详细的论证，例如：

> 直言气有阴阳，以明太虚之中虽无形之可执，而

温肃、生杀、清浊之体性俱有于一气之中，同为固有之实也。（《正蒙注》卷二）

惟两端迭用；遂成对立之象，于是可知所动所静，所聚所散，为虚为实，为清为浊，皆取给于太和絪缊之实体。（《正蒙注》卷一）

天地人物消长死生自然之数，皆太和必有之几。（同上）

屈伸动静，感也；感者，因与物相对而始生，而万物之静躁、刚柔、吉凶、顺逆，皆太和絪缊之所固有。（《正蒙注》卷九）

上引材料的内容相同，甚至结论的用字也都大同小异，首论阴阳的对立关系，如聚散、清浊、动静等等，皆为太和絪缊本身所固有（即“必有之几”）。由此又引申出太和絪缊是气的真实存在，不是“无体”。

由此可以看到，在这一点上，王夫之修正了张载“太虚无体”的观点。张载曰：“太虚无体，则无以验其迁动于外也。”（《正蒙》卷一）如果认为“太虚无体”，而它又是无矛盾的绝对静止的存在，这就和气的性质相反了。对此，王夫之作注说：“太虚，至清之郛郭，固无体而不动（按：这是对张载上述观点的注）；而块然太虚之中，虚空即气，气则动者也（按：这是王夫之自己的观点）。此义未安（按：这是对张载上述观点的批评）。”（《正蒙注》卷一）在王夫之看来，“太虚”不是不动的“至清之郛郭”，而是“气”之实体，其中本来就包含着对立关系，所以说

“气则动者也”。因此，不能离开“气”去另外寻找运动的根源。

王夫之认为事物运动的根源，在于阴阳对立面的相感作用；“一气之中，二端既肇，摩之荡之，而变化无穷”（同上）；“一屈一伸，交相为感，人以之生，天地以之生人物而不息，此阴阳之动几也。”（《正蒙注》卷三）这是发挥张载的看法，并非王夫之的创造。

如前面所指出的，王夫之肯定“气”存在的绝对性（在“气”之外没有其他），而絪缊太和之中本来就包含有阴阳二气的对立统一关系，这无异于承认在绝对的物质世界内自始至终存在着阴阳的统一。他在批评理学的“太极本未有阴阳”时，明确指出：“误解太极图者，谓太极本未有阴阳，因动而始生阳，静而始生阴。不知动静所生之阴阳，为寒暑、润燥、男女之情质，乃固有之蕴。”（《正蒙注》卷一）这一点，才是王夫之的独创。

由上述前提出发，王夫之这样表述事物运动的观点：“虚必成实，实中有虚，一也。而来则实于此，虚于彼；往则虚于此，实于彼，其体分矣。止而行之，动动也；行而止之，静亦动也；一也。而动有动之用，静有静之质，其体分矣。”（同上）

“一”即同一，“虚”即“气”（王夫之强调“虚即气”，“虚”和“气”为一体，反对“虚能生气”）。气聚、成（即“来”）物（即“实”）；物毁复归于（即“往”）气。因此，在物的运动过程（“来”与“往”）中显示出“虚”和“实”的对立统一关系。而虚实、清浊、散聚、寒热这一系列的“两端”，“对立之象”，都是“太和细组之实体”所本有的。显然，这里把宇宙本身看成是一个运动着的实体，这才真正发展了中国古代易学的真精神，即：世界是生生不息的流动过程。

其次，“太和絪缊之实体”“本动者也”，人们所能觉察到的具体事物的“止”（即静止）和“行”（即动）的对立，是统一于太和絪缊的“本动”的基础之上的：“动动也”，运动是本动着的太和絪缊的另一种表现，是动中之静。

王夫之修正了张载的“日月之形、万古不变”的观点（按：《正蒙》卷一云：“阴阳之精互藏其宅，则各得其所安，故日月之形，万古不变。”），指出：应该区别开事物的“形”和“质”，从事物内在的质方面去理解事物的运动（而这一点和他对矛盾存在的绝对性的认识有着内在的逻辑联系）。他举例说：“江河之水，今犹古也，而非今之水即古水；灯烛之光，昨犹今也，而非昨火之即今火。水火近而易知，日月远而不察耳。爪发之日生而旧者消也，人所知也；肌肉之日生而旧者消也，人所未知也。人见形之不变，而不知其质之已迁，则疑今兹之日月为邃古之日月，今兹之肌肉为初生之肌肉，恶足以语日新之化哉？”（《思问录》外篇）在这里，王夫之论证事物运动变化是无间断地在进行的，即生生不息，因此事物即使在外形上看不出什么变化，而其内在的质则无时不在发生新旧之间的推移。

王夫之对阴阳之推荡变化在《周易内传》和《周易外

传》中有许多阐发。首先可以看到，他把《周易》中的“经卦”即八卦解为自然现象，断定它们是阴阳二气“相摩相荡所变化之形象”。例如，他指出：“乾”即“阳气之舒”，天之所以运行”；“坤”即“阴气之凝，地之所以翕受”，又推论说，“通古今之遥（即时间）、两间之大（即空间）、一物之体性，一事之功能”，等等，都要从阴阳二气的相互联结、相互推动和变化中去理解；宇宙间没有孤立的阴阳，“无有阴而无阳，无有阳而无阴，两相倚而不相离也”（《周易内传》卷五）。王夫之更加着重于说明“有对”之间的统一。再如，八卦中的震卦即“雷霆之象”，是“阳下起而鼓动乎阴”而成；巽卦即“风雨之象”，是“阴入阳下而散阳之亢以使和浃”而成；坎离即水火、“日月寒暑之象”，是“阴阳交相映相函以相运”而成，等等。这里，有一点是很明显的，即：要从阴阳二气的推动和变化中去说明世界。

既然阴阳为“太极所有之实”，所以王夫之由此逻辑地推论出：阴阳的推动和变化所产生的现象（他称为“物变”）都是合乎自然条理的运动。他据此对《周易》中的一些对立观念作了解释，如《周易》云“无平不陂、无往不复”，他认为这是“自然之理势”。又认为贞邪、诚妄、兴衰、利害等等的对立方面，“皆刚柔六位交错固然之理”。由此可见，王夫之解《易》，真正抓住了《易》的实质，即《易》所表述的事物生生不息的道理，和事物“有对”之学（辩证思维）的发展。

王夫之强调，阴阳“摩荡而相间者，天之化、人之事变所由生也”（《周易内传》卷六）。他解《周易》之“易”为“互相推移以摩荡之变”的内在根源，进而理解“物变”的条理。这就把易学和象数学区别了开来（当然，这和《周易》本身的原意是不同的）。他举例说：“非芽不蕊，非蕊不花，非花不实，非实不芽。进而求之，非阴阳定裁不有荄茎，非阳动阴感不相柎萼……。”（《周易外传》卷二）这里，“进而求之”四字值得注意，表现出他力求找到“物变”的根源，并从“有对”的相互关系方面去阐明这个根源，由种子发芽到开花再到结实，这一发展过程的根源他归结为阴阳的相感作用。这也显示出一位卓越的思想家有着探索“物变”的内在动力的强烈愿望。尽管他不可能依据实验科学去作进一步的说明，但他对于易学的发展，则达到了中国古代思想的高峰。

二、“道者……与天地并行而未有先后者也”

在《正蒙注》中，王夫之探索了释、老宇宙观的认识论根源（他在《老子衍》中对老子的评价和在《相宗络索》中对法相宗的批评，这里不论），他说：

> 老氏以天地如橐籥，动而生风，是虚能于无生有，变化无穷；而气不鼓动则无，是有限矣，然则孰鼓其橐籥令生气乎？（《正蒙注》卷一）

《老子》第五章云：“天地之间，其犹橐籥乎？虚而不屈，动而愈出。多言数穷，不如守中。”第四十章谓“天下万物生于有，有生于无”。王夫之提出：如果把“虚”

看成“无”，即“无体”“无阴阳”的存在，那么从这中间如何产生运动？是怎样产生出“气”之“有”的？这就从反面点出：如果不承认“太虚”为“气”之“有”，不承认其内在的阴阳，就不能正确说明事物的运动，将会得出错误的结论。

他指出庄子和佛学有“新故密移”的观点（即新旧之间的推移，在不知不觉中进行），仅就这一点而言，“其言要为不诬”，认为应当加以肯定，但同时又指出：庄子和佛学“所差者详于言死而略于言生”，“断不可以初生之一日为始，正死之一日为终也”。这里暗示出庄子的方生方死之说、佛学刹那生灭之义，大都是从怀疑主义来揭示运动变化中的矛盾，含有相对主义的倾向。所以王夫之反对把“新”和“故”、“始”和“终”割裂开来，而主张“新故相资而新其故”，“新”和“故”有内在联系，“新”从“故”中产生；“新”“故”的不断推移，证明着运动的恒久不灭的真实性。所以他宣称只谈“往来”“屈伸”“聚散”，而不言“生灭”。在《正蒙注》中有一段说道：

> 生灭者，释氏之陋说也。倘如散尽无余之说，则此太极浑沦之内，何处为其翕受消归之府乎？又云造化日新而不用其故，则此太虚之内，亦何从得此无尽之储，以终古趋于灭而不匮邪？（《正蒙注》卷一）

王夫之认为事物的成和毁，都在“气”的宇宙之中，例如“车薪之火，一烈已尽，而为焰，为烟，为烬”，复归于“太虚”，“特希微而人不见尔”（《正蒙注》卷一）。

统观王夫之的变化运动观点，可以看出，他都是在肯定“气”的真实存在的前提下来论证事物变化的非间断性，从而反过来又论证了宇宙运动变化的恒久不灭。这正是他在思想史上的重大贡献。依此，他向佛学提出诘难说：如果认为气有“散尽”，那么气归于何处？如果说气可被创造出来，那么究竟是谁创造、如何创造的？因此，他断言承认气有“生灭”将会引向神学世界。

这里还应提到王夫之对老子“道”的含义之批评。

《老子》第二十五章云：“有物混成，先天地生，寂兮寥兮，独立而不改，周行而不殆，可以为天下母，吾不知其名，字之曰道。……”王夫之在《周易外传》卷一开宗明义就说：“然则老子之言信乎？曰：非也，道者，天地精粹之用，与天地并行而未有先后者也。使〔道〕先天地以生，则有有道而无天地之日矣，彼何寓哉？而谁得字之曰道？”这里对老子“道”的批评已提到哲学理论的高度。王夫之认为天、地即“宇”：“上天下地曰宇，往古来今曰宙，虽然，莫为之郛郭也（按：城墙，指有限）。惟有郛郭者，则旁有质（按：即郛郭）而中无实，谓之空洞可矣，宇宙其如是哉！”（《思问录》内篇）这里指出天、地是无限的、实有的世界。在王夫之看来，“道”并非天地之先的创始者和始源，“道”寓于天、地之中。

王夫之还指出，释、老“知有之有而不知无之有；知虚之虚而不知虚之实，因谓实不可居而有为妄”（《正蒙注》卷九）。在他看来，判断“有”和“无”、“虚”和“实”不能以感官的见闻作为依据，因为感官有“目穷于视”“耳穷于听”的局限，如果据此而把宇宙的基础视为“虚无”，那是不准确的（实际上释、老都否认感官经验，其理论的不足并不在囿于感官认识的局限）。王夫之指出：“盖太虚之中，无极而太极，充满两间，皆一实之府，特视不可见，听不可闻尔。存神以穷之，则其富有而非无者自见。”（《正蒙注》卷四）又云：“释氏之实际，大率以耳目之穷，疑其无有者也。生而与世相感，虽厌之，安能离之，虽遗之，安能使之无存!”（《正蒙注》卷九）这里又暗示出有比感官认识更高一级的认识，他用“存神以穷之”为加以表述。依此，对“太虚”的正确判断应当是：“人之所见为太虚者，气也，非虚也，虚涵气，气充虚，无有所谓无者”（《正蒙注》卷一），在他看来，这个道理只能用推论才能达到。

另一方面他也指出：“即象可以穷神。”例如，大而山泽，小而昆虫草木，形形色色，“重浊凝滞之质气皆沦浃其中，与为屈伸”，依据这些可感的事物进行“穷神”的推理作用，即可得出：“太虚之为体，气也；气未成象，人见其虚，充周无间者皆气也。”（《正蒙注》卷九）他更强调人“心”（沿袭了古说，认为“心”为知觉的思维器官）具有知觉和回忆的作用，是必须以“见闻”作为基础的，举例说：“风雷无形而有象，心无象而有觉（这里是指思维的作用），故一举念而千里之境事现于俄顷，速于风雷矣。心之情状虽无形无象，而必依所尝见闻者以为影质，见闻所不习者，心不能现其象。”（《正蒙注》卷三）这里表述了人的思维作用，强调思维离不开人的感觉所获得的材料。

在《正蒙注》中还有一点值得注意，王夫之提出不能离“气”言“神”；“神，气之神”，“非气之外有神也”（《正蒙注》卷二）。“气之化”即气之“往来屈伸”，他说：“气有阴阳二殊，故以异而相感，其感者即其神也。”（《正蒙注》卷九）这里所谓“神”，指一种作用，即阴阳二气相感的作用。

在这一点上，王夫之修正了张载的错误。张载对“神”的解释，一方面认为“气”之变动即“鬼神”：“天道不穷，寒暑也；众动不穷，屈伸也，鬼神之实，不越二端而已矣。”（《正蒙》卷一）这个观点为王夫之所发挥。另一方面，张载虽然也说“气坱然太虚”，“盈天地之间，法象而已矣”，但是，同时又提出“散殊而可象为气；清通而不可象为神”（同上），这里，“散殊而可象为气”，指阴阳二气尚未凝聚成“可象”的具体器物；至于“清通而不可象为神”，似指阴阳二气尚未凝聚成物时的状态，很难用文字描述，故谓之曰神。但有时他又对“神”做了神秘的解释，如：“神者，太虚妙应之目。凡天地法象，皆神化之糟粕”（同上）；“天不言而信，神不怒而威”（《正蒙》卷二）。应该指出，理学末流注《正蒙》，莫不把这一点加以膨胀，如清代李光地在注中虽然也承认“盈天地间皆气”，但是接着说“而性为之主宰”；“性者，理之总名”；理即神，“神者，主宰也”（《正蒙注》卷三）。

王夫之对张载上述命题的注，对“神”的概念做了改造，明确说：“太和之中，有气有神。神者非他，二气清通之理也。不可象者，即在象中。”又指出，“有”即“象”即“气”：“凡可状，皆有也；凡有，皆象也；凡象，皆气也。”（《正蒙注》卷十）“有”是真实的物质存在。对“天地法象、皆神化之糟粕”，王夫之则以“神化”为不生不灭之“气”；“糟粕”，为有往有来的具体事物。很明显，这是他自己的观点。特别要提到的是，“不可象者，即在象中”，“凡有，皆象也；凡象，皆气也。”这在自然观中是彻底的“气”的一元论，而且包含了深刻的辩证思维：无限与有限、有象和不可象、有形和无形、已经被认识和尚未被认识等等都是辩证的统一。

三、“道寓于器以起用”

王夫之批评理学道器论。

《周易·系辞上》云：“形而上者谓之道；形而下者谓之器。”程颐解“道”为“形而上”：“所以阴阳者，是道也”；阴阳指气言，为“形而下”，结论是：“形而上者，则是密也”（《河南程氏遗书》卷十五），“密”即始源和基础，亦即认为“道”为阴阳之气的始源。朱熹将“道”释为“理”：“理也者，形而上之道也，生物之本也；气也者，形而下之器也，生物之具也”（《朱文公文集》卷五十八），把“理”虚构为世界的基础。这个命题是朱熹哲学体系的一块基石。

和理学道器论相异，王夫之在《正蒙注》中提出“道寓于器以起用”的道器论。

他在《思问录》中论证道：

> 统一此物，形而上则谓之道，形而下则谓之器，无非一阴一阳之和而成，尽器则道在其中矣。

在《周易外传》卷五也说：

> 形而上者，非无形之谓。既有形矣，有形而后有形而上。无形之上，亘古今，通万变，穷天穷地，穷人穷物，皆所未有者也。

这些问题指出：（一）不存在有离开“形器”之上的“道”。（二）具体的器物，即现实世界的种种，归根到底，均由阴阳二气凝聚而成，而“道”则存在于器物之中。其思维路径仍然是彻底的气的一元论。道不离气；世界万物均由气所构成，故“尽器则道在其中”。

王夫之强调：“道”是“器之道”，不能颠倒说“道之器”，因此，“据器而道存”，研究具体的器物，才能掌握其中之“道”。

王夫之道器论其论据的细密，其哲学蕴味皆发前人之未发，它在思想史上的贡献，主要在以下三方面：

（一）如果仅仅承认道寓于器之中，那还不能解决问题，可能从另一个角度提出问题：“器”究竟是怎样形成的？在具体的器物没有形成之前，“道”在何处？王夫之意识到这个问题的重要，所以在论证时将道器论和气的一元论自然观相联结，认为，当具体器物未形成前，所谓“道”即指阴阳二气的和合未分的状态，他说：“太和，和之至也。道者，天地人物之通理，即所谓太极也。”（《正蒙注》卷一）既然没有凌驾于“气”之上的“道”或“理”，当然也没有超越于器物的“道”。

概括言之，王夫之所谓“道”，是从三种意义上去使用的：(1) 具体器物尚未形成以前、阴阳二气和合未分时的状态；(2) 隐于具体器物之中的条理；(3) 封建社会中人际之间的伦理关系。关于 (2) 和 (3)，他举例说：“如车之所以可载、器之所以可盛，乃至父子之有孝慈、君臣之有忠礼，皆隐于形之中而不显，二者则所谓当然之道也，形而上者也。”(《周易内传》卷五)“隐于形之中”即寓于形（器）之中，不能离开形（器）以求道，其论证已超出自然事物，力求用同一道理去解释自然现象和社会现象。他敢于将社会现象中的伦理关系与社会生活并论，这是一个创造。他用的是中国古老的语言，其含义之深刻，比之 18 世纪法国启蒙思想家“人是环境的产物”毫不逊色。他否认有超乎气化和具体器物之上的“道”。

（二）王夫之从“据器而道存、离气而道毁”的基本命题出发，他在认识论上又得出“治器”的观点：“古之圣人能治器，而不能治道。”(《周易外传》卷五)

关于王夫之的“治器”观点的评价，学术界是有过一些争议的。我的粗浅看法是，所谓“治器”包含有两方面内容：(1) 指人们对自然素材的改造、制作和利用。如王夫之所举的例子：车与器的原料为木与土，但土、木不能自行变成车、器，而必须依赖人们对土、木的改造制作。这是中国古代的“胜天”思想的发展，强调了人们对自然的认识和利用。这一点并不是他的独创。(2) 他又认为，

“治器”还包含着对古代礼乐刑政制度加以因革损益，使之适合于时势的要求。这一点又和他的历史进化观相联系。

概括以上关于“治器”的内容，王夫之得出结论说：“君子之道，尽夫器而已矣”；“古之圣人能治器，而不能治道”。“不能治道”，是否即否认人们对“道”的认识作用呢？不能做这样的解释。“能治器而不能治道”，只是王夫之从认识论角度再次强调了不能离器以求道。从正面说，就是主张在“治器”过程中以得“道”。这里就其强调人们对自然素材的改造制作，以及对古制加以因革损益而言，无疑在当时是有理论深度的命题，它接触到人类主观能动性的问题。但如果认为王夫之已认识到人类主观能动性的全部意义，那是不妥当的。因为，王夫之所谓“行”还达不到这样的高度。

（三）王夫之之所以反复论证不能离器以求道，是为了从理论上抨击释（佛）、老和理学末流。他指出，“老氏瞀于此（按：“此”即“据器以求道”），而曰‘道在虚’”；“释氏瞀于此，而曰‘道在寂’”；而宋、明理学又认为“道”可离“器”而独存，总之，他们都不懂得“虚亦器之虚也”“寂亦器之寂也”。王夫之进而尖锐地指出，当他们循着错误的思维路径而进行推论，将“道”（或“寂”或“虚”）片面地绝对化起来，“标离器之名以自神”，结果便得出以“道”（或“寂”或“虚”）作为宇宙本原的结论。

四、“天人相继”的人性论

和朱熹的“无此理，则无此气”的观点不同，王夫之认为“理者，物之固然，事之所以然也”（《周易外传》卷五）；“理在气之中”（《周易外传》卷十）；“气者，理之依也”（《思问录》卷一）。他所谓“理”，在许多地方，是指“气”之变化的内在条理，即自然的条理、顺序性，如“动植飞潜各以其族，必无长夏霜雪，严冬露雷，人禽草木互相混杂之理”（《正蒙注》卷一）。事物的性质差异，表现出复杂事物的不同条理性。王夫之常以四时之代行和昼夜循环去说明“皆理势之自然”。这些，张载的《正蒙》已有论述，王夫之做了明确的阐述。

王夫之从“理在气中”的基本命题出发，在认识论上论证了错综以成用的原理。

张载在《正蒙》中提出对立面相互依存的观点：“物无孤立之理，非同异、屈伸、终始以发明之，则虽物，非物也。”（《正蒙》卷三）王夫之将此和人类的能动活动联系起来，指出事物的性质有相同也有相异，“或始同而终异，或始异而终同”，错综复杂。但是，不同的物又有其统一性，即：“此物所以成彼物之利”，例如“金得火而成器，木受钻而生火”。人们即可运用此原理，对物改造制作，使物为人类服务。这就是王夫之的“裁物”观点。他从认识论上区别开两个概念：“存”（人的认识作用，即“识其理于心而不忘”或“观于物以得理”）和“变”（自然现象的变化及其条理性，即“阴阳顺逆事物得失之数”)，并由此做出推论说：“尽知其必有之变而存之于心，则物化无恒（按：此云物化之错综复杂，非谓物化无内在的条理性），而皆预知其情状而裁之。存四时之温凉生杀，则节宣之裁审矣；存百刻之风雨晦明，则作息之裁定矣。”（《正蒙注》卷二）

王夫之不仅从自然现象方面去阐明“理”，又进一步从人性论方面加以论述。

关于“性”，张载在《正蒙》中说：“性，其总合两也；命，其受，有则也。”（《正蒙》卷三）“总”“合两”指的是什么呢？参照比较《正蒙》的各种注本，联系张载的整个哲学体系来考察，以王夫之的注最为确切，他注道：“天以其阴阳五行之气生人，理即寓焉而凝之为性。故有声色臭味以正其生，有仁义礼智以正其德，莫非理之所宜。声色臭味，顺其道则与仁义礼智不相悖害，合两者而互为体也。”即是说，“人性”中具有两种内在的属性：生理属性和道德属性。另一处王夫之也有类似的说明：“盖性，生之理也”，这被分为两类，即“仁义礼智之理”（道德属性）和“声色臭味之欲”（生理属性），认为此两者“俱可谓之为性”。（《正蒙注》卷三）

关于“性”的内涵，张载和王夫之的看法可以说没有什么区别。但是在推论过程中，他们的观点便有了分歧。

张载撇开了性的生理属性，专在道德属性上做文章。问题是：如果说仁、义、礼、智等道德观念为“性”所有，那么，人的行为为什么有“善”“恶”的不同？他设想出“才”和“性”的区别，前者指人的行为表现，据他说，在这中间才能区分出善和恶，这是因为“气禀”有大小、昏明、厚薄的不同，而“性”则是无有而不善的。由此引申出：人只要“养其气”反其本，“则尽性而天矣”。又得出“性”为天地的本原：“天地之塞，吾其体；天地之帅，吾其性。”（《正蒙》卷九）这实际上是根据孟子的观点来立论的。

朱熹给《正蒙》作注，着重发挥了张载的上述思想，将《西铭》置于《正蒙》之首，说“《西铭》大要，在‘天地之塞吾其体，天地之帅吾其性’两句”，又解释道：“塞，只是气；吾之体，即天地之气；帅，是主宰，乃天地之常理也，吾之性，即天地之理。”（朱熹注《张子全书》卷一）朱熹也欣赏张载关于“才”（气质之性）与“性”（天地之性）的划分（张载云“形而后有气质之性，善反之，则天地之性存焉，故气质之性，君子有弗性者焉”），在注中评述道：“天地之性，是理也，才到阴阳五行处，便有气质之性，于此便有昏明厚薄之殊。”（朱熹注《张子全书》卷二）在人性论上（仅在此范围内）张载和朱熹的观点相似，还不能说在这一点上朱熹歪曲了张载。正是从这一点可以看出张载思想体系中已包含了理学的一些重要范畴和论点的雏形。

再来分析王夫之的人性论观点。

首先，可以看到，王夫之不同意理学把人性划分为“气质之性”和“天地之性”，力图把人性论和他的𬘡缊生化论联系起来。例如：和“不能离气求理”的观点相联系，王夫之认为“有是形，则诚有是性”（《正蒙注》卷九），“有质则有性”（《正蒙注》卷五）。细按他的举例，“形”与“质”指形体；“性”指内在的性质，如“目诚能明”“耳诚能聪”等。这是把人性朝着属性方面去解释。因而认为“饮食男女”之类的生理欲望存在“性”中，不能去欲。他反对理学的“性本清空”“形为妄而性为真”的观点，指出“人不资气而生而于气外求理，则形为妄而性为真，陷于其邪说矣”（《正蒙注》卷一）。反对脱离形体去论述人性。

值得玩味的是，王夫之对张载所云“形而后有气质之性，善反之，则天地之性存焉，故气质之性，君子有弗性者焉”做了详细的注，说：“此章与孟子之言相为发明，而深切显著，乃张子探本穷归之要旨，与程子之言自别，读者审之。”（《正蒙注》卷三）其实张载本章原意与程颐的人性观点并没有很大区别，只是王夫之自己力图把它解释得和程颐不同而已。在他看来，没有必要划分出“气质之性”与“天地之性”，不必贬低前者。他用了另一种表述：“盖性者，生之理也。均是人也，则此与生俱有之理，未尝或异；故仁义礼智之理，下愚所不能灭，而声色臭味之欲，上智所不能废，俱可谓之为性。”（同上）这好像说，被理学宣称为作为低层次的要不得的“气质之性”，其实也是人人不可缺少的，因此，只要对声色味之欲加以节制，不使过头，“气质之性”也不见得是有所“悖害”的东西。甚至认为告子的“食色为性”也未尝没有道理，“亦不可谓为非性，而特不知有天命之良能尔。”（同上）另一方面，人人皆有接受道德教化的内在素质，在这一点上，上智下愚是相同的。因此人性没有先天的道德差别。

不过，“天命之良能”，这确实是王夫之摆脱不开的传统束缚。因此，从另一方面又可以看到，他不满意古代一些思想家单纯以人的生理本能去解释人性，指出告子的“食色为性”的观点无法说明道德问题。他力求探索仁、义、礼、智之类的道德观念究竟是怎样产生的，仍然要探求道德的心理基础。在这个问题上，孟子和宋明理学都在道德心理学方面做出了贡献。王夫之接受了理学道德心理学的若干内容，同意张载关于“才”和“性”的划分，称“静而无为之谓性，动而有为之谓才”（《正蒙注》卷三），又批评告子的“以生为性”说：“如告子之说，则性随形而生灭，是性因形发，形不自性成矣。”（同上）因此，王夫之在注《正蒙》所云“天地之塞，吾其体；天地之帅，吾其性”时，这样注道：“塞者，气也，气以成形；帅者，志也，所谓天地一之心也。天地之心，性所自出也。”（《正蒙注》卷九）在这个复杂问题上，王夫之认为人的形体由气构成，而人的道德意识来源于“天”，天有道德素质，故人心也有道德素质。这种抽象的演绎法其实并没有解决问题。人内心能接受道德教育，这是中国儒学和宋明理学共同承认的。何以人能接受道德教育？其实战国时期荀子已做了回答，因为“人能群”、人是社会动物。还因为人有思维活动，即孟子所谓“心之官则思”。只有循着孟、荀所提出的命题进行推演，才有可能找到问题的正确答案。如果丢掉孟、荀提出的命题，做如下推演：“天”有道德，来源于“天”的人心也有道德本质，故能接受道德教育，——这不是正确的推演。王夫之在此问题上采取了简单的推演方法，在当时的历史条件下他只能采取这样的思维路径。这不能苛责古人。从王夫之关于人性论的推论中可以看出，他主观上想突破理学人性论的理论框架（在某些点上已经做到），但从总体上看，他还提不出新的人性理论体系。

上文我对王夫之《张子正蒙注》之所以做出一些理论分析，是想说明：中国古代哲学的论述，往往是对某些经典中概念、范畴的分析，其中包含有不同的哲学观，特别是关于易学的理解和阐释，表现为不同哲学思维的论争。

（原载于张岂之著《儒学·理学·实学·新学》，陕西人民教育出版社 1994 年版，第 127—145 页）

《明夷待访录》与中国早期启蒙思潮

在中国封建社会的明、清之际，涌现出许多优秀的思想家，他们认真探讨了明代的政事和学术，继承中国思想文化的优良传统，在文化思想的各个领域都有创造性的贡献。黄宗羲（1610—1695）是他们中间的一位杰出的代表。

黄宗羲的父亲黄尊素是明熹宗天启时（1621—1627）被宦官惨杀的东林党人。这一不幸事件促使黄宗羲在青年时期便参加了反抗“奄宦”（宦官）的活动。后来清军南下，他在浙东组织“世忠营”进行抵抗，失败后继续进行过抗清活动。晚年从事学术研究。《明夷待访录》一书写成于清康熙二年（1663）。在这部著作中，他通过对明朝政府的种种暴政的揭露，接触到封建君权、即封建君主专制制度的若干问题，发表了一些新颖的见解。

在黄宗羲以前，已有思想家对封建君权发表过评论。如两晋之际的鲍敬言（生卒年不详）和元代的邓牧（1247—1306）认为“无君无臣”才是理想的世界。鲍敬言说，太古时代最好，那时没有君臣之分，没有徭役、赋税和掠夺；没有城池，没有军备，没有刑法。邓牧也对太古时代做了描述，说那时大家都不愿意当皇帝，有人一旦被推出，大家便都拥戴他，怕他走后没有人来接替，后来的情况就变了样。由此可以看出，鲍敬言和邓牧都用美化古代的手法来揭露现实的黑暗，不过，他们受道家的影响很深，其论述往往流于幻想，存在着深度不足的弱点。

黄宗羲比前人进了一步，他的观点鲜明，而且有一定的理论深度，从而为后人认识中国封建社会晚期君主专制制度提供了若干思想资料。可以说，黄宗羲的《明夷待访录》是真正的实学，它直接探讨了现实政治制度问题。

“天下之利”以及“公”与“私”等，这是中国古代政治思想的基本概念，政治家和思想家们总是借用它们来发表自己的观点，并进行推论，用以区别真伪与是非。如《礼记·礼运》篇说“大道之行也，天下为公，选贤与能，讲信修睦……”“公”便成为“大同”社会的标志，又说：“今大道既隐，天下为家，各亲其亲，各子其子，货力为己”，“私”成为“小康”的特点。这里我们不来探讨《礼记·礼运》篇所谓“大同”与“小康”的含义，只想说明：后来的思想家们探讨国家和政治制度问题基本上都利用了这个框架。

黄宗羲政治思想的出发点就是所谓“天下之利”。他论证说，古代君主“不以一己之利为利，而使天下受其利；不以一己之害为害，而使天下释（解除）其害”，所以“古者以天下为主，君为客，凡君之所毕世而经营者，为天下也”（《明夷待访录·原君》）。这种图景有点像《礼记·礼运》篇所描述的“大同”世界。从形式上看，黄宗羲用的概念是古老的，但其中含有新内容，他提出了“天下为主，君为客”的命题。他说，三代以下是“以君为主，天下为客，凡天下之无地而得安宁者，为君也。”（同上）这就是说，君主把天下视为己有，独占了天下之利。君主在他没有得到天下的时候，不惜“屠毒天下之肝脑，离散天下之子女”，去博取个人的“产业”；得到天下之后，又不惜“敲剥天下之骨髓，离散天下之子女”，压榨这份“产业”的“花息”。基于这样的理论，他得出结论说：“为天下之大害者，君而已矣”（《明夷待访录·原君》）。这里所讲的并非是“小康”世界，而是直接对封建君权做了尖锐的揭露。这种评论在封建社会很罕见，没有胆识是提不出来的。

“天下为主，君为客”表面上和孟子“民为贵（重），社稷次之，君为轻”的民本主义思想有些相似，但又不完全相同。孟子的“重民”思想是在中国统一的封建国家尚未建立以前提出的，其主旨是劝说诸侯贵族实施“仁政”，以巩固自己的统治，并创造统一天下的条件。而黄宗羲的命题则含有批判封建君主专制主义的民主主义因素。秦、汉以来，随着封建中央集权制的巩固，封建统治思想一直认为“国”即皇帝，这二者是一致的。秦始皇出巡全国，到处刻石记功，声称：“六合之内，皇帝之土……人迹所至，无不臣者。”（《史记·秦始皇本纪》）由秦始皇开创的“朕即国家”的封建君主专制主义为历代统治者所承袭。直至明末清初之际，有些思想家才举起“天下”的旗帜，力求说明“天下”与君主的区别。黄宗羲指出“天下为主，君为客”，这个命题和过去统治者使用的君为舟、民为水的比喻是不同的。除此，黄宗羲的挚友顾炎武也力求区别“亡国”和“亡天下”，他说：“易姓改号，谓之亡国；仁义充塞而至于率兽食人，人将相食，谓之亡天下。”他强调“保天下”具有更加重要的意义，所以他说出一句名言：“保天下者，匹夫之贱，与有责焉耳矣”（《日知录》卷十三“正始”条）。这就多少突破了易姓改号和朝代兴亡的旧观念。

黄宗羲和顾炎武的思想倾向有许多相似之处。顾炎武于康熙十五年（1676）给黄宗羲的信中说：“……大著《待访录》读之再三，于是知天下之未尝无人，百王之敝可以复起，而三代之盛可以徐还也。天下之事，有其识者未必遭其时，而当其时者，或无其识。古之君子所以著书待后，有王者起，得而师之”（《亭林佚文辑补·与黄太冲书》），对《明夷待访录》推崇备至。他们都把希望寄托于未来。果然，二百多年以后，中国近代的维新志士读到《明夷待访录》，很受感动，正如梁启超所说：“我自己的政治运动，可以说是受这部书的影响最早而最深。”[①]

黄宗羲还看到封建君权的另一个方面，即“君为臣纲”的封建礼教。秦、汉时期的三公九卿和隋唐以后的三省六部都是为皇帝服务的办事机构。皇帝根据自己的好恶，谪贬或晋升各级官吏。后来辅佐皇帝办理日常事务的

---

① 梁启超：《中国近三百年学术史》，北京：中国书店，1985年，第47页。

宰相也因权力过大，不利于皇帝的专权而被废除。黄宗羲不满意皇帝的专断，说出这样一段话：

> ……今也天下之人怨恶其君，视之如寇仇，名之为独夫，固其所也。而小儒规规焉以君臣之义无所逃于天地之间，至桀、纣之暴，犹谓汤、武不当诛之，而妄传伯夷、叔齐无稽之事，使兆人万姓崩溃之血肉，曾不异夫腐鼠。岂天地之大，于兆人万姓之中，独私其一人一姓乎！（《明夷待访录·原君》）

在中国封建社会，皇帝具有至高无上的地位，这种神圣不可侵犯的皇权乃是封建主义的核心。黄宗羲以前也有一些思想家对皇权做过评论，不过一般都没有上升到理论的高度，只有向往“圣明天子”。黄宗羲才指出臣不是君之臣，不能“私其一人一姓”。他还说，人们出仕，是“为天下，非为君也；为万民，非为一姓也”（《明夷待访录·原臣》）。他敢于以“为天下”去否定“为君”，以“为万民”去批判“为一姓”，表现出和“君为臣纲”的封建礼教相对抗的倾向。在黄宗羲的理想中，“君臣”应是共同负担人民公共“利害”事务的人员。他比喻说：“夫治天下犹曳大木然，前者唱邪，后者唱许。君与臣共曳木之人也。”（同上）这里颇透露出一点君臣平等的意思。

黄宗羲还探索了维护皇权的封建主义法律问题，他的理论批判武器依然是所谓的“天下之利”。他指出，用此标准去衡量历代之法，即可看出“三代以下无法”（《明夷待访录·原法》）。这并不是说三代以下没有法律条文，而是由于历代君主“既得天下，唯恐其祚命之不长也，子孙之不能保有也，思患于未然以为之法。然则其所谓法者，一家之法而非天下之法也”（同上）。这里的议论是发前人之未发，历史上有些思想家称赞封建主义之法，甚至把它作为衡量天下安危治乱的尺度。唐代刘禹锡区分了“法大行”“法大弛”和“法小弛”三种情况。与此不同，黄宗羲明确指出历代之法并不是那么美好，那么神圣，它们只不过是“一家之法”而已。这四个字的概括，说明黄宗羲多少看到封建主义之法的底蕴。我们知道，封建主义之法以法权的形式把人们划分为许多等级，依照其社会身份、地位来规定各个等级的不平等的权利和义务，并使之世代相承，不得逾越。所以封建主义之法在各种特权和例外权的诠释之下，其所谓“法不阿贵”“执法如山”等等往往成为一句空话。尽管这些还不是黄宗羲所能认识的，但他并不迷信封建主义之法，认为这种“法”禁锢性灵，败坏人才。他提出：“有法治而后有治人”，要求搞出一套非“一家之法”的“法”，这样，有才干的人才有机会施展自己的抱负。这比之那些囿于“一家之法”而空谈擢拔人才的陈腐观点是进了一步。

黄宗羲揭露了明朝擢拔人才的诸种弊端，他说：“取士之弊，至今日制科而极矣。”（《明夷待访录·取士上》）科举取士制使读书人埋头于《四书集注》，玩弄文字游戏，丢开“经世致用”之学，埋没了人才。黄宗羲指出，有明一代，“功名气节人物，不及汉唐远甚，徒使庸妄之辈充塞天下，岂天下之不生才哉？则取之之法非也。”（《明夷待访录·取士下》）至于如何改进“取士”之法，他提出了一些具体方案，但其理论意义不大。唯独他关于学校的主张，才表现出远见卓识。他认为学校不仅为了“养士”（培养人才），而且应当成为独立的舆论机关，“天子之所是未必是，天子之所非未必非，天子亦遂不敢自为非是，而公其非是于学校”（《明夷待访录·学校》）。这样，学校就成了“公其非是”的论坛，甚至比君主的权威还要大一些。这个观点虽是脱胎于东汉时太学生的清议与宋朝诸生的伏阙上书，但与此并不完全相同，因为黄宗羲着眼于探求限制君主权力的措施，一方面他想以学校作为监督政府的舆论机构，另外他又主张以推选出来的贤者担任有实际权力的宰相，以补救世袭君主的不贤。这些含有限制封建君主的思想内容。

黄宗羲关于封建君权的评论，不仅比前人进步，而且超过了同时代的思想家。当时，唐甄作《潜书》九十七篇，其中也有评论封建君权的话，如说：“大清有天下，仁矣。自秦以来，凡为帝王者皆贼也。”前一句为虚语，后一句才是实话。何以“凡为帝王者皆贼”？他论证说：“杀一人而取其匹布斗粟，犹谓之贼；杀天下之人而尽有其布粟之富，而反不谓之贼乎？”（《潜书·室语》）又说：“海内百亿万之生民，握于一人之手，抚之则安居，置之则死亡，天乎君哉，地乎君哉！”（《潜书·鲜君》）可见唐甄对封建君权的揭露是相当的尖锐，可是其中理论的分析不足，缺少观点。黄宗羲比唐甄站得高些，他没有局限于揭露，而是进一步提出了许多有理论意义的观点，如前面指出的“天下为主，君为客”；出仕“非为一姓”；封建主义之法是“一家之法”；应当“公其非是于学校”，等等。所以关于封建君权的评论，黄宗羲的言论在封建社会里算是站得最高的。

任何一种观点都不是偶然产生的。黄宗羲对封建君权做出的一些评论，是和他所处的时代以及他自己的经历分不开的。他处于封建社会晚期，其时明朝的“奄宦”之害特别炽烈，由此更为集中地暴露出封建王朝的腐朽。熹宗时大宦官魏忠贤操纵朝政，掌握了全部中央机构，并加强厂卫特务制度，“民间偶语或触忠贤，辄被禽（擒）僇（戮），甚至剥皮刲舌，所杀不可胜数，道路以目”（《明史》卷三〇五《魏忠贤传》）。当时与魏党相对立的是东林学派，他们是一些具有改良思想的中下层官吏，利用宋代杨时的东林书院作为聚会的场所，经常以讲学为名，议论朝政。他们反对宦官专权，揭露税监的勒索搜刮，要求减轻对人民的压榨。不过，东林学派在理论上和学术上都没有什么创新，他们小心翼翼地遵奉理学的传统，在其纲领性的《东林会约》中就特别称举了“尊经”的一条。他们中间有些人被捕受刑，对皇帝不敢有半句怨言，竟写出像“君恩未报，愿结来生”（《明季北略》卷二）、“臣罪应难赦，君恩本自宽”（《玉镜新谭》卷二）之类的诗句。即或如此，东林学派还是遭到宦官的迫害，被指为邪党。熹宗天启六年（1626）魏忠贤拆毁东林、有善书院，大肆搜捕东林党人，许多人冤死狱中，黄尊素也未能幸免。黄宗羲从东林学派的活动和父亲的遭遇里对“奄宦”之害体会得最深。

东林学派被镇压以后，继之而起的则是复社的较为广泛的集会活动。思宗崇祯六年（1663），由张溥主持，举行了虎丘（在苏州）大会，从山左、江右、晋、楚、闽、浙各地赶来参加的有几千人。复社以“期与四方多士共兴复古学，将使异日者务为有用”（眉史氏《复社纪略》卷一）为宗旨，他们的政治态度和东林学派大体相同。在崇祯朝以至南明时期，复社人物与当权的反动势力进行了多次斗争。崇祯十一年（1638），南京诸生 140 人，以黄宗羲和顾杲为首，作“防乱公揭”，反对魏忠贤的遗党阮大铖。南明弘光朝，阮大铖执政，复社人物受到迫害。由此可以看出，黄宗羲的个人经历，使他认识到明朝衰败的原因在于“奄宦”的干乱朝政。他在《明夷待访录·奄宦上》中带着激愤的口吻说：

> 奄宦之祸，历汉、唐、宋而相寻无已，然未有若有明之为烈也。汉、唐、宋有干与朝政之奄宦，无奉行奄宦之朝政。今夫宰相六部，朝政所自出也；而本章之批答，先有口传，后有票拟；天下之财赋，先内库而后太仓；天下之刑狱，先东厂而后法司。其他无不皆然……（《明夷待访录·奄宦上》）

黄宗羲对于明朝“奄宦”之害作了淋漓尽致的揭露，所谈都是事实。这是明朝腐败的一种现象，他没有找到形成这种情况的原因。他在《明夷待访录》中评论君权，大都是从抨击“奄宦”出发的，这一点和东林学派思想相似，不过黄宗羲还进一步指责了封建君主。但他并没有明白主张君主制度应当革除，只是要求改革政府机构，他说："吾意为人主者，自三宫以外，一切当罢"（《明夷待访录·奄宦下》），使"奄宦"无从施其技。又认为明朝的衰败，"自高皇帝罢丞相始"（《明夷待访录·置相》）。所以改革弊政，必须从设立宰相始，而宰相应当由贤者担任。

他的政治图案是这样："宰相一人，参知政事无常员。每日便殿议政，天子南面，宰相、六卿、谏官东西面以次坐。其执事皆用士人。凡奏章进呈，六科给事中主之，给事中以白宰相，宰相以白天子，同议可否，天子批红；天子不能尽，则宰相批之，下六部施行"（《明夷待访录·置相》）这大约就是黄宗羲的理想政治，其中含有限制君主权力、防止"宫奴"（宦官）掌权的思想。至于君主立宪的设想，那是近代先进人物从西方搬来的，在黄宗羲的那个时代尚未提到议事日程上。

黄宗羲关于封建君权的评论只见于他的《明夷待访录》一书，其他著作没有这方面的内容。这可能是由于清朝实行文化专制主义政策，使他不能不有所忌讳吧？就在黄宗羲写成《明夷待访录》的当年，发生了清初文字狱的最初波澜之一，即孙奇逢所撰《甲申大难录》案，该书辑录了明崇祯十七年（1644）李自成攻克北京时的明廷亡臣，山东济宁州牧将书稿刊印出版。康熙二年，事被告发，说它是一种纪念亡明的书籍。济宁州牧被逮，孙奇逢也被传审，押往北京。此事与黄宗羲没有牵连，但此后他便不再议论政治，而是潜心于学术史的研究，后来撰述《明儒学案》和《宋元学案》，它们有很高的学术价值。又作“四书”“五经”讲义诸种，其中偶尔透露出一些抨击现实的议论，但都不像《明夷待访录》那样锐利有力，大部分讲的是封建伦理纲常。例如他在《孟子师说》一书中说，《孟子》七篇以“仁义”为“宗旨”（《孟子师说》卷一）。又借用他的老师刘宗周的话说：“盈天地间无所谓万物，万物皆因我而名，如父便是吾之父，君便是吾之君。君父二字，可推之为身外乎？然必实有孝父之心，而后成其为吾之父。实有忠君之心，而后成其为吾之君”（《孟子师说》卷七）等。

黄宗羲的政治思想是中国封建社会晚期的产物，它不同于西欧各国早期资产阶级的政治学说。明末清初的中国，资本主义萌芽主要在东南沿海、长江和赣江的大三角地带之内，这种萌芽由于封建主义经济和封建主义政治力量的压抑，很难发展，力量很小。黄宗羲的政治观点与这方面的关系不大，主要是中国封建社会晚期的阶级矛盾、统治集团的腐朽以及反抗民族压迫的斗争对他起了惊醒的作用。

（原载于《人文杂志》1980 年第 2 期）

顾炎武《日知录》的学术价值

《日知录》，明末清初思想家、学者顾炎武著。

顾炎武，字宁人，初名绛，因为敬仰南宋文天祥的门生王炎午的忠贞品格，更名为炎武。曾自署蒋山傭。学者称其为亭林先生。江苏昆山人。生于明万历四十一年（1613），卒于清康熙二十一年（1682）。年轻时曾参加知识分子反清团体“复社”的活动；1645 年 6 月在家乡参加过武装抵抗清军的斗争，失败后在大江南北各地隐姓埋名，颠沛流离达 20 年之久。1657 年（清顺治十四年）离开江南，先后到山东、河北、山西、陕西，游历考察史地，拜谒明十三陵，并访问学者。1681 年在由华阴到山西曲沃的途中患病，于 1682 年正月初九逝世，享年 70 岁。

顾炎武崇尚实学，博通古今，于诸经群史、历代典章、河漕兵农、天文舆地、艺文掌故、音韵训诂等无所不究，著作有《天下郡国利病书》《肇域志》《音学五书》《日知录》《韵补正》等。其中《日知录》是他积 30 余年读书所得，编次而成，自言“平生之志与业皆在其中”，可见这是他一生学问和思想的结晶。

《日知录》初刻本为八卷，于 1670 年（清康熙九年）刻于淮安，称符山堂初刻本。后来作者陆续有所增补，于 1676 年（康熙十五年）辑成三十卷，今本三十二卷是他的弟子潘耒于 1695 年（康熙三十四年）在福建建阳刻印的，那时顾炎武逝世已十三年。

《日知录》是笔记形式的著作。用潘耒的话说："此《日知录》则其稽古有得，随时札记，久而类次成书者。"（见潘耒《序》）顾炎武曾把其内容概括为上、中、下三篇，上篇经术，中篇治道，下篇博文。《四库全书总目提要》对其内容有进一步的叙述，说："书中不分门目而编次，先后则略以类从；大抵前七卷皆论经义，八卷至十二卷皆论政事，十三卷论世风，十四卷至十五卷论礼制，十六卷至十七卷论科举，十八卷至二十一卷皆论艺文，二十二卷至二十四卷杂论名义，二十五卷论古事真妄，二十六卷论史法，二十七卷论注书，二十八卷论杂事，二十九卷论兵及外国事，三十卷论天象术数，三十一卷论地理，三十二卷为杂考证。"潘耒对此书评价很高，认为此书"凡经义、史学、官方吏治、财赋、典礼、舆地、艺文之属，一一疏通其源流，考正其谬误，至于叹礼教之衰迟，风俗之颓败，则古称先，规切时弊，尤为深切著明，学博而识精，理到而辞达。是书也，意惟宋元名儒能为之，明三百年来殆未有也。"顾炎武的实学思想和学术见解在这部书中得到了比较系统的发挥。

一、《日知录》与顾炎武的人文史观

处在明清交替的历史时期，顾炎武所面临的现实问题不只是王朝更替，其中还包含有华夷之辨。如何进退去处，如何看待个人生存的价值？顾炎武做了认真的思考，并在反省个人安身立命的根本依据的过程中提出了他的文化史观。

首先，他把“亡国”与“亡天下”区分开来。他说：“有亡国，有亡天下，亡国与亡天下奚辨？曰：易姓改号谓之亡国，仁义充塞而至于率兽食人，人将相食，谓之亡天下。”（《日知录》卷十三“正始”条）所谓王朝更替，只是“立权度量，考文章，改正朔，易服色，殊徽号，异器械，别衣服”（《礼记·大传》），而不可能改变和触动以仁义道德为核心的礼制文化。朝代兴亡，首承其责者是那些食君之禄的肉食者。而当礼制文化面临危机时，即亡天下，此时“匹夫之贱，与有责焉耳矣”（《日知录》卷十三“正始”条）。由于顾炎武对清人文化程度的低估，由于他对清王朝适应汉文化的能力缺乏了解，他主观上把明王朝的覆亡首先视为一种文化上的颠覆，而把他个人所处的时代视为礼制文化的存亡之秋。也正是因为这一原因，他集亡国之恨与文化忧患于一身，表现出他誓为明朝遗臣，拒不与清王朝为伍的品格，并借诠释经文的方式，对那些托辞君父之仇而投靠清王朝的明朝官吏表示痛恨之情。

其次，面对清王朝的建立，顾炎武相当冷静地反省了明王朝之所以灭亡的历史原因，并进而探究历代以来的文化危机和得失，进一步阐述了他开放的文化史观。

顾炎武认为，礼制文化的经典在于《周易》《尚书》《诗经》《春秋》《周礼》《仪礼》《礼记》以及《论语》《孟子》。“五经”的精神实质即在于使自然人成为文化人而“曲成万物”。它指出人类之所以为人的特点，并告诫人们只有在切实的人伦日用的亲身践履中，以及对自然界的能动改造才能得到生命的真实意义，“古之圣人所以教人之说，其行在孝弟（悌）忠信，其职在洒扫应对进退，其文在《诗》《书》《礼》《易》《春秋》，其用之身在出处去就交际，其施之天下在政令教化刑罚。”（《日知录》卷十八“内典”条）他在诠释“夫子之言性与天道”条中又说：“夫子之教人文行忠信，而性与天道在其中矣。”（《日知录》卷七）就是说并没有在人伦日用之外的所谓“境界”。

顾炎武认为，自汉代以后，历代官员、学者都很少能全面地领会“五经”及孔孟等人所提倡的文化精神，出现了种种流弊，其中比较典型的是清谈和流遁于佛老。顾炎武认为明代中后期和魏晋时期一样，士大夫们空疏浮虚，崇尚言辞，摒弃实学，这是明朝之所以灭亡的一个重要原因：“刘、石乱华，本于清谈之流祸，人人知之；孰知今日之清谈，有甚于前代者？昔之清谈，谈老庄；今之清谈，谈孔孟，未得其精而已遗其粗，未究其本而先辞其末，不习六艺之文，不考百王之典，不综当代之务，举夫子论学论政之大端，一切不问，而曰一贯、曰无言。以明心见性之空言，代修己治人之实学。股肱惰而万事荒，爪牙亡而四国乱。神州荡覆，宗社丘墟。昔王衍妙善玄言，自比子贡，及为石勒所杀，将死，顾而言曰：呜呼！吾曹虽不如古人，向若不祖尚浮虚，勠力以匡天下，犹可不至今日。今之君子，得不有愧乎其言！”（同上）

顾炎武认为，与清谈相似，佛老流风所向，遍及汉魏以后的士大夫和官僚；身居辅宰、权倾一时的辅国重臣，如北宋富弼等竟沉迷佛道，其治国安民的谋略不符合“五经”正道，而二程和王阳明等一代大儒，竟以佛老解儒，尤其混淆了儒家的根本宗旨。譬如所谓治心之学，顾炎武引用黄震《黄氏日钞》的话说：“心者，吾身之主宰，所以治事，而非治于事。惟随事谨省则心自存，不待治之而后齐一也。……至于斋心服形之老庄，一变而为坐脱立忘之禅学，乃始瞑目静坐，日夜仇视其心而禁治之，及治之愈急而心愈乱，则曰：‘易伏猛兽，难降寸心。’……又曰：‘夫心之说有二，古人之所谓存心者，存此心于当用之地也。后世之所谓存心者，摄此心于空寂之境也。造化流形，无一息之不运，人得之以为心，亦不容一息不运，心岂空寂无用之物哉？……’此皆足以发明厉熏心之义。”（《日知录》卷一“艮其限”条）顾炎武认为明朝和宋朝之灭亡，与士大夫们流于佛老，丢掉了儒家的人文精神也有很大关系。

基于自汉以后对于思想文化演变状况的分析和理解，顾炎武提出要以新的观点为指导，根据儒家经学的历史流变，重新认识经学的历史过程：“经学自有源流，自汉而六朝、而唐、而宋，必一一考究，而后及于近儒之所著，然后可以知其异同离合之指。”（《亭林文集》卷四“与人书四”）而所谓“异同离合之指”，在《日知录》一书中，集中表现为以下两大主要特征：

其一，人文道德是人类文化的根本内容，文化的表层现象可以随历史的变化而有所变化，如秦汉以郡县代封建，但文化的核心内容是不可更换的，一切政治形式都不能背离“人道”。

其二，文化并不是虚玄的理论，而与人的实际行动相联系。文化更不是清谈和佛老的玄虚境界，它主要是“博学于文，行己有耻”，即事功与道德的统一，修己治人与尽物极用的统一。顾炎武在解释《尚书》时说：“彝伦者，天地人之常道，如下所谓五行、五事、八政、五纪、皇极、三德、稽疑、庶征、五福、六极皆在其中。不止孟子之言人伦而已。能尽其性，以至能尽人之性，尽物之性，则可以赞天地之化育，而彝伦叙矣。”（《日知录》卷二“彝伦”条）

顾炎武的这种人文史观侧重社会进步与人文道德的统一，为古代文化的生存和发展开拓了宽阔的学术视野。也正是基于他对古代文化发展的可能性的自信，他在数十年的颠沛生涯中，能坚忍持重，孜孜于他为之奋斗的理想。

二、《日知录》与顾炎武的“实学”

《日知录》可以说是顾炎武人文史观的亲身实践。其弟子潘耒以及道光年间黄汝成曾对《日知录》的经世精神有所概括，潘耒说：“……事关民生国命者，必穷源溯本，讨论其所以然。”而黄汝成《日知录集释》序说：“其言经史之微文大义，良法善政，务推礼乐德刑之本，以达质文否泰之迁嬗，错综其理，会通其旨，至于赋税田亩、职官选举、钱币权量、水利河渠、漕运盐铁、人材军旅，凡关家国之制，皆洞悉其所由盛衰利弊，而慨然著其化裁通变之道，词尤切至明白，其余考辨，亦极赅洽。”《日知录》紧紧围绕着明朝之所以灭亡这一问题，从历史和现实相结合的高度，思考民族文化之兴衰，并谋求拯救之道。下举数例加以说明：

1. 关于政权组织和职能

顾炎武既不像腐儒那样死守历史而不知变化，也不像一般官吏那样只知趋时而丢掉宗旨。他认为晚周以来的历史证明了政权组织结构是可以变动的，由封建变为郡县。郡县之制有汉魏与唐宋之别，又有唐宋与明之异。但顾炎武认为郡县制中的这种变动大多数都是因为一时权宜之计而成了国家常法，缺乏自觉的理性思考，因而出现了许多弊端。到他所处的时代已经是非改革不可的了。他曾写过《郡县论》，其中说：“封建之废非一日之故也，虽圣人起亦将变而为郡县。方今郡县之敝已极，而无圣人出焉，尚一一仍其故事。此民生之所以日贫，中国之所以日弱，而益趋于乱也。”（《亭林文集》卷一）

顾炎武列出的郡县制的最大弊端是高度集权：“郡县之失，其专在上。”（同上）由于高度集权而中央又无法对一切事情具体审理，因而不得不借托于法，而法令纷繁，不但约束了地方大吏的行政自由，而且使得地方官拨弄是非，甚至操纵地方行政：“尽天下一切之权而收之在上，而万几之广固非一人之所能操也，而权乃移于法；于是多为之法以禁防之，虽大奸有所不能逾，而贤智之臣亦无能效尺寸于法之外。”（《日知录》卷九“守令”条）同时，皇帝集中了地方的“辟官”“莅政”“理财”“治军”四权，“是以言莅事而事权不在于郡县，言兴利而利权不在于郡县，言治兵而兵权不在于郡县，尚何以复论其富国裕民之道哉！”（同上）

顾炎武通过研究历代政治体制的得失，提出了改革郡县之弊的办法，其中主要是“寓封建之意于郡县之中”。具体说是，首先完善乡里基层组织，改变由中央“多设之监司”、“重立之牧伯”的一贯做法（《日知录》卷八“乡亭之职”条）。顾炎武对西汉乡亭制度颇为赞赏，“当日为三老者，多忠信老成之士也，上之人所以礼之者甚优，是以人知自好，而贤才亦往往出于其间”。而“近世之老人则听役于官，而靡事不为，故稍知廉耻之人，不肯为此，而愿为之者，大抵皆奸滑之徒，欲倚势以陵百姓者也，其与太祖设立老人之初意悖矣”。（同上）他认为，如果能使现有乡里基层组织发挥像西汉时期的作用，则“天下之治若网之在纲，有条而不紊”。这比起只在上层增设机构，重重叠叠，养百万虎狼于百姓之间要好得多。其次是赋予地方以行政权；官吏的任免及理财治兵，都应允许地方有较大自由。“尊令长之秩，而予之以生财治人之权，罢监司之任，设世官之奖，行辟属之法，所谓寓封建之意于郡县之中，而二千年以来之弊可以复振”。（《亭林文集》卷一《郡县论》）

2. 关于官吏的选拔和任免

顾炎武认为官吏的选拔，由两汉的乡举里选变为隋唐的科举，其中有历史的必然。但科举制如同郡县制一样，在因时而权变时并没有进行理性的思考，其弊端至于明代的生员制度和官吏选拔和任免权的高度集中。一方面国家无法得到真正德才兼备的杰出人才，另一方面由于集权而吏部又无法对各级官吏的政绩和才干做出合理的判断，不可避免地出现任命官吏时的按资排辈现象。顾炎武说，唐代以后的“停年格”之所以推行，就是由于此法惟论年资，“百品千群不复铨叙人物而综核功实，一吏在前勘簿，呼名而授之矣，坐庙堂者亦以是法为要而易行也”。（《日知录》卷八“停年格”条）论资排辈的用人制度使庸颓者日益庸颓，而英雄豪杰只有扼腕长叹，根本无法发挥官吏中优秀人物的政治才干。

顾炎武认为现有官吏的选拔和任免制度可以从如下几个方面进行改革：其一，改革科举制度。其中首先是更新科举考试的内容。他重新考察了唐代科举条目，说，唐时取士之科还有秀才、明经、进士、俊士、明法、明字、明算，有一史、三史，有开元礼，有道举，有童子，而明经之别，又有五经、三经、二经、一礼、三礼、三传，而如今秀才、进士之名不但名不符实，而且科举仅进士一科，内容贫乏，无法选拔真正有益于国计民生的治国之才。除改革科举内容外，顾炎武还主张在科举中结合两汉的乡举里选，他说：“取士之制，其荐之也略用古人乡举里选之意，其试之也，略用唐人身言书判之法。”（《亭林文集》

卷一《郡县论九》）这样既可保证官吏的政治品格，又可保证官吏的理政才能。同时，顾炎武还极力主张下放官吏的任免权，彻底改变由中央负责全国大小官吏的考核与任免的局面，由地方官吏自行延纳人才。

3. 关于社会风俗

顾炎武认为："风俗者，天下之大事。"（《日知录》卷十三"廉耻"条）风俗是关系国家命运的大事，也是人文道德的关键。因此，"论世而不考其风俗，无以明人主之功。"（《日知录》卷十三"周末风俗"条）《日知录》第十三卷的"周末风俗""秦纪会稽山刻石""两汉风俗""正始""宋世风俗""清议"诸条，都是对晚周以至明末社会风俗的历史考察，涉及社会舆论、士人道德、吏风民俗等各方面。

顾炎武特别赞赏东汉社会风俗之美，认为是三代以来所未曾有过的。由于东汉光武帝奖励名节，针对东汉末年朝政昏浊，"国事日非，而党锢之流，独行之辈，依仁蹈义，舍命不渝，风雨如晦，鸡鸣不已"（《日知录》卷十三"两汉风俗"条）。他认为东汉之美，惟南宋时可以相比。顾炎武特别反感魏晋风俗，认为正始之音是典型的亡国之音。至于明末，则与魏晋有相似之处，并且有的地方是有过之而无不及。比如士大夫之无廉耻，"万历以后，士大夫交际多用白金，乃犹封诸书册之间，进自阍人之手，今则亲呈坐上，径出怀中，交收不假他人，茶话无非此物"（《日知录》卷三"承筐是将"条）。士人不但没有起到化民导俗的正面作用，反而把腐败的民风引入民间。

顾炎武还根据自己在明末清初的切身经验，感慨地说："目击世趋，方知治乱之关，必在人心风俗，而所以转移人心，整顿风俗，则教化纪纳为不可阙焉。百年必世养之而不足，一朝一夕败之而有余。"（《亭林文集》卷四《与人书九》）他认为社会必须培养一个良好的社会风尚，切不可动摇人文道德的影响。

针对明末社会风俗的腐败，顾炎武提出了具体的整顿措施，其中首先是提倡"清议"，存"清议"于乡里，让士大夫有权议论政治的得失，以建立一个合乎道义的、独立的舆论监督环境。在诠释孔子所谓"天下有道，则庶人不议"时，他说："天下有道，则庶人不议。然则政教风俗，苟非尽善，即许庶人议之矣。"（《日知录》卷十九"直言"条）他认为通过"清议"，既可以限制官吏的贪赃枉法，又可激励社会的普遍廉耻之心。其次，一个良好的社会风尚特别需要为民表率的知识分子自觉自尊，培养自己的高尚品德。顾炎武通过对儒家经籍的发挥和历史人物的评价，充分揭示了这些观点。

顾炎武还认为，良好的社会风俗需要建立在政治清明的基础上。如果皇帝"赏善罚恶"，不阿亲戚，雷厉风行，令行禁止，而地方官吏自我收敛，以国计民生为要务，则社会风俗自可趋向好转。

三、《日知录》与顾炎武的文化史方法论

顾炎武的人文史观决定了他的研究重心和旨趣与以往学者不同。他一生的学术研究可以概括为两个方面：一是

从文字和内容两个方面深入研究儒家经籍的原意；二是谋求历史经验与现实问题的结合。在上述两个方面的探索过程中，形成了顾炎武开一代学风的特色。

这种特色首先表现为他对史料的重视。他认为不管研究何种学问，凡立一说都必须有证据，一个观点的成立应由史料中归纳出来，如《日知录》卷二十八《东向坐》条，说："古人之坐，以东向为尊。"其所持证据从《礼记》到《新序》《史记》《汉书》《后汉书》《旧唐书》，引证了不少的资料。而他的资料又特别强调以原始资料为标准。他平生最恨用第二手资料以证己说，认为利用第二手资料是买铁铸钱："尝谓今人纂辑之书，正如今人之铸钱，古人采铜于山，今人则买旧钱，名之曰废铜，以充铸而已。所铸之钱既已粗恶，而又将古人传世之宝，舂剉碎散，不存于后，岂不两失之乎？"（《亭林文集》卷四《与人书十》）为避免不重视原始资料的流弊，他主张引文必注出处："前辈时文，无字不有出处，今但令士子作文，自注出处，无根之语不得入文。"（《日知录》卷十六《经义论策》）顾氏引书大都能引用原文，如《日知录》卷十七《进士得人》条引自黄宗羲《明夷待访录·取士篇》，仅删去原文数字。

顾炎武还非常重视原始资料的考辨。他曾运用音韵、训诂等多种方法来揭示经文的含义。如《易》渐卦九三爻辞与上九爻辞都有"鸿渐于陆"，后人疑为错衍，范谔昌将上九爻辞改为"鸿渐于逵"，朱熹亦表示同意。顾炎武根据《易》之鼎卦象传、《礼记·表记》等多种古文证明

“古人之读义为我”，而“读仪为俄”（《亭林文集》卷四《答李子德书》），从而证明渐卦上九爻辞“鸿渐于陆，其羽可用为仪”是正确的，不能妄改，从而合理地解释了上九与九三爻辞（《日知录》卷一“鸿渐于陆”条）。同时，他也特别注重利用钟鼎铭文来佐证经籍；如《日知录》卷四“春秋时月并书”条，即用春秋时期的铭文作参证。顾炎武还非常重视调查研究。潘耒在《日知录》序中：“（先生）足迹半天下，所至交其贤豪长者，考其山川风俗疾苦利病，如指诸掌。”全祖望《亭林先生神道表》也说：“（先生）所至厄塞，即呼老兵退卒，询其曲折，或与平日所闻不合，则即坊肆中发书而对勘之。”《日知录》中关于历代地理的许多疏释都结合了他个人的亲自考察。

在研究原始资料的基础上，顾炎武主张通过研究资料中的矛盾来纠正其讹误、颠倒，指出其诈伪。如他认为《尚书》“多方”篇应在“多士”篇之前；怀疑《泰誓》篇有魏晋风格；至于历代史志，前后矛盾更多。顾炎武认为需要利用内证和外证等多种方法对原有典籍进行辨别。他在中国考据学上有重大成就。

顾炎武的治学方法的另一个重要方面，是他对于如何运用原始资料提出了深刻见解。他认为对于原始资料的运用首先需要“器识”，“士当以器识为先”。所谓器识，即指著述者对于历史和文化的基本态度和观点，他曾有一段名言：“孔子之删述六经，即伊尹、太公救民于水火之心，而今之注虫鱼、命草木者，皆不足以语此也。故曰：‘载之空言，不如见诸行事。’故《春秋》之作，言焉而已，而谓之行事者，天下后世用以治人之书，将欲谓之空言而不可也。愚不揣，有见于此，故凡文之不关于六经之指，当世之务者，一切不为。”（《亭林文集》卷四《与人书三》）当研究者对于现实和历史有了深切的责任感的时侯，才有可能抓住国计民生的根本，从而发掘出原始资料的本质内容，而不为表面现象所迷惑。其次，运用原始资料不能强人从己，应该让著者的个人见解从资料中引申出来，在历代史传中，顾炎武称赞《史记》把叙事和论断结合得天衣无缝，值得学习和借鉴。

总之，顾炎武的研究方法既有对前人的继承，又有所突破，他把历史和文化的研究与现实相结合，对以后的学术研究产生了重大影响。

四、《日知录》与顾炎武对清代文化史研究的影响

明末清初之际，士大夫们有感于明代学风空疏，渐趋务实。当时顾炎武的好友北方学者如张尔歧、马骕、刘孔怀、傅山、李因笃、王宏撰等人都有较浓的考据学兴趣。但尤以顾炎武《日知录》为博大精深，故为后人推崇。阎若璩曾为顾氏《日知录》改订50余条，而自言“上下五百年，纵横一万里”，所佩服者仅有钱牧斋、顾炎武、黄宗羲三人而已（《钱牧斋先生年谱》附录）。而乾嘉之学中无论是经学研究的吴派、皖派，或者是史学研究的浙东、浙西派，都莫不祖尚顾炎武。章学诚推顾炎武为开国儒家（《文史通义·浙东学术》）。阮元的《国朝儒林传稿》也以顾氏居首。

乾嘉之学是对顾炎武学问的发扬。顾炎武关于经学、史学等方面的许多见解以及其客观平实的研究方法在乾嘉学者中得到了继承、充实和发展。如阎若璩对古文《尚书》的辨伪，程瑶田对于典制的疏通，段玉裁、王念孙、王引之对于语言文字的研究，以及王鸣盛《十七史商榷》，钱大昕《廿二史考异》，洪颐煊《诸史考异》，陈景云《两汉书订误》，沈钦韩《两汉书疏证》，杭世骏《三国志补注》，章宗源《隋书经籍志考证》，汪辉祖《元史本证》，赵翼《廿二史札记》等著作，可以说都是继承了顾炎武的研究方法和学术观点，而又加以运用和发展的具体学术成果。他们运用文字、音韵、训诂、版本、校勘、辨伪等方法，校正经、史乃至子书的错误，辨析文献的真伪，判断其成书年代；并通过分析、比较、归纳和推理等形式逻辑方法去验证、鉴别和评估经籍中所载某一事件、某一事物和某项典章的真实程度。这些，不但解决了许多历史疑案，整理了历代重要典籍，而且为文化史研究奠定了坚实的文献学的基础。他们所建立的一套行之有效的操作程序，有助于改变只凭个人学识和经验，主观先验地凭事理推断史料的局限。乾嘉学者们对于古代文化典籍的整理对后代做了件大好事。近现代著名史学家之所以能取得研究的重大突破，除了因为他们有新的史观作指导以外，还得力于乾嘉学者为他们提供了比较客观的史料基础。而在领受乾嘉学者的文化遗产时，我们当然不能忘记有奠基之功的顾炎武及其《日知录》。

如果说乾嘉学者偏重于《日知录》的考据方法论，那么当民族文化危机再度呈现于中国近代，学者们就越来越深切地体会到《日知录》的深层意义了。龚自珍曾就江藩的《国朝汉学师承记》发表评论，说把清朝学术概名为汉学“有十不安”，其中之一即是说：“国初之学，与乾嘉初年以来之学不同。”（《龚自珍全集》第五辑《与江子屏笺》）黄汝成究心于《日知录》，写成《〈日知录〉集释》，在序文中再三称道顾炎武的经世胸怀。而张穆自序其《顾亭林先生年谱》说：“本朝学业之盛，亭林先生实牖启之，而洞古今，明治要，学识赅贯，卒亦无能及先生之大者。”自鸦片战争前后开始的对于顾炎武思想及学术遗产的全面研究，可以看出这一遗产对俞樾、章太炎、王国维等都有很大影响。侯外庐在其《中国思想通史》第五卷早就指出过，“只有王国维是最后继承炎武的人”，“从炎武到王国维是近代中国学术的宝贵遗产”。有了这些遗产，才会有五四以后的中国近代史学。这些都值得我们去认真总结。

（原载于张岂之著《儒学·理学·实学·新学》，陕西人民教育出版社 1994 年版，第 197—209 页）

论中国近代哲学

中国近代哲学，始于康有为、谭嗣同、梁启超、严复。在此以前，虽然已经涌现出一批早期维新派思想家，但他们只是在政治思想和经济思想方面发出了最初的呐喊，并未提出自己系统的哲学思想。科学家李善兰，虽已具有初步的近代自然科学的自然观，但他还不能算作中国近代哲学的代表。康有为、谭嗣同、严复等最早提出了比较系统的近代哲学思想，他们是中国近代哲学的奠基者。

中国近代哲学始于康、谭、梁、严，是由历史条件决定的。1894 年中日战争后，他们为了挽救民族危亡，并给资本主义的发展争得政治上的权利，提出了变法维新的政治主张。由于这一政治主张的需要，一些政治活动家和理论家开始在哲学领域为变法维新寻找理论根据，于是产生了近代哲学思想。

一、中国近代哲学的主题

所谓哲学的主题，是指一个历史时期内哲学领域最主要的、贯穿始终的问题。中国近代哲学的主题，与近代文化思想领域中学与西学、新学与旧学之争是联系在一起的。

从鸦片战争开始，林则徐、魏源等多少认识到外国资本主义的先进，主张向西方资本主义学习，“师夷之长技以制夷”。19 世纪 80 年代末到 90 年代，帝国主义列强在政治、经济方面进一步扩大对中国的侵略和掠夺，中国面临被瓜分的危险。一批有见识的知识分子学习了西方国家的哲学、科学、社会学、经济学的理论，寻找救国救民的真理，以解救民族危机，即所谓“新学”，并以此作为改良的政治主张的理论依据。后来，革命派更加重视学习西方资产阶级的政治思想、社会思想，并以此武装革命民主主义者。新文化运动期间，一些先进的知识分子高举“科学”和“民主”两面旗帜，向封建专制主义发动进攻，他们从西方接受的思想文化，无论从深度还是从广度来说，都超过了过去。

中西学或旧学新学之争在思想领域的焦点是围绕着“变”还是“不变”的问题展开的。严重的现实使人们清醒地认识到，中国的现状必须改变。不变，中国将永远摆脱不了贫困落后，摆脱不了帝国主义的欺凌；不变，民族资本主义就不可能发展。所以，甲午战争失败后，在空前严重的民族危机面前，先进的人们发出了“变法”的强烈呼声。

这种要求“变”的思潮，在当时是一种进步的潮流，它对于顽固守旧的观念是一次猛烈的冲击。维新派的思想家们为了使“变”的思想有依据，力图从哲学的高度论证这一问题。19 世纪中叶欧洲出现的达尔文的进化论，恰好适合维新派的变易思想的需要。于是，这一理论被介绍进来并经过改造，形成了中国近代哲学特有的进化观。

康有为、谭嗣同、梁启超很早就接触到进化论，但那时西方自然科学的著作尚未系统翻译过，因而他们所学到的有关自然科学理论，是很不系统的，也是十分粗浅的。尤其是康有为，他是一个受儒家传统思想熏陶很深的人，对经学十分熟悉，所以他只根据自己的需要，把从西学中摭拾的资料填充到经学的形式中去。康有为首先在自然观方面接受了进化论，很早就开始向他的学生们讲授进化的道理，讲猿猴变人等科学常识。但他的主要创造，则是把进化论运用于人类社会，借公羊三世说的“微言大义”，系统地表述了进化的社会历史观，即社会按照“据乱世”“升平世”“太平世”三个阶段而前进。这种进化观是以经学形式表现出来的，还不能成为改良派的有力哲学武器。

比较系统地介绍和传播达尔文进化论的是严复。他的大量译著的确起到了启迪一代人的作用。1895 年，严复在天津《直报》发表了著名政论文章《原强》，其中明确地介绍了达尔文《物种起源》一书和达尔文的进化论。关于进化论，他是这样讲的：“物竞者，物争自存也；天择者，存其宜种也。意谓民物于世，樊然并生，同食天地自然之利矣。然与接为构，民民物物，各争有以自存。其始也，种与种争，群与群争，弱者常为强肉，愚者常为智役，及其有以自存而遗种也，则必强忍魁桀，趫捷巧慧，而与其一时之天时地利人事最其相宜者也。此其为争也，不必爪牙用而杀伐行也。习于安者，使之为劳，狃于山者，使之居泽，以是以与其习于劳、狃于泽者争，将不数传而其种尽矣。物竞之事，如是而已。”（《原强》修订稿）这里只讲了物竞天择的一般道理，没有深入地叙述生物有机体的胚胎是怎样在自然的作用下产生变异，并通过遗传和自然选择，使生物由低级到高级，由简单到复杂，由一种到多种繁衍的科学原理。因此，他介绍的进化论还是不全面，而且根据自己的需要，重点突出了生存竞争，并把人类的发展与生物的进化并提，这点是达尔文进化论所没有的。

严复后来又翻译了赫胥黎的《天演论》，1898 年 4 月译本正式出版。赫胥黎（Thomas Henry Huxley，1825—1895）是达尔文（Charles Robert Darwin，1809—1882）进化论的忠实捍卫者，所著《进化论与伦理学》（即《天演论》）一书简要介绍了达尔文进化论的基本原理。他认为进化论不能应用于人类社会；人类社会自有崇高的道德标准防止人们相互争夺。严复对赫胥黎的这一思想不满意，从上引《原强》的一段话可以看出他的观点：人类社会与生物界一样，也有生存竞争。在这一点上，他很赞同斯宾塞（Herbert Spencer，1820—1903）的普遍进化观[①]，并用以反驳赫胥黎的理论。但他却不同意斯宾塞的“任天

① 普遍进化观：19 世纪英国进化论者、社会学家、哲学家，实证主义代表之一的斯宾塞，创立了一套“综合哲学”，由《第一原理》《生物学原理》《心理学原理》《伦理学原理》《社会学原理》组成，将进化观作为进化哲学推广到诸多领域。认识论上，他用自然选择解释知识与理论的积累和淘汰；社会观上，提出“社会有机体论”，认为社会进化服从于生物进化律；伦理上，以生物进化论解释和论证功利主义理论，等等。

为治”的观点，也就是任凭自然对人类进行选择、淘汰，人在自然面前无所作为。赫胥黎的思想恰好与其相反，他认为人可以依靠理性的力量遏止进化规律对人类社会的作用。严复认为这种“人胜天”的思想正好弥补了斯宾塞的不足，所以他在《天演论》序中指出，“赫胥黎氏此书之旨，本以救斯宾塞任天为治之末流，其中所论，与吾古人有甚合者。且于自强保种之事，反复三致意焉。”这就是他要翻译《天演论》的原因。

严复译《天演论》，不仅在于介绍达尔文的进化论。事实上，《天演论》也并非《进化论与伦理学》的忠实译本。严复在几乎每一章之后都加了按语，对赫胥黎的观点加以评点，时而称之，时而否之，借此阐发自己的观点。可以说，严复是在介绍达尔文进化论的基础上，创造了自己哲学思想中独特的进化观。

中国近代哲学的进化观，在许多思想家那里虽然各有差异，但也有共性，都是用来说明落后国家的人民必须发愤图强，才能在竞争中取胜，保证种族生存繁衍。所以，从表面看，近代哲学的进化论既有达尔文的生物进化理论，又有社会达尔文主义的普遍进化观。这似乎是对达尔文进化论的倒退，但只要我们把这个理论放置于当时的社会环境中，就可以看出它与社会达尔文主义的本质区别。在困难深重、外侮濒临的历史时期，中国近代的进化观从理论上正面回答了面临的主要课题，对人们的思想起到了振聋发聩的作用。

中国近代进化论的世界观，不但武装了维新派，而且也影响了革命派。20 世纪初，这时思想界“变”还是“不变”的问题已经不是什么主要问题了。最大的问题是怎样变，变什么？革命派所企求的是根本性的“变”，即推翻封建君主专制制度，建立资产阶级共和国。在论证这一目标时，民主革命前驱者不可能运用当时在欧洲大陆业已广泛传播的辩证唯物论与历史唯物论去解释社会变革的历史必然性，所以，在哲学上，他们仍然沿用进化论作为革命政治主张的理论依据，不过对于进化论的具体解释和运用，已经不同于以前。

章太炎、孙中山等都深受进化论影响，章太炎在《菌说》《原人》《原变》等文中，阐述了生物进化的自然观。他认为生物由低级到高级的发展，存在着一系列界限分明的序列，但生物进化的内在规律，却不断冲破这个界限。他肯定自然环境对人类社会的进化有很大影响，恶劣的自然环境会导致人类智力的退化，肯定主观意志在进化过程中的作用，说：“物苟有志，强力以与天地竞，此古今万物之所以变。”（《原变》）他还十分重视“合群”的重要性，指出：“彼人之自保则奈何？曰：合群明分而已矣。苟能此，则无不自主。譬之蜜蜂，虽细不败。苟不能此，则无不受侮。”（《菌说》）只有团结一致，才能有力量与命运抗争，在人类竞争中立于不败之地，达到保国御侮的目的。

孙中山对于西方自然科学，最推崇的便是进化论。他认为达尔文的《物种起源》乃是一部划时代的著作，它的出现，“使世界思想为之一变”，“从此各种学术皆依归于进化矣”[1]。1905年，孙中山在《民报发刊辞》中，把民族主义——民权主义——民生主义作为西方国家历史发展的三个进化阶段，他已意识到社会发展有其内在的必然性，但由于历史条件的限制，他只能用进化论来解释社会的发展和变革，认为这是“天然之进化，势所必至，理有固然”[2]。他着重通过人类进化发展的规律论证人类社会的新陈代谢、除旧布新的必然性。他的可贵之处在于没有把社会的进步当作一种渐进的演变，而是把进化同革命联系起来。他说，人们顺应进化的趋势，“以人事速其进行，是谓之革命”（同上）。所以，孙中山十分推崇人为的作用，积极宣传用人的革命行动促使社会进化的思想，其积极作用是很明显的，它标志着中国近代哲学的进化观发展到了一个新的阶段，进化与革命相互联系起来。总之，从中国近代哲学产生时起，进化论就被作为一个重要的哲学问题对待，它紧扣着这样一个政治主题：中国的现状要改变，社会要前进，国家要独立自强。思想家们对进化论进行取舍、加工、改造，形成了中国近代哲学独特的进化观。进化观是近代哲学的核心问题，从维新派的进化观，到革命派的进化观，构成了中国近代哲学的主题。

---

① 《孙中山选集》上卷，北京：人民出版社，1956年，第141页。

② 《孙中山全集》第2卷，北京：中华书局，1982年，第545页。

二、中国近代哲学的主要内容及特点

中国近代哲学史的主要内容，有以下几个方面：第一，进化观；第二，从自然人性论到天赋人权论；第三，精神（主观意志）决定论；第四，自然科学的唯物论及其不彻底性。进化观是中国近代哲学的主线，已如前述，这里分别论述其余三个方面。

（一）从自然人性论到天赋人权论

中国古代的人性论有一个显著的特点，即主张人生来就是不平等的，这在中国古代哲学中尤为明显。董仲舒便把人性分为三等，韩愈也有性“三品”之说，宋明理学认为人性有“天命之性”“气质之性”之分。在他们看来，一些人生而具有崇高的品德，另一些人则生性卑鄙，私欲充塞，因而分出尊卑贵贱的等级秩序来，他们把这一切作为“天”的安排或一种神秘的精神力量的作用。

维新派思想家已经试图在理论上解决人人平等的问题。当时他们接触的西方哲学和自然科学十分有限，不能直接从西学中寻找答案，因而只能在旧学的故纸堆里寻找适合他们阐发这种理论的概念和命题。康有为的自然人性论便是通过评论所谓“性善”“性恶”的古老命题而阐发的。他推崇告子的人性论，指出：“凡论性之说皆告子是而孟子非”（《万木草堂口说》）。他说：“性者，生之质也，未有恶善。”（同上）把人性仅仅看成是人类生理的本能。根据这种自然人性论观点，他认为，“人，性必不远。故孔子曰：‘性相近也。’……夫相近，则平等之谓，……无所谓小人，无所谓大人也”（《长兴学记》），表明了人人平等的思想。

谭嗣同则从“以太即性”的角度宣传资产阶级平等观。他认为，“以太”充塞于万物之中，其本性是善的，人也是万物中的一物，同样禀受了“以太”的善性，因而人在本质上是平等的。他宣传“相成相爱”“视敌如友”，甚至主张去除国界。谭嗣同的人性论，虽然加进了西学的成分，但实质上仍然借用了儒学人性论的表述形式。他根据自己的需要，汲取了宋明理学“性即理”的观点和儒学的性善论，摈弃了儒学人性论中的等级思想。

最早介绍西方“天赋人权”[①] 的是严复。他在《辟韩》

---

① 天赋人权（innate human right）：人仅仅因为其是人而具有的在任何情况下不能被剥夺的权利。20 世纪中，一般称为“人权”；但 20 世纪前，对应的说法往往是天赋人权、“自然权利”（natural rights）或“人的权利”。严格而论，12 世纪前的欧洲并不存在清晰的权利概念，自然权利理论在 14 世纪末到 17 世纪初得以形成。它通常有两种代表，以霍布斯为代表的一派认为，前政治社会的自然状态中，人有无限的自由权，同时认为进入政治社会，这些权利需要让渡出去，这样自然权利成了威权政府成立的辩护，这是保守派；另一派为激进派，以洛克为代表，卢梭是顶点，后来逐渐占了主导地位，洛克认为，上帝的自然法赋予了人们生命、自由和财产的自然权利，这样便引发了自然状态下的冲突，为弥平冲突，于是产生了政治实体，但是，这并不意味着人们转让出自然权利，恰恰相反，政治共同体的建立旨在更好地保护这些权利，并构成了政府的主要功能。历史上，天赋人权以及人权的概念在美国《独立宣言》（1776）、法国《人权宣言》（1789）和联合国《世界人权宣言》（1948）等经典文件中得到充分表述，如果要了解哪些权利属于人权，可参看这些文本。

一文中，依据卢梭[①]的“天赋人权论”对韩愈在《原道》中所主张的关于君、臣、民的等级贵贱秩序永恒不变的理论进行了驳斥，提出“主权在民”的思想。既然自由、财产、安全以及反抗压迫是“天赋人权”，主权在民，那么人人都应有自由的权利。

从自然人性论到天赋人权论，是一个历史的进步，它反映了中国近代人性论逐渐从旧学的形式中脱离出来，从而，近代哲学以其平等观作为主要标志之一登上了中国近代的论坛。这种意识形态的变革是不可低估的。民主革命的前驱者邹容说，既然别人是和自己平等的人，反之，清朝统治者把别人看成和自己完全两样的奴隶，那么人民“杀尽专制我之君主，以复我天赋之人权，以立于性天智日之下，以与我同胞熙熙攘攘，游幸于平等自由城郭之中”，是完全合乎人性平等要求的。他认为卢梭等西方资产阶级启蒙思想家的学说，是“起死回生之灵药，返魄还魂之宝方，金丹换骨，力圭奏效，法美文明之胚胎，皆基

① 卢梭（Jean-Jacques Rousseau，1712—1778），法国政治与道德哲学家、文学家、作曲家，代表作有《人类不平等的起源和基础》（亦译《论人与人之间不平等的起因和基础》，1755），《社会契约论》（1762）等。卢梭在政治哲学史上与柏拉图、霍布斯齐名，他认为，人类本来生活于纯朴的自然状态，生来自由、平等，在森林中逍遥自在，但随着才智的发达与生产的增长出现了私有制，私有制破坏了平等，加剧了经济上不平等，并衍生了政治不平等，最终导致腐败的少数人专制。但他并不主张重新构造社会，这个社会以契约精神为原则，是人民自己立法自己遵守。卢梭政治、法律与道德哲学的基础在于“公意”（general will），它既强调整体性，即社会利益，又强调普遍性，即适用每个人。根据“公意”，卢梭申明了主权在民的民主原则。

于是。我祖国今，病矣，死矣，岂不欲食灵药、投宝方而生乎？苟其欲之，则吾请执卢梭诸大哲之宝幡，以招展于我神州土”。（《革命军》）在20世纪初，人性平等观与资产阶级共和国相联系；当时的先驱者认为，民主共和国是人性平等的理想王国。

（二）精神（主观意志）决定论

中国近代思想家有一共同的特点，即或多或少具有精神决定论倾向。

康有为以“元”作为世界的本原。“元”就是“仁”，实际上即是一种主观的精神力量。他说：“不忍人之心，仁也，电也，以太也，人人皆有之。”这个“不忍人之心”乃是“万物之海，为一切根，为一切源。……人道之仁爱，人道之文明，人道之进化，至于太平大同，皆从此出。”（《孟子微》）这样，人的“不忍之心”便成了世界万物的主宰，改造世界的动力。谭嗣同比康有为更进一步，他直接以“心力”作为世界的总根源，认为宇宙的发展，科学技术的进步等都是“心力”所为，而“以太”“电”等等都是“粗浅之具也”，不过是“借其名以质心力”（《仁学》）。从整个体系看，他用一个精神的实体否定了世界的客观性，使人的主观意志上升为创造一切、安排一切的根本力量。

中国近代思想家基本上都对佛学发生兴趣。谭嗣同庞杂的“仁学”体系，其主干部分乃是佛学，他相信“三界唯心，万法唯识”。由此出发，他发出许多议论：中国社会的落后，人民生活的穷困，归根到底都是由于人们“心源不洁”。“缘劫既由心造，自可以心解之”（《仁学》）。要使现实发生变化，在他看来，必须向内求助于所谓“合力”。他讲得很清楚：“虽天地之大，可由心成之，毁之，改造之，无不如意。”（《北游访学记》）在谭氏哲学体系中，崇拜心力，崇拜灵魂的倾向是非常明显的。

还要提到章太炎。1903—1906 年 6 月，章氏因《苏报》案，系狱三年中，开始学佛。1906 年写《建立宗教论》，说：“宗教之高下胜劣，不容先论。要以上不失真，下有益生民之道德为其准的。”他是近代最早的“造神论”者，想创立一种新宗教，激励人心。他赞同法相唯识宗，“今之立教，惟以自识为宗”。他认为法相唯识宗和中国古代的传统文化中有着一种“依自不依他”的精神，这种不畏艰苦，不避生死，径行独往的主观精神是最宝贵的。1908 年章太炎开始研究老子、庄子，1910 年写《齐物论释》，从表面看，仿佛章氏从强调主观精神转向虚无主义，实质却是他过分强调主观精神，走向了极端，这一基本立场和现实发生矛盾，许多问题解决不了，于是便用“天地并无体，万物皆不生”的虚无主义帷幕掩盖起来，骨子里仍然是主观精神支配一切。所以，章氏宣传庄子哲学和崇信法相唯识宗并没有多大矛盾。

至于伟大的民主革命家孙中山，他的哲学思想并没有佛学的思想资料，更多是自然科学的素材，然而从其哲学思想的整个体系来看，是明显地动摇于唯物论和唯心论之间。他认为“生元”是万物的基本构成单位，说明了世界万物的客观性。但“生元”却是“乃有知觉灵明者也，乃有动作思为者也，乃有主意计划者也”（《孙文学说》），这是受西方“万物有灵”说的影响，给某些物质赋予了精神的因素，似乎每一个微小的细胞都包含思想意识，所以物质的发展变化，只能是这些并不存在的意识在起作用了。

中国近代许多思想家都程度不等地从本体论的高度论证了精神力量的决定作用，德国费希特[①]和叔本华[②]的主观唯心论被热情地介绍过。有些近代思想家把人的主观意志作为推动世界发展的根本动力，这是中国近代特殊历史条件的产物。他们有改变封建制度的强烈要求，但又缺乏广泛的社会基础和雄厚的物质力量。近代工业和自然科学发展的不足，这是中国近代哲学先天不足的主要原因。在改造社会的斗争中，维新志士和民主革命的先行者们饱经忧患，不断遭到挫折和失败。他们一般还不能科学地总结失败的教训，但有一点他们已朴素地认识到：旧事物具有非常强大的力量，而新生事物要战胜它们，首先要取决于

---

① 费希特（Johann Gottlieb Fichte，1762—1814），德国古典唯心主义重要哲学家之一，代表作有《全部知识学的基础》（1794）、《自然法的基础》（1796）等。

② 叔本华（Arthur Schopenhaur，1788—1860），德国哲学家、美学家，唯意志论哲学代表之一，代表作有《作为意志和表象的世界》（1818）等。

自身的强大精神作用。

（三）自然科学的唯物论及其不彻底性

西方近代的自然科学打开了中国近代思想家的眼界，使他们从一个崭新的角度重新认识宇宙、认识自然。生物进化论、天文学、天体力学、物理学（尤其是有关电、磁、热、光等学说）的理论传入后，许多思想家都程度不等地将这些先进的科学理论引入自己的思想体系，用来解释纷纭复杂的自然现象和历史现象。例如关于宇宙天体的形态和运动规律，康有为、谭嗣同、章太炎、孙中山都做了比较准确的描述，认识到恒星、行星和星系之间的关系；对此进行理论概括时，得出关于宇宙无限的概念，也洞察到宇宙间不可穷尽和无始无终的变化运动[①]。其他如谭嗣同关于“以太”的物质性方面的论述，严复关于宇宙“质力相推”的见解，章太炎对生命现象的解释，孙中山关于无机物与有机物相互转化的认识等，都基本符合科学道理，具有自然科学唯物论的因素。

但是，值得注意的是，这些自然科学的唯物论思想，有的与思想家们的唯心论或二元论思想体系相冲突，有的则经过改造而有机地融合在唯心论的思想体系之中。即或是在本体论方面，这些思想家都不能贯彻唯物论观点。他

---

① 参见康有为《诸天讲》、谭嗣同《仁学》、章太炎《訄书·天论》、《孙中山选集》下卷第662—663页。

们的与自然科学相联系的唯物论和辩证法的思想火花，在唯心论或二元论的哲学体系中被压抑和窒息，不能得到发展。西方近代自然科学的基本原理，往往是片断的，拿来就用。有时有些思想家借用当时自然科学的术语，在其中却装上唯心论的内容。因此，这些自然科学唯物论不成体系；我们之所以称它为“自然科学的唯物论”，是因为它还没有达到唯物论哲学体系的高度。举例来说，严复虽然具有唯物论的自然观，在思维对存在的关系问题上，他认为物质是独立于人的意识的存在，而且它是人们感觉经验的来源。当问题引申到认识论领域，他就认为人们认识的只是经验中的现象，至于现象的本质那是不可知的，规律是不可认识的，“因果同否，必不可知”（《天演论》卷下，论九，按语），从而走向不可知论。再如，辛亥革命准备时期的民主思潮中，就哲学领域来说，有的理论家运用18世纪法国唯物论者狄德罗[①]和拉美特利[②]的某些观点去批判宗教神学；尤其宝贵的是，他们多少看到唯物论思潮与法国资产阶级革命的关系，亦即觉察到哲学唯物论曾经成为法国政治革命的先导[③]。然而在20世纪初的中国，并

① 狄德罗（Denis Diderot，1713－1784），法国启蒙思想家、哲学家、无神论者、文学家，“百科全书派”代表人物，代表作有《拉莫的侄子》（1762）、《关于物质和运动的哲学原理》（1770）。

② 拉美特利（Julien Offray de La Metterie，1709－1751），法国启蒙思想家、哲学家、医生，代表作有《人是机器》（1747）。

③ 见《唯物论二巨子（狄德罗、拉梅特里）之学说》，《大陆》第2期。

末形成作为政治革命先导的唯物论思潮。理论家们从欧洲输入的唯物论是机械唯物论，如果说它曾经在18世纪的欧洲起过巨大的作用，那么当它的片断被运用到20世纪初的中国现实环境时，只是在批判宗教神学方面起了若干作用，至于急剧变动的社会现实，人们应当怎样去认识，怎样去行动，这在中国近代哲学中却缺乏辩证的理论思维。

所以，中国近代哲学的认识论或明或隐地存在着割裂知、行关系的倾向。戊戌时期谭嗣同认为“知”来源于“以太”，人只要经过“止观”（“定慧”）这种宗教修持方式，即可获得真知。他把自己的认识论概括为“贵知不贵行”，因为“知者，灵魂之事也；行者，体魄之事也”；“行有限，而知无限”（《仁学》）。和谭嗣同不同，孙中山重视行的作用，认为行是知的开端。知识是历史的发展过程。他提出“知难行易”的命题，认为理论的建设，知识的探索是头等重要的，也是十分艰苦困难的事。但孙中山在认识论上也有分割知行的二元论倾向，有时过分强调行的作用，有时又夸大知的作用，带有分知分行的倾向。所有这些都从认识论方面说明近代哲学中辩证思维的缺乏。我们不能超越历史条件去要求先驱者达到知与行的具体的历史统一的认识高度，但是，我们探讨中国近代哲学，似乎又不能忽略这方面的问题，否则我们将不可能认识近代哲学的特点。

近代哲学中自然科学唯物论不能贯彻，从西方介绍来的机械唯物论不能为中国革命造成坚实的理论基础，以及在认识论上出现割裂知行的倾向，正是表现了这一方面的弱点。这不是偶然的，是被中国近代历史的条件所决定的。维新志士和民主革命先驱者所提出的种种方案在实践中检验，接二连三地遭到失败。这种状况反映在抽象的理论思维方面，便表现出知行割裂倾向或对知的过分推崇，这曲折地反映了先驱者寻求国家出路的艰苦历程。这种情况使先驱者深感真知是不易获得的。

综上所述，我认为中国近代哲学有以下两个显著的特点：

第一，中国近代启蒙思想的理论是不成熟的。首先，它没有形成某一种完整的体系，同时，近代哲学的不成熟性还表现在它本身包含了传统文化中的某些糟粕，这也是它不能有力地批判封建专制主义的原因之一。尽管它是不成熟的，但它强调人的精神作用，重视理论建设和思想启蒙，主张人人平等、天赋人权等。尤其是关于自然、社会进化的理论，在中国近代特殊的历史环境中，对中国人民的觉醒，的确起到了巨大的启蒙作用。

第二，近代哲学思想被直接运用于现实斗争，近代启蒙哲学中的几个重要理论，都是与现实密切联系并为现实的政治目的服务。中国近代没有产生过职业哲学家。近代思想家们的著作没有笛卡尔、斯宾诺莎那样的几何学方法，也没有像康德[1]、黑格尔那样的思辨哲学体系。处于民族生死存亡关头的思想家大都同时是维新志士和革命家。现实的需要使他们不可能长期躲在书斋中去进行抽象的理论思辨；他们在哲学本体论上的论证总是浅尝辄止，便转回到现实的政治上来。他们不习惯做抽象的范畴分析，不大考虑理论体系的完整性。哲学理论的阐发基本上是被直接运用来论证政治问题，这种联系甚至不需要经过若干的中间环节。如果以欧洲资产阶级革命时期哲学的模式来看中国近代哲学，那是很难得出结果的。中国近代社会有自己的特色，因而中国近代哲学也有其特点。

（原载于《哲学研究》1982 年第 8 期）

---

① 康德（Immanuel Kant，1724－1804），德国古典哲学奠基人，著有《纯粹理性批判》《实践理性批判》《判断力批判》等。

第五篇
中国古典文学研究

读古典文学作品的感受

我国有丰富的文学作品，她们艺术地表现了社会生活和人类感情，成为中国传统文化中重要的组成部分。

中国古典文学作品中的道德人文精神，这是一个非常广泛的问题，这里限于篇幅，不能全面地加以分析，只以诗歌和戏剧为例，来作些论述。敬希读者举一反三，由此而及其他。古诗探讨诗心、诗眼、诗情和诗才，这些正是道德人文精神的反映。

宋代赵汝回在其《云泉诗》中说："人之于诗，其心术之邪正，志趣之高下，习气之厚薄，随其所作，无不呈露。"宋代的陈耆在其《本堂集》中也说过："人之为诗，非苟然也。……鲍、谢、李、杜，各自有体，非固好异，亦惟其人而已。"把这些关于诗人的论断概括起来，就是诗由诗心。

诗人接触自然界和社会中诸多现象后，一定有使他激动的，他才会为此写诗。再问，他为什么会激动呢？诗人的生活经历，学识修养，胸怀气度，总之，诗人的整个灵魂都在起着作用。举例说，唐代诗人李绅有一首农诗，前三句是：

春种一粒粟，秋收万颗子。四海无闲田……

到此为止，他只写出了往复不已、人人皆知的自然现象和真实的社会情况。面对这种景象，有人会称颂升平盛世，有人会讴歌岁稔年丰，但李绅的收句却是：

农夫犹饿死！

只此一句，诗心出矣。诗人提出了一个发人深思的问题："春种一粒粟，秋收万颗子"，说明自然的赐予是丰厚的，"四海无闲田"，说明农民是勤劳的，为什么他们还要被活活地饿死呢？诗人虽没有正面作答，但暴敛苛征这一凶残的刽子手，已经无可遁形了。

陆游的七律《露坐》，写他夜间在河边散步，见到商人为争早市，农民车水灌田而彻夜不眠的景象，而发出"齐民一饱勤如许，坐食官仓每惕然"的感叹。实际上，当时诗人壮志难伸，被南宋的主和派排挤回乡，拿几个退休金，也远非得已，还为此感到内疚，这让我们看到了一颗爱人肃己的诗心。

大诗人杜甫在《茅屋为秋风所破歌》中，描绘了全家在流亡中，屋破又遭连夜雨的艰难处境，他如果在篇末呼出："安得广厦三五间，庇我家小尽欢颜。"读者对诗人的心情也是可以理解的。但诗人所表述的心愿却是"安得广厦千万间，大庇天下寒士俱欢颜”，而且“吾庐独破受冻死亦足”。不但推己及人，而且有人无己。诗心是爱民之心，这也是孔子“仁”说的艺术化。

杜甫不仅仁民，而且爱物。他在安史之乱中，颠沛流离，穷厄困苦，连儿子都饿死了，但对病马、颓树都寄情放歌，一洒同情之泪。在《瘦马行》中，他这样形容因病被军队遗弃的瘦马：“皮干剥落杂泥滓，毛暗萧条连雪霜。……见人惨淡若哀诉，失主错莫无晶光。天寒远放雁为伴，日暮不收乌啄疮。”对于这匹遭遇悲惨的病马，他自己虽然爱莫能助，还希望有人能收养它。

杜甫不仅对动物仁惠至此，就连他门前的大树被狂风拔倒，他也发出衷心的感叹：

虎倒龙颠委榛棘，泪痕血点垂胸臆。

他还如失去知音般地哀诵道：

我有新诗何处吟，草堂自此无颜色。

唐代诗人孟浩然脍炙人口的五绝：

春眠不觉晓，处处闻啼鸟。
夜来风雨声，花落知多少？

前三句不过写了春困、春鸟、春风、春雨等一般景物，到末句惜花之诗心，才倾泻而出了。

说到惜花、爱花，也使我们想到陆游。陆游最爱梅花，一生写了许多首题咏梅花的诗。其中一首七绝是：

一花两花春信回，南枝北枝风日催。
烂漫却愁零落近，叮咛且莫十分开。

一般的爱花人都希望早日枝头烂漫，繁花似锦。诗人毕竟别具肺肠，却叮咛梅花且莫快开、盛开，以防接近凋谢。这既是为花本身打算，也为自己能和所爱延长相聚的时日打算。他是真诚无私的，也是情深意笃的。

诗心不仅是一颗与自然界、社会中万事万物息息相通，忧乐与共的仁民爱物之心，还是一颗滚烫的炽热的心。爱国诗人陆游当其爱国热忱发为悲歌时，真如地坼山崩，熔浆喷射。你听他《悲歌行》中的这样的句子：

……即今埋骨丈五坟，骨会作尘心不朽，胡不为长星万丈扫幽州？胡不为昔人图复九世仇？

别以为他在故做壮语，他临终的《示儿》诗，无一语涉及身家后事，却嘱以："王师北定中原日，家祭毋忘告乃翁。"诗人图谋恢复的心志的确不会随生命的终结、尸骨的殒灭而结束。它光耀千秋，永远鞭策着子孙万代对国家民族的责任心。这就是儒家"浩然之气"的艺术结晶。

陆游对待爱情的态度，也和他的爱国心是一样执着的。他对被母亲强行拆散而殉情早逝的妻子唐琬，刻骨铭心地思恋着。直至他八十高龄，自知"此身行作稽山土"，不久于人世了，"犹吊遗踪一泫然"。诗人的心，不但是炽热的，而且是至死不渝的。

我们再谈“诗眼”。

这里所说的诗眼，并非指古典诗论中所说的，作为诗句中起画龙点睛作用的字眼，而是指诗人独具的慧眼。

宋代诗论家严羽在《沧浪诗话》中说过：“诗有别材，非关书也；诗有别趣，非关理也。”书本是作者以逻辑思维探索事物内部联系所得知识的载体。诗人虽也和学者、科学家一样，需要一对有穿透力，从现象透视本质的眼睛，而且这对眼睛还要求准确地掌握该事物的一切特征和细节。此外，诗人的眼睛还需要有选择过滤的作用。凡是与他的美学理想有共鸣点，能被他的情感融铸成意象的，才被诗人摄入诗的视野之内。故此，诗的所谓别材，其内容无论属于说理、叙事、抒情，甚至议论，都与一般作品有所不同。

梁代古典诗论家钟嵘在《诗品序》中，曾提到一些专门适合作诗歌题材的例子：

> 至于楚臣去境，汉妾辞宫，或骨横朔野，魂逐飞蓬……凡斯种种，感荡心灵，非陈诗何以展其义，非长歌何以骋其情？

从这段引文中可以看出，适合作诗的题材，是屈原被流放，王昭君和亲异域的时刻，他们悲愤抑郁，心情激荡，故必得借诗歌方能表达其思想感情。也就是说，诗材首先是最能抒情的题材。

当然，诗歌同样可用于说理和叙事，甚至议论。不过与科学和一般文学作品有所不同罢了。清代诗论家叶燮在其《原诗》中说过："可言之理，人人能言之，又安在诗人之言之？可征之事，人人能述之，又安在诗人之述之？"那么诗人又怎样表达普通人难言之理呢？我们举一首唐人章碣写的七绝《焚书坑》做例子。原诗是：

竹帛烟销帝业虚，关河空锁祖龙居。
坑灰未冷山东乱，刘项原来不读书。

这首诗是讽刺秦始皇焚书坑儒的。秦始皇最讨厌儒生们引经据典评论其为政得失。于是来了釜底抽薪的"良策"——焚书坑儒。没想到坑灰未冷，关东诸侯、布衣豪雄就纷纷起义了。其中给秦王朝以致命打击的刘邦、项羽，原来都是根本不读书的人。短短的十四个字，说明了一个哲理，即王朝的短命，既不在读书人，更不在书本本身，如果政策不得人心，长治久安是不可能的。

从以上诗例，我们可以知道，诗材的特殊性不在题材的特殊性，我们用文章的形式，不也把焚书坑儒无补于始皇帝业的道理照述了一遍吗？诗材的特点，除了它本身可挖掘的内容质量外，还在于它可供单纯的逻辑思维。它不遵循从前提到结论的普通推理方式，而是让许多意象——竹帛烟销、关河形胜、秦宫破败、坑灰未冷、群雄竞起，刘、项粗豪等，跳跃涌现，并且从结尾——秦皇帝业早已成虚开始，倒溯出这个沉重的历史教训。诗人的目光是深邃的。

诗歌也能采用叙事的题材。但在叙事诗中，事件的组织是服从于情感组织的。拿白居易的《长恨歌》来看，安禄山的造反，唐玄宗的逃离，马嵬坡的兵变等等的前因后果，给故事、弹唱，够说几个小时的，但《长恨歌》只用“渔阳鼙鼓动地来”一句，交代了安禄山的打进长安；用“六军不发无奈何”一句，交代了马嵬兵变；用“宛转蛾眉马前死”一句，交代了杨贵妃的下场，诗人的浓墨重彩都泼向唐明皇失去所爱后的情感感受：

> 蜀江水碧蜀山青，圣主朝朝暮暮情；行宫见月伤心色，夜雨闻铃肠断声。……夕殿萤飞思悄然，孤灯挑尽未成眠；迟迟钟鼓初长夜，耿耿星河欲曙天。鸳鸯瓦冷霜华重，翡翠衾寒谁与共？悠悠生死别经年，魂魄不曾来入梦。……

总之，这首诗与其说是叙马嵬兵变之事，毋宁说是抒唐明皇失其所爱之情。无情不叙，也是诗材的一个特点。

诗材不仅可用于说理、抒情、叙事，同样也可以用于议论。陆游有一首《追感往事》的诗是：

> 诸公可叹善谋身，误国当时岂一秦。
> 不望夷吾出江左，新亭对泣亦无人！

元代诗人张鸣善写过一首曲子小令《水仙子》，题为《讥时》，曲文是：

铺眉苫眼早三公，裸袖揎拳享万钟，胡言乱语成时用。大纲来都是烘。说英雄谁是英雄？五眼鸡岐山鸣凤，两头蛇南阳卧龙，三脚猫渭水飞熊。

这两首都是议论时事的。上面的一首是诗人追忆南宋小朝廷缔造伊始，大臣们出于身家之谋，只图苟安一时，所以说误国者不只秦桧一人。当时不但没希望找到一个像管仲那样的治世能臣，连东晋的士大夫在新亭聚会时，痛苦半壁江山沦陷的人也没有。尽是些“直把杭州作汴州”的醉生梦死之徒！诗人在这里不仅回忆南渡之初的旧事，更在指斥当时的主和派当权者。下面的那首元曲小令，也同样是讥刺现实的。现实的情况是：那些装模作样，盛气凌人，欺世盗名的人，早就高官厚禄了。就拿历史上早有定论的英雄来说吧。哪一个是真英雄呢？被称为岐山鸣凤的周文王，不过是一只好斗的公鸡；诸葛亮算什么南阳卧龙，是条剧毒的两头蛇罢了。号称渭水飞熊的姜子牙，只算得一只败事有余的三脚猫。

上面的两首诗（曲是广义诗的一种体裁），都是指斥现实的，不同的是上面一首是直斥，下面一首是反讽，讽刺贤愚倒置、黑白混淆的现实。表达的形式尽管不同，但诗人都是以愤嫉如狂的情绪，喷射而出的。

综上所述，不论用之于抒情、叙事、说理、议论，凡是能被诗人的仁民、爱物、忧世、嫉时的一颗与世相通的红心所喷出的炽热点燃的题材，都是诗材。这得要诗人如炬的慧眼去摄取罢了。

其次再谈“诗情”。

前面已经说过，诗人摄取的是引起感情强烈共鸣的诗材，然后通过诗人感情熔炉，熔铸成诗的意象，再服从诗人感情的韵律加以组织提炼，成为引起广大读者感情共鸣的诗作。可见，诗是自始至终离不开感情作用的。西晋的陆机在《文赋》中把诗歌审美的本质特征，概括为：“诗缘情而绮靡。”刘勰在《文心雕龙·情采》篇中也提出：“情者，文之经，辞者，理之纬，经正而后纬成。”这些都强调了感情在诗歌创作中的主导作用。

现在的问题是，人是感情的动物，正常人都有感情，诗人的感情又有什么特点呢？诗人感情的特点，可以概括为：它是强烈的、真诚的、有典型性的，是个性化的。

现在分析如下：

首先，诗情是强烈的。感情是由经历、修养、信念等等逐渐积累而成的，平时它处于一种静态的、潜在的情势，等到遇有引起它共鸣的外界事物，便以喜、怒、哀、乐、爱、恶、欲等的情绪方式倾泻了出来。

客观事物与诗人情感的关系，一方面是物激发了情，也决定情的性质。这正如刘勰在《文心雕龙·物色》中说的：“……物有其容，情以物迁，辞以情发”；另一方面，是诗人把主观的情绪寄于题材，使其着上自己的情绪色彩。前者如李清照《声声慢》所写的：“……满地黄花堆积，憔悴损，如今有谁堪摘？守着窗儿，独自怎生得黑！

梧桐更兼细雨，到黄昏，点点滴滴。”这种情况的确会让任何人都像女诗人一样，发出“这次第，怎一个愁字了得”的感叹；后者如杜甫在离乱中写的《春望》五律中，有一联为：“感时花溅泪，恨别鸟惊心。”作者把感时的心情移于花，鲜花上的露珠，就成了伤时的眼泪；移于鸟，鸟语啁啾，竟成了弓响箭鸣的杀伐之声而令人胆颤心惊了。另外，陆游有一首咏梅词《卜算子》，也是移情的典范之作。原词是：

> 驿外断桥边，寂寞开无主。已是黄昏独自愁，更著风和雨。无意苦争春，一任群芳妒。零落成泥碾作尘，只有香如故。

即使是在驿外断桥边，于暮色苍茫、风雨交加中，冲寒开放的梅花，它自己有什么寂寞哀愁之感呢？这处境和心境，都为诗人自己所有而外化给梅花的。至于最后对梅花高标逸韵的赞赏，更是诗人在主和派的排挤摧残下决不折节相从的誓言。

从以上诗例中我们可以知道，诗人感情的力量，可以使对象变质、变形。它使令人悦目美妙的花色鸟声，变成溅泪惊心的；它使梅花变成含忧抱恨，具有高风亮节人格的。这正如清代诗论家吴乔在《答万季野诗问》中谈诗歌形象时所说的：“文喻之炊而为饭，诗喻之酿而为酒；饭不变米形，酒形质尽变。”（《清诗话》）

能使事物形质尽变的诗情，特点之一，是它的强烈性。像我们谈诗心时引过的陆游《骨会作尘心不朽》和岳飞《满江红》中所喷射的爱国热情，高薄云天，气贯长虹。另有一首民歌，题目叫《分离》，歌词是：

要分离，除非天作了地！要分离，除非东作了西！要分离，除非官作了吏！你要离时离不得我，我要离时离不得你，就死在黄泉也，做不得分离鬼！

这首歌里激荡着炽热的爱情。

当然，有的诗里流露出的感情，并不是一种愤嫉如狂撕肝裂肺的愤怒或哀愁，而是如行云流水般脉脉的感伤。像宋代词人辛弃疾的词《丑奴儿》下阕中所说的："而今识尽愁滋味，欲说还休，欲说还休。却道天凉好个秋。"也像李清照思念远行的丈夫时，在《凤凰台上忆吹箫》词中表现的："……生怕离怀别苦，多少事、欲说还休。新来瘦，非干病酒，不是悲秋。"这些感情，或者是深沉的，或者是执着的。轻浮飘忽的感情，不是诗情。

其次，诗情有典型性。它既是与广大人民息息相通的具有共性的感情，又是新鲜的、有特点的个性化的感情。在谈诗心时，我们举出过在诗中流露出的仁民、爱物、嫉时、忧世的感情都是诗情。有时，诗句中直接表现的不是诗人自己的感情，而是诗中人物的感情。但从诗人对这种情感的态度中，间接体现出诗人的感情。如北宋词人柳永的一首词《定风波》，描绘一个市民妇女思念离家的丈夫。词中有这样的句子：

……恨薄情一去，音书无个。早知恁么，悔当初，不把雕鞍锁。向鸡窗，只与蛮笺象管，拘束教吟课。镇相随，莫抛躲。针线闲拈伴伊坐，和我，免使年少，光阴虚过。

当时这首词就受到以晏殊为首的士大夫们的鄙薄。因为按封建正统的要求，妇女应该鼓励丈夫出去建功立业，图个封妻荫子。怎么能像这位女主人公，后悔当初没藏下丈夫出游的鞍马，只给他纸笔，让他在书窗下做些吟风弄月的功课；自己则整天坐在他身边，做些针线闲活，尽情享受少年夫妻相依偎的甜蜜生活。晏殊认为词中女主人感情格调太低，说明作者自己的感情格调不高。其实，有些拟怨妇、征夫、乐工、妓女声口的诗作，只能当作剧诗来看，不能把叙述人和作者等同起来。诗人这样细致入微地描画一个生活天地狭窄，把人生的乐趣只能寄托在与丈夫聚首上的市民妇女的苦闷，说明对她是同情的、理解的，这才是诗情的所在。

典型化是要求以个性表现共性的，因而诗人典型化的感情，应该是新鲜的，具有个性特点的。例如，一般说，与亲人、朋友离别，大都是充满了离愁别绪，但苏东坡怀念弟弟时，却十分解脱地说：

人有悲欢离合，月有阴晴圆缺，此事古难全。但愿人长久，千里共婵娟。

同样，李白最欣赏的朋友，是和自己一样旷达，不用眼泪而用歌声为他送行的汪伦。他在赠汪伦七绝中写道：

> 李白乘舟将欲行，忽闻岸上踏歌声。
> 桃花潭水深千尺，不及汪伦送我情。

一般的文人墨客，即使同情女艺人，也不过怜其红颜薄命。白居易对琵琶女的同情，却出于对方是“曲罢曾教善才服”“名属教坊第一部”这样的身怀绝技的琵琶国手，既得不到艺术上的知音，又得不到家庭的温暖，而以“同是天涯沦落人，相逢何必曾相识”的平等角度，一洒湿透青衫的同情之泪。这种情感是新鲜的、富于个性的。

诗情还是真诚的。孙联奎在《诗品臆说》中说过：“惟有真性，故有真情；有真情，故有真诗。”杜甫的诗写得那样感人，也在于诚实。他在《自京赴奉先县咏怀》一诗中，曾谈及自己的抱负说：“许身一何愚，窃比稷与契。”尽管终其一生，他并没有像稷和契一样受到帝舜的重用，而伸展建功立业的抱负，但从他一生的诗作中，我们可以断言他的“穷年忧黎元，叹息肠内热”的情感是真诚的；同样，李白的“五花马，千金裘，呼儿将出换美酒……”也不是故为慷慨之词。正如孙联奎说的：“惟自豪放之气，乃有豪放之诗，若无其胸襟气概，而故为豪放，其有不涉放肆者，甚少矣。”（《诗品臆说》）另外，古代那些奉命应制之作，很少有值得一读的，因其都是些歌功颂德的违心话。

现在再谈诗才。

上面我们谈到，诗人必须是具有热心、慧眼、真情的人。但并非具备这样条件的人都是诗人。诗人还必须有写诗的才能。我们上面谈的，诗人以感情为燃料，将现象熔铸为意象的那个熔炉是想象活动。可见，诗才的内容，首先是丰富的想象力。

刘勰在《文心雕龙·神思》中，把想象称作“神思”，他说诗人进入写作过程必须“窥意象而运斤”，即把心中的意象变成艺术形象。诗中虽然也有由炽热的感情熔浆喷射而出的，不用形象的直诉语言，如我们谈诗眼时引证过的陆游《追感往事》的诗，但大多数诗作中是运用了形象的。宋代词人贺铸有一首牌名《青玉案》的词，其中名句为：

> 若问闲愁都几许？一川烟草，满城风絮，梅子黄时雨。

在这里词人没有用数词、量词等概念化的词回答问题的“几许”，而是一连用了三个形象，不但极言其多，而且形容其弥漫无际，连绵不断。这真令人惊羡诗人想象的丰富。

诗才除了丰富的想象力以外，还包括运用诗语的才能。

诗歌要求以最精粹的语言、最简练的笔墨，表现最丰富的内容。唐代诗人刘禹锡说过：“片言可以明百意，坐驰可以役万景。”因为写诗、欣赏诗都一样地需要创造性的想象。诗人的“片言”要求启动读者的想象，以进行对诗作的艺术补充，来达到明“百意”的目的，而非诗人唠唠叨叨地向读者说明百意。所以诗人驾驭诗语的工力，表现于如欧阳修在《六一诗话》中说的："状难写之景，如在目前；含不尽之意，见于言外……"诗论家将这个要求概括为"语贵含蓄"。我们举唐代张祜的《赠内人》一首七绝作为例证：

禁门宫树月痕过，媚眼惟看宿鹭窠。
斜拔玉钗灯影畔，剔开红焰救飞蛾。

在宫内宜春苑习歌练舞的宫女称内人。当月影照过宫禁的大树时，内人用一双动情的目光盯着树上的鹭窠看。回到房内后，她拔下头上的玉钗，放飞了被灯油黏住的飞蛾。初看起来内人的动作是不相连贯的。一会儿在房外，借着月光看鹭窠，一会儿又回到房间剔焰放蛾，许多意象是跳着走的，中间多是空白。实际上这中间有一条连贯的、细密的心理活动的线，要读者自己调动艺术想象力进行补充。试想内人盯着鹭窠看时，她内心在想什么？她在想，有一对鹭鸟正在香巢中交颈甜睡呢；它们明早从甜梦中醒来，就比翼双飞，越过高高的宫墙，翱翔于蓝天白云之中，多令人艳羡啊。想到这里，不由得动情起来，连目光也充满情欲，成为媚眼了。接着她看到月光下，自己形只影单；明白自己无法越出宫墙半步。于是郁闷地回到房中，刚好一只飞蛾被黏在灯油之中，像自己一样在忍受煎熬，奄奄待毙。她的同情之心，油然而生，便救它飞去了。

上面这首诗中的人物行动是断续的、不连贯的。但行动线间的虚线中，却充塞着那么细致、绵密的心理活动，像一条暗河一样，在字面下汩汩地流淌。古典诗论将之称为炼意。

还有些大手笔，在一句诗中，就充满着弦外之音，言外之意，这就是古典诗论中称为的炼句。在杜甫的五绝《江上》中，有一句是："勋业频看镜"。诗人说，一想到建功立业的问题，他就一遍遍地往镜子里看。看什么？当然是看看自己的容颜是否老了，建功立业还有没有希望。看了以后，如果发现自己英姿焕发，就可获得一个令他鼓舞的正面答案，也就不必再看了。无奈，镜子里的影像是颓鬓衰颜，诗人如果接受这个令人灰心丧气的负面答案，他也就不必再看了。可是"窃比稷与契"的诗人，建功立业的愿望太强烈了，他还不死心，于是再照一遍。寥寥五个字，把诗人从担心到灰心，到不死心的心理活动，全表现出来了，并从中透露出诗人的情操、处境和志向。叶梦得在其诗话中，还曾赞赏过杜甫的"细雨鱼儿出，微风燕子斜"一联，曰：

> 此十字殆无一字虚设。细雨著水，在为沤，鱼常上浮而淰，若大雨则伏而不出。燕体轻弱，风猛则不能胜，惟微风乃受以为势，故又有"轻燕受风斜"之句。

上面这个例子说明诗人炼句的准确。诗人不仅锤炼诗句，还注重炼字。诗论家曾指出，杜甫《咏怀古迹》组诗中，咏昭君村的诗，开头一句为"群山万壑赴荆门"，一个“赴”字，就给予凝重的山以动态。还有其《旅夜书怀》五律中，颈联的诗句为：“星垂平野阔，月涌大江流。”其中“垂”“涌”两个字，非常精湛。由于夜空明净清澈，人的视野远达地平线，因而极目所见，是平于穹宇的星星，好像这些星是从头顶的天幕上垂落下来的；只有看到江水中的月影，在波涛汹涌中起伏滚动，才让人意识到如练的澄江，原来是流动的。“垂”“涌”两个字，使诗中的意象跳动起来，显得格外生动和鲜明。

培养想象力和表达力是诗人的要求，是诗内的功夫。陆游教儿子学诗之道时说：“汝果欲学诗，功夫在诗外。”也就是说，诗人除锻炼诗才之外，还要养其诗心，明其诗眼，厚其诗情，在做诗上面下功夫。

前面谈了古典诗歌的人文精神，现在再简要地讲讲中国戏曲。

世界上有三种古老的戏剧文化，即希腊悲剧、喜剧，印度梵剧和中国戏曲。一般地，专家都认为中国戏曲到13世纪初的南宋时期才形成完整的形态，但它的孕育期却非常长。据史料记载，公元前2世纪至1世纪的汉初，就有了角抵戏；3世纪的南北朝，又有了参军戏；6世纪的唐代，又有关于《踏摇娘》《兰陵王》等小演唱的记载。但是，直到用扑打、对白、歌舞、演唱等艺术因素综合地表演比较完整的故事情节时（以南宋的温州杂剧为代表），才标志着戏曲艺术的正式诞生。

戏曲形成以后，各时期都有流行范围广、艺术上更臻精致，因而为当时更多的观众所喜爱的代表剧种，如元代的北杂剧、明代的南戏。大约从16世纪60年代开始，南戏的一支昆山腔，经过民间艺术家在音乐方面的创新，以及文人们在剧本上的精心制作，得到了广泛的流传，成为直到18世纪60年代清中叶以前二百余年间占主导地位的剧种——昆曲。当然，各时期与其主导剧种并存的，是大量的民间剧种。那些民间剧由于限制，大都只在小范围内流行。但从18世纪初到19世纪中叶，即清康熙末叶至道光末叶，民间地方戏却兴盛起来了，很多剧种还陆续到北京演出。1790年开始，安徽省的四个地方剧团——四喜、三庆、和春、春台相继在北京演出。此后的十余年间，他们又同来自湖北的汉剧艺人合作，并接受昆曲、秦腔的曲调、表演方法以及一些民间曲调的成分，逐渐形成了相当完整的艺术风格和表演体系，这就是近二百年来取代昆曲，成为中国戏曲主流，并在国际上代表中国戏剧文化传统的剧种——京剧。

中国戏曲最具特色的，就是戏曲语言。戏曲语言特殊在哪里？一般的戏曲语言虽然要求具有诗意，但在格律上不一定要求是诗体。戏曲语言包括唱曲和说白。说白虽大多数是散文（传奇和昆剧中不少说白是骈体文或中韵文），但也有节奏的要求，曲词不仅要求有诗意，在格律上也是诗体。故而曲词是诗的一种体裁。犹之于乐府诗、近体诗、词、散曲、自由诗、民歌等都是诗歌的一种体裁一样。但是戏曲唱词又和一般的诗体不同，它不仅是叙事、抒情的诗，还是歌唱的诗，配舞的诗，与说白相辅相成的诗。因而戏曲作者，除了需要掌握戏剧语言的一般规律以外，还要了解戏曲语言的特殊要求。

我国古代曲论家从我国长期的艺术实践中概括出有关戏曲语言的三个问题：本色问题、文采问题和当行问题。王季思先生在《关于戏曲语言问题》一文中说："这三个问题基本上跟我们今天说的现实性问题、艺术性问题、舞台性问题相当。"下面我们对这三个问题分别做些具体介绍。

本色的语言就是简明易懂的语言。这是为了适应观众而提出的要求。可见，本色就是"当行"的要求之一。就因为明、清时代写传奇戏的作者在这里出笔病最多，所以曲论家才将之独立出来，加以强调的。

曲虽是诗的一种体裁，但它和一般只供读诵的诗体是不同的。那种诗如果意在言表，不耐咀嚼，就非好诗，诗的语言是贵含蓄的。曲词则不然。它正如李渔说的："曲文之词采，与诗文之词采非但不同，且要判然相反。何也？诗文之词采贵曲雅而贱粗俗，宜蕴藉而忌分明；词曲不然，话则本之街谈巷议，事则取其直说明言。凡读传奇而有令人费解，或初阅不见其佳，深思而后得其意之所在者，便非绝妙好词……。"（李渔《闲情偶寄》卷一《词曲部上》）李渔的评价是出自实践标准的。因为，如果唱词非得"深思而后得其意之所在者"，等观众想透了一句，演员又把五六句唱过去了。戏曲语言的意蕴应立即印入观众的头脑中去。而且，戏曲语言还有其社会性。就如清代曲论家徐大椿说的："盖此乃述古人之言语，使愚夫愚妇共见共闻，非文人学士自吟自咏之作也。"称普通观众为

“愚夫愚妇”，当然是他士大夫阶层局限性的表现，但不可否认，就是时至今日，观众也不都是知识分子；即使知识分子中，也是术业有专攻，并非都属文人学士，咬文嚼字，只能起间隔作用。

一次，北京京剧二团程派名演员李世济到香港演出，评论界对之多有肯定。但也有人提出，她唱的唱词不如乃师程砚秋先生的典雅。我们知道，京剧名演员梅兰芳、程砚秋等的戏，许多出自老文人齐如山、罗瘿公等之手，其剧作是以典雅著称的。不过，就在同一剧作中，语言的艺术质量也是良莠不齐的。我们就引一下程派名剧《碧玉簪》中的两段唱词做对比吧。第一段是女主人公张秀贞上场的四句唱词：

晓莺啼月画楼前，
绣被余温尚恋眠。
春睡才回人意倦，
梳妆待下水晶帘。

第二段是张秀贞在新婚之夜受到新郎的冷落时的唱词：

莫不是听谗言将我错怪？
莫不是心隐痛有口难开？
莫不是另藏娇无心理睬？
倒叫我费心思难以详猜。

这两段唱词哪一段好呢？喜欢典雅的，当然会称赞第一段。其实第一段不如第二段。因为第一段根本不像代言体的唱词，倒像是戏外人吟诵的少女春困诗；也就像清代黄宗羲说的“锦糊灯笼，玉镶刀口，非不好看，讨一毫明快，不知落在何处矣。”（引自黄宗羲《胡子藏院本序》）倒是第二段比较言之有物，让观众一听就懂。

综上所述，关于戏曲语言的本色要求，接近于鲁迅先生关于白描语言的“有真意，去粉饰，勿做作，勿卖弄”的要求。徐大椿在《乐府传声》中指出：“但直必有至味，伸必有实情，显必有深意。”可见本色的语言并不止于俚俗和一味的粗直，它有个前提条件，即要有真意实情和至味。

有人把戏曲语言的文采要求，误解为必得掉文袋，堆砌词藻，因而与本色的语言要求对立起来。明代曲论家王骥德在其《曲论》的曲禁中就列有：“太文语、太晦语、经史语、学究语、书生语、堆积学问”等禁条。有人认为，在这么多禁条的禁锢和那么多的关于戏曲语言的要求下，如何写得出成功的戏曲著作来呢？典型是最富于说明力的。就拿王实甫的《西厢记》来说吧，它的语言是非常富于文采的。但它非但不失之雕琢晦涩，却更为富于性格化和动作性，也具有独特的风格色彩。下面我们引几支唱曲，以窥一斑。

在第一本第二折中，一心想追求崔莺莺的张生，尾随红娘到了方丈室外，冒冒失失地来了个自我介绍，被红娘抢白了一顿后，他唱的套曲中有这样两支曲子：

［二煞］院宇深，枕簟凉，一灯孤影摇书幌。纵

然酬得今生志，着甚支吾此夜长？睡不着如翻掌，少可有一万声长呈短叹，五千遍捣枕槌床。

［尾］娇羞花解语，温柔玉有香。我和她乍相逢记不真娇模样，我则索手抜着牙慢慢地想。

还有四本一折开头，张生受到了一次捉弄以后又得到莺莺约会的书简，他晚上在西厢等待时，唱了以下几支曲子：

［天下乐］我只索倚定门儿手托腮，好着我难捱。来也那不来？夫人行料应难离侧。望得人眼欲穿，想的人心越窄。多管是冤家不自在。

［白］诺早晚不来，莫不又是谎么？

［哪吒令］他若是肯来，早身离贵宅；他若是到来，便春生敝斋；他若是不来，似石沉大海。数着他脚步儿行，倚定窗棂儿待，寄语多才。

［鹊踏枝］恁的般恶抢白，并不曾记心怀。拨得个意转心回，夜去明来。空调眼色经今半载，这其间委实难捱。

……

上面引的几支曲子，不但字字如话，非常本色，而且准确、鲜明、生动地传达出张生对莺莺一见钟情、刻骨相思以及眼巴巴盼望情人到来的急不可耐的心情；而且从中流露出作者对这个痴情书呆子的善意调侃，语言可以说是本色、文采统一的曲范作品。

当行是指适合舞台演出的需要。本来凡是不适合舞台演出的语言，诸如不性格化，缺乏动作性，没有诗意等，违反戏剧语言普遍要求的，都应该列为不当行的。但这里谈的仅限于戏曲语言的特殊矛盾，把上面提到的普遍要求不再置论了；加以把戏曲语言的明快、富于生活气息等的本色要求又独立出去了，那么，传统戏曲关于当行的要求，还包括什么内容呢？简括地说，它是关于适合唱曲和说白的易唱、好懂、美听的要求。例如要求唱词既符合曲调，又念准字音、字调；要求节奏上音组不打乱等，戏曲把这个要求用“字正腔圆”来加以概括。

有的戏曲作者认为不怕考虑当行问题。他说反正不管我怎么写，演员都能照着唱。如果仅以能唱为满足，作者的确可以信笔所之，即使写上一串毫无意义的音节，演员也能唱出来。乐谱上的1、2、3有什么意义呢？徐大椿在《乐府传声》中就说过：“字之配入工尺，高低本无一定……天下有不入调之曲，而无不可唱之曲。曲之不入调者，字句不准，阴阳不分，平仄失调是也。无不可唱者，迁低就高，迁高就低，平声仄读，仄声平读，凡不合调不成调之曲，皆可被之管弦矣。”现代歌曲的曲词大都只注重乐调而不管字调；只注重乐调旋律，而不管词语节奏。例如，在一支歌中把“这力量——是——铁”唱成“这力——量是铁”，这就是所谓以音组打乱了意组，而且把去声字的“力”唱成阴平，把上声字的“铁”唱成阴平。这种唱法对于单纯听歌的人问题不大，但戏曲观众是要全面欣赏唱、做、念、打的，还要关注故事发展、人物命运，怎样让他再在听念上分心呢？所以徐大椿接着上面的引语说："然必字字读真，而能不失宫调，谐和丝竹，方为合度之曲耳。"

总之，中国文学是传统文化的瑰宝，我们应当具有这方面的基础知识，而且把她作为我们生活的一部分，她会给我们智慧、情趣和美的享受。

（与孟昭燕合作，原载于《中国传统文化》，高等教育出版社 1995 年版。执笔者是拙荆孟昭燕教授，于 2016 年 4 月辞世。文稿当时经过我的修改，收于此。这里，重印她写的这篇文章，作为对她的怀念。）

第六篇

中华文化研究的回顾与前瞻

五十年中国思想史研究

从1949—1999年的五十年间，我国人文学术研究的经验值得认真总结。本文只是从人文学术研究的宽阔领域中选择一个学科——中国古代思想史研究，试着分析其中某些方面的学术成就，并作若干评论，就正于这方面的专家和朋友。

一、《中国思想通史》的学术价值

谈到近五十年中国古代思想史研究，学人们首先会想到侯外庐先生等的《中国思想通史》（5卷6册，260万字）。这是一部完整、系统的关于中国思想史的学术著作。

《中国思想通史》第一卷（先秦时期）的撰著始于1946年，出版于1947年，作者有侯外庐、杜国庠、赵纪彬。接着开始撰述第二卷（秦、汉时期）和第三卷（魏晋南北朝时期），完成于上海解放前夕，作者除以上三位，又增加了邱汉生，1950年出版。新中国成立后，侯外庐先生指导他的几位助手，于1957年完成《中国思想通史》第一、二、三卷的修订增补工作（含资料核对、某些论点的展开、某些新研究成果的补入等，工作量相当大）。第四卷（隋唐宋元明时期）是在不适合进行学术研究的1957年至1959年完成的，作者队伍有所扩大[①]，于1960年出版，分上下两册。后来外庐先生追忆第四卷的撰述，含蓄地表述了他的这一观点："尽管第四卷撰写历时比第一、二、三、五卷各卷都长，但应该承认，第四卷在总体上还是留下了粗糙的痕迹，原因何在呢？在于作为主编的我，心理上有一种仓促感。'大跃进'口号本身并不至于影响我们的研究，然而各种运动的规模和节奏却实实在在地加重了紧迫气氛。我几乎时时都在担心下一个浪头会不会影响我们的计划。"[②] 这是非常深切的内心自白。第五卷定名为《中国早期启蒙思想史》，1956年出版，包括明末清初至清代部分，由《近代中国思想学说史》（1945年出版）补充、修订而成。

综观《中国思想通史》五卷六册，从写作、出版、修订、再版，历时较长，正值时代的社会激变时期。在这个时期，外庐先生等老一辈学者在生活动荡中，承受各种压力，坚持学术研究，完成了卷帙很大的著作，这个劳绩对于后来者是有很大激励作用的。新中国成立以后，《中国思想通史》版权归人民出版社，多次再版，至今，这套书仍然是畅销的学术著作之一。

---

① 侯外庐先生在其回忆录中有详细说明（《韧的追求》，北京：三联书店，1985年，第295—332页），本文从略。

② 侯外庐：《韧的追求》，北京：三联书店，1985年，第299页。

《中国思想通史》是五十年来第一部马克思主义的中国思想通史。作者们将中国社会史和思想史的研究熔为一炉，本着历史与逻辑相统一的精神，对中国思想的内容、演进、特色等进行了系统的分析和论述。

外庐先生早年在法国研习法学，后又转到政治经济学，返国后长时间从事马克思《资本论》的翻译工作，并研究中国经济史，这奠定了他研究中国古代社会史和思想史的理论基础。外庐先生认为，一定社会的生产方式可以表述为“特殊的（历史上一定的）生产资料和特殊的（历史上一定的）劳动者（力）二者的特殊结合方式”[①]。从这一点出发，外庐先生参照王国维、郭沫若等关于中国古代史研究的成果，提出独立自得的观点。他认为，中国从氏族社会走向文明社会，当时尚未使用铁器生产工具，这与埃及、两河流域，以及希腊在使用铁器的条件下进入文明社会有所不同，故外庐先生称中国古代文明为“早熟”文明，其特征是：保留了旧有氏族组织的残余，也就是说，在氏族血缘关系的基础上建立起国家组织。这种血缘的宗法制一直影响着中国历史和思想文化进程。西周的宗法等级社会，以及后来秦汉时期的封建制社会都和氏族血缘的遗存有关。封建社会的宗法、宗族力量就是从氏族血缘关系演变而来。因此中国古代思想对于“亲情”的伦理化，对于家庭伦理观念的重视，对于“祭天”“祭祖”乃至天

---

① 侯外庐：《社会史导论》，见《中苏文化》1939 年第 4 卷第 2 期，转引自《韧的追求》，北京：三联书店，1985 年，第 227 页。

人关系的热烈探讨，都和这样的历史特点有关。

关于中国古代社会史，除《中国思想通史》中有所论述外，外庐先生还有两部专著《中国古代社会史论》和《中国封建社会史论》。这里，我想着重提一下：在五六十年代，外庐先生的观点在历史学界引起热烈讨论。他用“封建土地国有制”概念来表述自己关于中国中古社会史的认识。对此，他有这样的说明：“我所讲的‘国有’即马克思所指的‘国家’（例如东方专制帝王）或‘君主是主要的土地所有者’。这是封建社会中长期占支配地位的土地所有制形式，但它不是唯一的形式。”[①] 以此为基础，“皇权”成为封建社会的权力中心。对于帝王的迷信和崇拜浸透于封建社会的思想和民风习俗中。不仅如此，在封建社会衡量一个人身份的高低，取决于他与“皇权”结合的程度。具体说，成为“皇权”的官吏，同时兼有土地，则称之为“身份性地主”；即或拥有一定土地，但和封建社会的权力中心没有联系或没有紧密联系，则称之为“非身份性地主”。基于这种分析，外庐先生认为中国封建制社会的思想都和这样的社会阶层划分有关。

关于社会史与思想史相结合的研究方法，可作为学人的参考。当前有的学人认为，关于社会史的研究最好不要局限于一定社会的生产方式，应当扩大为社会存在的各个方面，如社会宗教、民风、民俗、社会信仰等。有的学人正在试着去做。近五十年来西方关于社会史研究，遍及社

① 侯外庐：《韧的追求》，北京：三联书店，1985年，第253页。

会的各个方面，法国年鉴学派提供了不少成果，对我国学人颇有影响。不过，在扩大社会史研究范围的时候，对于社会史的核心——社会经济结构的分析，是不能忽视的。

《中国思想通史》的学术价值还在于：外庐先生等发掘了一批以往被研究者忽视的思想家，如嵇康、吕才、刘知几、刘禹锡、柳宗元、王安石、黄震、马端临、王艮、何心隐、方以智等。其中有些人物虽然早已为人熟知，但并不是被视为思想家而列于史册。例如刘禹锡、柳宗元是作为唐代文学家而载于史册的。其实，刘禹锡的《天论》、柳宗元的《天对》是唐代思想史的名篇。又如王艮、何心隐作为明代泰州学派的代表人物，虽然已被列入明代思想家之列，但由于缺少应有的资料，未经学人充分论证。外庐先生等借到王艮著作的手抄本，又对何心隐著作作了发掘，这就为充分论述泰州学派思想提供了材料。还有清初的方以智，他的《通雅》《物理小识》流传较广，一般被视为辞书、类书，其中的科学思想和哲学思想往往被忽视。外庐先生等从容肇祖先生《明代思想史》一书得到启发，开始搜集资料并进行研究，后来搜集到方以智的多种著作，含哲学著作《东西均》，这就有可能深入研究方以智的思想，恢复他作为思想家的历史地位。

外庐先生习惯用“异端”一词指称上述思想家。他所说“异端”是指追求理性觉醒、独立思考、有创新价值的思想，与维护神学与专制的“正宗”思想相对。当然，这么划分是否必要以及是否准确，有的学人曾经提出过疑问。不过，在外庐先生看来，他赞扬“异端”思想家，有时超出了学术含义。他认为，人们看待中国古代历史，不能只是看到它创造了灿烂的古代文化，还应当看到长期封建主义历史形成的专制主义、家族和宗法思想，这些是要逐步加以廓清的。这在今天仍有借鉴意义。

我们从《中国思想通史》可以看到作者们继承了中国传统的考据方法，特别是清代乾嘉朴学的实证方法，将此作为从整体上对思想史进行分析的马克思主义方法的补充。这二者的圆融统一，体现了作者们的高深国学修养。这不是偶然的，外庐先生对王国维史学方法有过精深的研究；赵纪彬先生对章太炎的学术研究方法有系统的论述；邱汉生先生精于古史论证，并长于义理发挥。他们将这些优长点结合起来，人们从《中国思想通史》中可以看到，其中对于思想家生平的详尽论述与某些疑点的考证，对一些思想史文献版本的研究，或者关于某一文献中字与词的考释，力求做到有据。因为考辨详尽，论述完整，有的学人说，《中国思想通史》可以作为比较系统完整的关于中国思想史的资料汇编来读，这正是它久销不衰的原因之一。

总之，谈五十年来中国古代思想史研究，不能不首先提到《中国思想通史》。后来者大概都会参考这部著作。学术总是在前人研究的基础上有所创新和进展，离开已有的成果，凭空地创造在学术史上还没有出现过。

二、儒家思想研究的新开拓

由于众所周知的原因，中国思想史的重要组成部分

——儒家思想，在很长一段时间里难以进行客观的科学研究。这种状况早已过去，儒家思想的研究有了新进展。

大约是在20世纪80年代初，中国大陆学人接触到海外新儒家的著作，颇有清新之感。新儒家关于儒学普遍道德原则的论述，可引导人们进行哲学的沉思。不过，时间一久，学人们认为儒学的研究还是应当从具体的历史环境开始，任何抽象的思想原则都离不开具体的条件。这样才能抓准历史上活生生的儒学思想，而不是经过学人的塑造而发生变形的抽象普遍原则。

儒学与中国现代化，实际是传统文化与现代化问题中的一个方面，是一个范围很广，又具有重要理论和实践意义的问题，并不是轻而易举就能解决的。专门研究现代化问题的历史学者罗荣渠提醒说："儒教文明是一种非宗教的世俗文明，本来就具有理性主义因素。因此，一旦在现代化启动期的障碍被排除以后，在新的内外环境下，传统具有巨大的适应性与应变能力，可能转化为一种推进现代化的动力，但搞得不好，也可能成为现代化的阻力，或使现代化误入歧途。"[①] 他认为儒家（扩大言之为传统文化）不是可以现成地拿来使用的；时代毕竟不同了，对于传统的东西如何进行分析、解剖，使它本身的若干方面"转化"为推进现代化的动力，是要付出巨大精力的。

"综合创新"说的倡导者张岱年先生提出，"中国的儒

① 罗荣渠：《中国传统文化研究的时代课题》，《传统文化与现代化》1994年第6期。

学没有提供现代化的内在思想源泉，中国的现代化是受了西方的影响而开始的。但儒学是一个庞大的思想体系，包含多方面、多层次的内容。儒学中也会有一些成分与现代化的东西相契合，这需要作进一步的分析探索”[1]。这是很深刻的观点。他指出要从传统的儒学中提炼出与现代化相契合的内容，并与其他传统思想精华相融合，作为创造中国社会主义新文化的重要资料，这需要研究和探索。张岱年先生的“综合创新”论在大陆得到许多学人的赞同。

关于儒学产生的历史土壤，一些学人获得了新成果，具有较深的学术性。举例来看，杨向奎《宗周社会与礼乐文明》[2] 一书关于周公创立的西周礼乐文明与儒家思想历史渊源的论述；陈来《古代宗教与伦理——儒家思想的根源》[3] 关于儒学理性主义与巫觋文化神秘主义的区别与联系的分析；吴龙辉《原始儒家考述》[4] 关于宗法贵族社会两大支柱的国野制及宗法世袭制与儒学起源的解剖，在前人研究基础上有所推进。

关于儒学的成熟形态宋明理学的研究，80 年代以来，获得了较大的进展，主要表现在以下三个方面。第一，出现了从整体上进行全面研究和把握的学术性著作。其中由

---

① 张岱年：《〈传统文化与现代化〉具有很高的学术价值》，《哲学研究》1995 年第 6 期。

② 杨向奎：《宗周社会与礼乐文明》，北京：人民出版社，1992 年初版，1997 年再版。

③ 陈来：《古代宗教与伦理——儒家思想的根源》，北京：三联书店，1996 年。

④ 吴龙辉：《原始儒家考述》，北京：中国社会科学出版社，1996 年。

侯外庐、邱汉生、张岂之主编的《宋明理学史》上、下卷[①]计130余万字，对宋明理学在产生、发展、传播、演变等各个阶段的主要代表人物及学派的思想和著作进行了研究和论述，改变了以往局限于对个别思想家的个别范畴、命题进行研究和介绍的状况。张立文的《宋明理学研究》[②]、蒙培元的《理学范畴系统》[③]则侧重于对宋明理学的主要范畴及其逻辑结构的分析，在对宋明理学的哲学特征进行整体性把握方面做了有启发性的探讨。第二，出现了不少细致的专题性研究著作。其中，邱汉生的《四书集注简论》[④]探讨了朱熹等理学家为建立其思想体系对于传统注疏经学所做的改造和发展，并对于理学与佛学的关系进行了深入的研究，从学术史的角度揭示了理学发展的某些规律。陈来在《朱熹哲学研究》[⑤]中，细致地梳理了朱熹哲学中一些基本问题的历史演变线索，由此也显示了朱熹哲学思想的复杂性。第三，新研究角度的采用。其中杨国荣的《心学之思——王阳明哲学的阐释》[⑥]较有代表性，采用了现象学、存在主义等西方现代哲学的方法为心学思想进行了阐释，提出了一些前人未曾提及的问题，为研究工作注入了新的活力。

---

① 侯外庐、邱汉生、张岂之主编：《宋明理学史》，北京：人民出版社，1984、1987年。

② 张立文：《宋明理学研究》，北京：中国人民大学出版社，1984年。

③ 蒙培元：《理学范畴系统》，北京：人民出版社，1988年。

④ 邱汉生：《四书集注简论》，北京：中国社会科学出版社，1980年。

⑤ 陈来：《朱熹哲学研究》，北京：中国社会科学出版社，1993年。

⑥ 杨国荣：《心学之思——王阳明哲学的阐释》，北京：三联书店，1997年。

对儒家经典以及经学史的研究，目前已经逐渐成为儒学研究的热点之一。儒家《周易》这部古老的典籍，受到空前的关注，朱伯崑先生所著《易学哲学史》（上、中、下三册）[①] 是其中最有代表性的成果。该书从哲学发展史的角度，将古代易学史分为五个时期：《易传》时期、汉易时期、晋唐易学时期、宋易时期、清代汉学时期，并对各个阶段的易学特点做了分析，发人深思。除《周易》之外，《尚书》《春秋》《诗经》《三礼》研究也不断出现新成果。刘起釪《尚书学史》[②]《尚书源流及传本》[③] 对《尚书》的源流、《尚书》与经学发展的今古文之争、魏晋至唐的《尚书》学、宋学对《尚书》学的发展与疑辨、清代对《尚书》的考辨研究乃至现代《尚书》研究都做了系统的清理和辨析，提出了不少独特的认识。沈玉成、刘宁所撰《春秋左传学史稿》[④] 也从学术史的角度，对于历代关于《左传》的研究进行了提纲挈领的总结。彭林《周礼主体思想及成书年代》[⑤] 从《周礼》的哲学思想、政治思想、经济思想出发，对《周礼》的成书提出了值得进一步讨论的观点。儒家经典及其演变历史的研究，无疑是儒学研究极其重要的一环。上述成果的出现深化了儒学研究的内

① 朱伯崑：《易学哲学史》，北京：北京大学出版社 1986、1988 年出版上、中二卷；1995 年由华夏出版社出齐。

② 刘起釪：《尚书学史》，北京：中华书局，1989 年。

③ 刘起釪：《尚书源流及传本》，沈阳：辽宁大学出版社，1997 年。

④ 沈玉成、刘宁：《春秋左传学史稿》，南京：江苏古籍出版社，1992 年。

⑤ 彭林：《周礼主体思想及成书年代》，北京：中国社会科学出版社，1990 年。

涵，大大提高了儒学研究水平。这里想特别提到，年近百岁的老前辈金景芳先生在其弟子吕绍纲的协助下，完成了几部关于《周易》的研究著作，受到学术界的重视①。

还应当提到，近年来关于儒家考古文献的研究，令人瞩目。1973 年 12 月长沙马王堆第三号汉墓出土《帛书周易》引起学人的重视。邓球柏《帛书周易校释》②、张立文《帛书周易注释》③，功力甚深。我想特别提到青年学者邢文的《帛书周易研究》④，通过对帛书《周易》结构、内容和篇名的考察，认为帛书《周易》分上、下卷，其主要文献来源应是与今本《周易》经传内容相近的一个传本。根据帛书《周易》经文卦序特征的分析，可以证明，宋代以后关于《说卦》的分析似应重新加以认识。这是一本篇幅不大，但较有见地的著作。

1993 年 10 月，湖北荆门市沙洋区四方乡郭店一号楚墓中，出土了一批竹简，存 800 余枚，凡 13000 余字。据初步研究，该竹简入土年代约在公元前 300 年上下。这批竹简经整理编定为十六篇，其中除《老子》《五行》两篇与 1973 年湖南长沙马王堆出土的帛书同名篇章大体相似、《缁衣》一篇与传世文献基本相同外，其他十二篇儒家类

---

① 金景芳：《周易讲座》，长春：吉林大学出版社，1987 年；金景芳、吕绍纲：《周易全解》，长春：吉林大学出版社，1989 年；金景芳：《学易四种》，长春：吉林文史出版社，1989 年。

② 邓球柏：《帛书周易校释》，长沙：湖南人民出版社，1981 年。

③ 张立文：《帛书周易注释》，郑州：中州古籍出版社，1992 年。

④ 邢文：《帛书周易研究》，北京：人民出版社，1997 年。

的书籍和一篇道家类书籍，皆为新发现。据李学勤等初步研究[①]，其中的儒家经典，正是从孔子向孟子过渡时期的学术史料。

庞朴的《孔孟之间：郭店楚简的思想史地位》[②] 一文，在考证基础上着重于义理的发挥，指出郭店楚简代表孔子后儒家向内求道的为学之路，它的着眼点不是外在的天道或天命，而是进入人心、形成人性。这个主题被儒学展开为性与命、性与情、性与心的三个方面，奠定了思孟学派的基本思想格局，一直影响到后世。庞文强调楚简的发现，补充了孔子与孟子之间在思想继承关系上缺失的一环。庞文严密的行文逻辑和新颖观点，可视作近年关于儒学研究的代表作之一。

学人们对郭店楚简的研究产生了浓厚兴趣，其中，廖名春《郭店楚简儒家著作考》[③]，将楚简十种儒家著作分为三类，作了详细考辨，得出简文主流出于子游、子思学派，颇有说服力。

学人对于帛书、楚简的重视，反映了他们学术上的敏锐性与严谨性。正如当年王国维所说，“古来新学问起，大都由于新发现”（《静安文集续编·最近二三十年中国新发现之学问》。）这里“新发现”指的是考古发现。这一优

---

① 见李学勤《荆门郭店楚简中的子思子》（《文物天地》1998 年第 2 期）、《从简帛佚籍〈五行〉谈到〈大学〉》（《孔子研究》1998 年第 3 期）。

② 庞朴：《孔孟之间：郭店楚简的思想史地位》，《中国社会科学》1998 年第 5 期。

③ 廖名春：《郭店楚简儒家著作考》，《孔子研究》1998 年第 3 期。

良的人文学术传统在今天学人中得到继承和发展，同时反映出学人们研究中国思想史，要求在对新材料与文献资料结合研究的基础上提出新观点。这种学术的创新意识是十分宝贵的。

关于中国儒学研究的成果，当然不止我在上面写的一些。近二十年来，专门从事孔子和儒学研究的学会团体在研究孔子思想体系、孔门弟子思想，以及关于孔子和儒家思想的整理、研究论文集的汇编、研究信息的交流等方面都达到空前繁荣的程度，这些必将使儒学的思想研究更加深化。因限于篇幅，本文在这方面只能从略。

三、道家思想研究的新收获

20 世纪 50 年代关于老子的研究，持续了几年时间，问题局限于《老子》书（《道德经》）的思想划归于哪个“阵营”：唯物论，还是唯心论？现在回顾，觉得这样的研究意义不大，易于引导一个结果：执其一端而忽视《老子》书在中国思想史上的贡献。对于庄子思想，早有唯心论、相对论的论断，又有人生哲学消极论和虚无论的定性，尽管当时有的学者并不同意这种观点，但是客观的学术讨论在这方面很难开展起来。

近二十年，这种情况有了很大变化，对于道家代表人物老子、庄子的研究，从新的角度进行了探索，并提到高深精微的自然哲学体系加以论断，这是关于道家思想研究的收获最明显的表现。

我想首先提到詹剑峰《老子其人其书及其道论》[1]，由于定稿在1980年，难免受到当时和以前的一些影响，但是从总体上说，是一本认真研究老子思想的专著，并做出这样的论断：老子是中国历史上"第一个大哲学家"、《老子》一书是"最杰出的著作"。至刘笑敢《庄子哲学及其演变》[2] 及崔大华《庄学研究：中国哲学一个观念渊源的历史考察》[3] 出版，反映了我国中年学者在庄学研究上既有"考据"之功，又有"义理"发挥之力，对庄子哲学的深度做出分析，摆脱了此前的若干公式。例如，刘笑敢指出，庄子是第一位提出自由与必然关系的哲学家，并认为庄子后学可分为述庄、无君、黄老三派，此三派在思想史上都占有一定地位。崔大华则从自然哲学、人生哲学、社会批判、庄子认识论结构、庄子思想外貌和内容上对庄子哲学思想进行分析，认为其特点是对自然的洞察和对自由的追求。这样的分析将哲学的抽象与美学判断融为一体，使人感受到读思想史方面的研究著作并不枯燥，而是一种高尚的精神享受。

80年代以来，有学人不赞成将中国思想文化的"主干"归结为儒家思想，认为道家思想才是所谓"主干"[4]。

---

① 詹剑峰：《老子其人其书及其道论》，武汉：湖北人民出版社，1982年。

② 刘笑敢：《庄子哲学及其演变》，北京：中国社会科学出版社，1988年。

③ 崔大华：《庄学研究：中国哲学一个观念渊源的历史考察》，北京：人民出版社，1992年。

④ 最有代表性的文章是陈鼓应：《论道家在中国哲学史上的主干地位》，《哲学研究》1990年第1期。

由此引发一场学术争论。许多学人有这样的共识：不能说儒学思想是中国思想的“主干”，也不好说道家思想是“主干”，中国思想史是百家之学（含外来学说）的总汇，其中清晰地表述了儒、道思想的融合。从中国思想史的演变来看，有各个学派之间的论争，但更加重要的是相互间的融合，从而产生新的思想体系。举例来看，魏晋玄学成为儒、道、释三者相融的一次重要尝试，后来的宋明理学则是这三者有机融合而又具有中国儒家特色的新思想体系。此后，在清代中叶，戴震和焦循思想中仍有儒、道相融合的新趋势，值得加以研究。

特别令人高兴的是，地域文化，特别是楚文化研究，以及若干帛书的发现，加深了关于道家思想的研究。例如，《黄老四经》（指长沙马王堆三号汉墓所出帛书中的四篇佚书，1976 年此佚书之释文、注释单行本出版，题名《经法》）。二十多年来，海内外有关学者对此做了比较深入的研究。唐兰先生首先提出此四篇佚书即《汉书·艺文志》所载《黄帝四经》的观点，得到学人的赞同。余明光《〈黄帝四经〉与黄老思想》[①] 对此作了详细阐发。这一研究有助于认识道家思想之全貌。黄老之学代表了道家的不同学派，即黄（帝）之学（假托）与老子之学。因此，研究“黄”“老”的异同，它们各自对后代的影响，以及两个流派的融合，这就突破了道家思想只限于《老子》《庄

① 余明光：《〈黄帝四经〉与黄老思想》，哈尔滨：黑龙江人民出版社，1989 年。

子》书。学人们有这样的共识：先秦时期南方的楚文化实际是黄、老的汇合，构成极具特色的楚文化整体（含思想、文学艺术、民风、民俗等）。

还要提到，1973年长沙马王堆三号汉墓出土的帛书《老子》甲、乙本与通行本《老子》存在着思想上的若干差异，对这两者进行比较，是必要的。比如周生春的《帛书〈老子〉道论试探》[①]，说明帛书《老子》“道”与通行本的差异，但产生差异的原因未做重点分析。高明撰有《帛书老子校注》一书[②]，对帛书《老子》做了精细的考释与勘察，对于一些疑难问题提出了自己的见解。还有郭店楚简《老子》残篇也引起学人研究的兴趣。郭沂《从郭店楚简〈老子〉看老子其人其书》[③] 一文指出，简本《老子》不但优于今本（兼指通行本和帛书本），而且是一个原始的、完整的传本，它出自春秋末期与孔子同时的老聃，而今本《老子》则出自战国中期与秦献公同时的太史儋。简本和今本在内容上也有许多不同处。简本注重自然哲学的论述，而今本则重在君王南面之术的运用，因而简本称为《老聃》，今本《老子》称为《太史儋》，也是可供参考的。这只是研究中的一家之言，它说明由于材料增多，研究视角随之扩大了。这是近年来道家思想研究兴旺发达的原因之一。

---

① 周生春：《帛书〈老子〉道论试探》，《哲学研究》1992年第6期。

② 高明：《帛书老子校注》，北京：中华书局，1996年。

③ 郭沂：《从郭店楚简〈老子〉看老子其人其书》，《哲学研究》1998年第7期。

正因为道家思想研究有着丰厚的资源，有的学人提出所谓“新道家”的问题。冯友兰先生曾在《中国哲学简史》中将魏晋玄学的兴起称为“新道家”[①]。而现在有些学者，如熊铁基将战国末年或秦汉之际盛行的黄老之学称为“新道家”[②]，并将《吕氏春秋》也列为“新道家”。

有的中国自然科学史学人受李约瑟《中国科学技术史》（特别是第二卷《科学思想史》）的影响，也关注“新道家”问题。例如，董光璧就提出“现代新道家”的称号。他说，他之所以用这个词是出于与“当代新儒家”对应的考虑，认为国外汤川秀树、李约瑟和卡普拉是“现代新道家”的先驱。又将“现代新道家”思想的现代形式归纳为四个基本论点，即道家论、生成论、循环论和无为论，并认为在现代科学技术和社会危机中，当代新道家的出现，可能预示着一场新文化复兴和启蒙运动的兴起[③]。

不过，笔者认为，“新道家”或“当代新道家”，似宜慎用。国外有些自然科学家受到《老子》《庄子》书的影响，成为他们进行科学创造的触媒之一，还有其他触媒，不好称之为“新道家”。而且学术思想的价值并不体现在是否有后续的“家”和“派”，而是要看它在人类文明发展史上已经起了和将要起什么作用。道家思想是中国思想史中宝贵的遗产，它在今天被人们吸收其中某些部分，只

---

① 冯友兰：《中国哲学简史》，北京：北京大学出版社，1982 年。

② 熊铁基：《秦汉新道家论稿》，上海：上海人民出版社，1984 年。

③ 董光璧：《当代新道家兴起的时代背景》，《自然辩证法通讯》1991 年第 2 期。

是作为精神营养之一。而精神营养需要复合式，而非单一式。未来 21 世纪，世界人文学术和自然科学发展中，最能体现时代精神的，可能并不是拘守一家一派，成为“一曲之士”，而是像庄子的“原天地之美”“达万物之理”（《庄子·天下篇》）的综合精神和博大胸怀。

四、宗教思想研究的新成果

近五十年来，作为广义中国思想史中的一个重要部分宗教思想的研究，取得了不少成就。这方面的研究著作异彩纷呈，体现了“百家争鸣”的可喜学术景象。

汤用彤先生《汉魏两晋南北朝佛教史》和《隋唐佛教史稿》① 两部著作，是研究中国佛学史和佛教思想史的力作，奠定了这方面研究的基石。

吕澂先生《中国佛教源流略讲》②，该书是作者应中国科学院哲学社会科学部的委托，为佛学研究班所做的讲演，在内容上对中国佛教的传译、典籍、师说、宗派、传播区域及思想渊源等做了分析，是吕先生长期研究中国佛学的学术结晶。

关于中国佛教思想，努力用马克思主义进行分析，任继愈先生《汉唐佛教思想论集》③ 迈开了重要的一步。80年代，任先生又主编了《中国佛教史》，全书拟出八卷，

① 汤用彤：《隋唐佛教史稿》，为本世纪 20 至 30 年代在大学讲学的讲义，汤一介整理，北京：中华书局 1982 年。

② 吕澂：《中国佛教源流略讲》，北京：中华书局，1979 年。

③ 任继愈：《汉唐佛教思想论集》，北京：三联书店，1963 年。

现已由中国社会科学出版社出版三卷。此三卷中国佛教史，上起佛教传入以前秦汉时期社会流行的宗教迷信与巫术，下迄南北朝晚期，对佛教历史做了深入的辨析。

由于学人的努力开拓，中国佛教思想的研究取得的新成果，主要表现在三个方面。首先是关于中国佛教思想通史的出版。郭朋的《中国佛教思想史》，就是这方面的代表作。作者长期研究中国佛教史，著有《汉魏两晋南北朝佛教》《隋唐佛教》《宋元佛教》《明清佛教》，他将这些书的重要论点和材料加以审定，浓缩为三卷本《中国佛教思想史》[①]。此书从特定的历史环境、背景中去考察、探究佛教思想的发展和演变，力求用马克思主义观点和方法分析佛教思想的又一尝试，并在佛教思想的理论思维及其对中国思想史的影响方面提出了一些有启迪性的见解。

其次，关于佛教思想的研究，在一些重要的专题上做了深入的探索。如赖永海《中国佛性论》[②] 以“佛性”为核心，从竺道生、慧远、梁武帝，一直讨论到《大乘起信论》乃至天台、华严、禅宗的佛性思想。还有姚卫群《佛教般若思想发展源流》[③] 对般若思想这一佛教哲学中重大课题做了多方面的解剖。作者认为，般若学说展示了一种特有的思维方式，它重视用某种形式上的否定手法达到对事物真理性的认识，其思想主要是缘起论。同时，般若学

---

① 郭朋：《中国佛教思想史》，福州：福建人民出版社，1994 年。

② 赖永海：《中国佛性论》，上海：上海人民出版社，1988 年。

③ 姚卫群：《佛教般若思想发展源流》，北京：北京大学出版社，1996 年。

具有不盲从权威和信条的精神，传入中国以后，与儒学和道家学说相融会，成为中国思想文化的组成部分。

最后，关于佛教思想研究，深入到中国佛教的各个重要宗派，硕果累累，特别是禅宗研究更有独到之处。比如，潘桂明《中国禅宗思想历程》[①]，运用某些新资料，论述禅宗的演变过程，对中国禅宗性质提出了一些新看法。又如，魏道儒《宋代禅宗文化》[②] 考察禅宗在宋代的传播和发展，研究“文字禅”的形成和代表人物、文字禅的表现形式等，多有新见。葛兆光《中国禅思想史》[③] 则从另一角度研究禅宗起源，认为达摩禅由北而南，实际是受了南方大乘义理的影响。到道信、弘忍时代，达摩禅由奉《楞伽》而不专用《楞伽》，体现了吸收南方义理之学特别是般若学的发展趋势。

除禅宗外，其他佛教宗派的研究也有新成果。魏道儒《中国华严宗通史》[④]，从早期华严典籍的评介入手，分梳华严学的发展线索，进而讨论华严学的创立，华严宗内部的理论分歧乃至唐末与禅宗、净土宗的合流，创见甚多。关于天台宗，潘桂明《智顗评传》[⑤]，颇具特色。吕建福《中国密宗史》[⑥]，对中国密宗的历史、理论、派别、仪轨

---

① 潘桂明：《中国禅宗思想历程》，北京：今日中国出版社，1992 年。
② 魏道儒：《宋代禅宗文化》，郑州：中州古籍出版社，1993 年。
③ 葛兆光：《中国禅思想史》，北京：北京大学出版社，1995 年。
④ 魏道儒：《中国华严宗通史》，南京：江苏古籍出版社，1998 年。
⑤ 潘桂明：《智顗评传》，南京：南京大学出版社，1996 年。
⑥ 吕建福：《中国密宗史》，北京：中国社会科学出版社，1996 年。

乃至与密宗有关的思想文化现象做了分析。

其他，关于佛教寺院及其仪轨，佛教经济形态，关于《大藏经》，关于佛教考古与艺术，都有专著出版。可以预测，到 21 世纪，中国佛教思想的研究，除源流考辨外，对其思想本身的理论探讨，以及它与中国思想文化的关系，肯定会有新的成果出现。

这里还要提到中国土生土长的宗教——道教，其中包含有宗教思想、哲学、科学、方术、神话、民俗等。从 80 年代起，学人们详细论述了研究道教及其思想的重要性。其中，胡孚琛《道教特征刍议——兼论与中国传统文化的关系》[①] 具有代表性。该文认为，殷周的巫史之学、先秦的道家、阴阳五行家、神仙家、墨家的鬼神说和宗教行会组织，秦汉的黄老之学和神仙方士的活动都可看成是道教的先驱。在佛教影响下，道教成熟于南北朝时期。从道教思想和文化特征来看，它具有封建宗法性，不过，道教还具备融合儒、道（家）和佛教，杂取九流百家，兼收并蓄的文化特征。这篇文章给人一个启示：中国传统文化是各种思想学说相融合而形成的。融合有多种渠道，既有理论思辨的形式，也有宗教形式；前者如魏晋玄学、宋明理学；后者如佛教和道教。佛教传入中国，成为有中国特色的佛教；而道教从文化特征来看，是地道的中国产物，其中既有粗俗的、世俗宗教成分，又有适应于中国民间信

① 胡孚琛：《道教特征刍议——兼论与中国传统文化的关系》，《哲学研究》1987 年第 10 期。

仰的习俗以及对于未来世界憧憬的思想内容。由此可见，中国思想史中儒、道、佛的相融，以及九流百家的融合，是采取了许多不同形式的。因此，研究道教并不单纯是从宗教史、宗教学的角度出发，而与研究中国思想文化特征有着密切的关系。

若干年来，学人们在道教经典、道教思想史、道教方术、道教教派的历史沿革方面成果颇多。与道教思想史密切相关、很有特色的一部研究著作，可以举出任继愈先生主编，由中国社会科学院世界宗教研究所道教研究室集体撰写的《中国道教史》[①]。这部著作详细分析了道教发展的四个阶段及其特点，道教思想及其与中国哲学的关系成为该书最有特色的部分。该著作认为，道教思想的重点都保留在道教的典籍里，从《道藏》可以看到道教不只是宗教，而且留下了道教哲学的丰富资料，它和佛教思想一样成为中国思想史的重要组成部分。对此，《中国道教史》做出了具体分析，加深了人们对道教思想的认识。

结束语

除以上的记述外，五十年来中国思想史研究，在断代思想史和社会思想史方面也有不少成果，因限于篇幅，不一一记述。

展望未来的中国思想史研究，注意以下几个问题，可能是必要的：

---

① 任继愈主编：《中国道教史》，上海：上海人民出版社，1990年。

第一，思想史与学术史研究的结合。关于思想史与学术史，都是历史学专史，它们各有特定的内容，同时又有联系。我在《中国近代史学学术史·序》中有这样的看法："学术史不同于政治史、法律史等，也不同于思想史。在思想史中含有一定学术史的内容，同样，在学术史中也含有一定思想史的素材，但这二者也不能等同，因为思想史更加偏重于理论思维（或逻辑思维）演变和发展的研究。顾名思义，学术史必须研究'学术'，而'学术'的载体是学术著作。著作是学术成果的一种表现形式，当然还有其他形式。因此，要求学术史研究并评论有代表性的学术成果，以阐明其学术意义（在学术史上有什么地位与作用）和历史意义（对于当代社会以及后来社会有什么影响）。"[①] 这里想补充的是：在历史上有些著作是学术著作，同时又是思想理论著作，这是屡见不鲜的。因此将思想史与学术史研究加以结合，并不是人为地将它们捏合在一起，而是要寻找二者的沟通处，使之融合为一个整体。在这件工作上，近年来出版的关于思想史与学术史相结合的著作，如卢钟锋《中国传统学术史》[②] 做了很有意义的尝试。

第二，思想史与社会史研究的结合。任何思想都不是无源之水、无根之木，它必然有其社会历史根源。因此，对思想史进行历史的研究，这是不言而喻的。即或将研究

---

① 张岂之：《中国近代史学学术史·序》，北京：中国社会科学出版社，1996 年。

② 卢钟锋：《中国传统学术史》，郑州：河南人民出版社，1998 年。

的重点放在理论范畴的演变上，也不能回避抽象的概念与具体历史的联系（虽然这种联系有其特殊性）。不论对于“社会史”如何理解，是马克思主义的概念，还是西方某些学派的界说，都可以在研究中试着去进行探索。对于“社会存在”是有各种不同理解和认识的，在学术研究范围中都不宜以一种理解去否定另一种理解。对于思想史的研究，可以寻找它与一定社会生产方式的曲折联系，也可以从整个社会的各个方面探求其联系点，但是有一点可能不宜否定，这就是：逻辑在总体上是与历史相一致的。而抽象归根到底都是从具体中抽绎而出的。

第三，思想史研究与多学科结合。思想史虽属历史学中的专门史，但它包含和涉及的内容很多，又是边缘学科。思想史研究的学术工作者越来越认识到，在研究实践中有所创新，必须与其他学科结合。比如，中国思想史与中国经学史，与中国法律、政治、经济思想，与中国思想史的各个组成部分都是不可分离的。随着中西文化学术的沟通，一些属于思想史的分支将引起学人们的注意，如环境思想史、医学思想史等等。不论学人们对思想史内容的界定有怎样不同的看法，但有一点是大家的共识：思想史研究需要与多学科相结合。这正是思想史研究的生命力所在。举一例，关于宗教思想，在20世纪30年代出版了两本颇有影响的中国道教史著作[①]：许地山《道教史》对道

① 许地山：《道教史》，北京：商务印书馆，1934年；傅勤家：《中国道教史》，北京：商务印书馆，1937年。

教思想的源流做了详细考察，由于作者的古文献知识根底深厚，又善于总结前人成果，才能博陈诸说，提出新论。还有傅勤家《中国道教史》，对道教最高信仰“道”的名义及其演变，做出了精深分析。到了 90 年代，学人研究中国道教，提出道教与生命哲学关系的问题。例如，冯国超《析道教生命哲学》[①]，从道教关于生命的本源、生命的本质、生命的结构、生命的升华与再造、生命的价值等方面做了论述。选择这个角度进行研究，是因为道教中确有这方面的资料，而且与作者具有现代生命科学的知识是分不开的。这说明，多学科的结合才能在中国思想史研究实践中开拓新领域。

总之，中国思想史作为中国传统文化中的一个重要方面，对于提高人们的理论思维、认识国情都是不可或缺的，因此，我相信这门学科在未来是会有宽阔发展前景的。

（原载于《中国史研究》1999 年第 4 期，感谢西北大学中国思想文化研究所的同志们为我写作此文提供了丰富的材料。）

---

① 冯国超：《析道教生命哲学》，《哲学研究》1991 年第 10 期。

从“天人之学”看中华文化特色

探讨中华文化精华及其特色，分析它的重要理念，揭示其丰富内涵，与西方文化进行比较，这样也许会有所得。

中华文化中有哪些重要理念，要看从哪个角度着眼，学者间仁者见仁、智者见智，这是很自然的事。如果从中华文化的构成上进行分析，我的浅见是：其中的天人之学、变易之学与会通之学也许可称之为基本理念。这里，我想就“天人之学”试做一些分析，向诸位请教。

一、中华文化的源头

谈中华文化最好从文明起源说起。

炎黄时期距今五千多年，这是中华文明的源头。从历史学观点看，炎帝族和黄帝族是史前两个关系密切的大氏族部落，他们对后来中华民族的生衍发展有很大影响。

我国考古学者指出新石器时代仰韶文化[①]后期和龙山

---

① 仰韶文化是中国黄河中游地区重要的新石器时代文化，持续时间大约在公元前 5000 年至前 3000 年。主要分布在黄河中游地区，今天在中国已发现上千处仰韶文化遗址，其中陕西省最多，是仰韶文化的中心。仰韶文化的名称源于 1921 年在河南省三门峡市渑池发现的仰韶村遗址。

文化[①]是中华文明的起源期，炎黄时代就在这个时期内。

炎黄时代[②]的主要贡献是在原始农业和原始文化方面，发明医药是炎帝神农时代的又一重大成就。这些是见诸若干古文献的。

原始文化不能称之为原创性文化，当时文字初创，也没有文化观和思想体系，是文化源头。在中华民族文化发展史上，形成独特的文化观，以及丰富的文化内涵，才称之为原创性文化，这指的是先秦时期，特别是西周[③]和春秋战国[④]时期的文化。

农业与祭祀祖先这两件大事对中华原创性文化的产生和发展有重大作用。具体说，黄河流域的粟（小米）作农

---

① 龙山文化：泛指中国黄河中、下游地区约当新石器时代晚期的一类文化遗存。铜石并用时代文化，因首次发现于山东历城龙山镇（今属章丘）而得名，距今约4350—3950年。分布于黄河中下游的山东、河南、山西、陕西等省，是中国制陶史上的鼎峰时期。

② 炎黄时代：《国语·晋语》载："昔少典氏娶于有蟜氏，生黄帝、炎帝。黄帝以姬水成，炎帝以姜水成。"黄帝和炎帝大约生活于距今5000多年前的中国原始社会后期。他们分别是两个部落的首领，居住在今陕西省境内黄河沿岸的黄土高原，逐渐向东部迁移。二族联合击败南方蚩尤部族。以后相互融合，活跃在黄河流域，是远古华夏族的主要组成部分。炎黄时代标志着中华远古文明草创的阶段。

③ 西周：约公元前11世纪至公元前771年。从周武王灭商朝开始，到公元前771年周幽王被申侯和犬戎所杀为止，共经历11代12王，持续约275年。

④ 春秋战国：公元前771年，犬戎杀幽王，西周灭。公元前770年，周平王（宜臼）立，从宗周迁都洛邑（今洛阳），史称东迁以后的周王朝为东周（实际上指前770年至前256年，因东周在前256年灭亡），传25王，历515年。东周分为春秋（前770—前476）和战国（前475—前221）。春秋因孔子删改鲁国史《春秋》而得名，这一阶段，存140余个诸侯国，各国争相称霸，周王还存有名义。战国初期剩下20余国，以后就是七雄之间的兼并战争，直到公元前221年秦并天下。

业成为春秋战国时期齐鲁文化（主要指儒家文化）的物质基础。儒家的原创性文化着重探讨“人”的本质、意义和价值。长江流域的稻作农业成为楚文化，即主要指道家文化的物质基础，着重研究“天道”的本质及其与“人道”的关系。两河（黄河、长江）是中国的两条母亲河，由她们哺育出两大体系的原创性文化（儒、道），构成中华民族传统文化的主流。

在中华文化中，原创性文化是民族文化的最初成熟形态，它在演变发展进程中，有本土不同文化的融合，也有本土和外域文化的会通，源远流长，丰富多彩，显示出自身的特色。

二、“重人事轻天道”的思想

我国古代思想家对“天”的认识，大概始于夏、商时期。从西周时起，“天”的概念有两种不同的含义：一种是天神、天命，一种是自然界的天体，即古文献上说的茫茫苍天。以《周易》的经文为例，其中有些对“天”的理解，是指自然的天体、天象，但多数是关于天命、天神的记载。至于西周时的重要政治文献《尚书》，其中“天命”一词，比比皆是。这种状况到春秋时期才发生变化，出现了重人事轻天道的观点。

思想上的这种变化，首先见于兵家（军事家）的著作。齐国军事家孙武在《孙子兵法》中首次提出天时、地利、人和的理念（见《始计》）。他说的“天时”，指阴阳、寒暑、四时等自然现象；“地利”指路途远近、面积大小、形势险易、环境利害等方面；“人和”指得民心、得民力、上下同心同德。《孙子兵法》认为，军事家运用这三个条件，才能取得战争胜利。史书记载，越王勾践的大夫范蠡在政治上和军事上由于兼顾天时、地利、人和三者，才取得成功。

战国中期儒学代表孟子认为，天时、地利与人和这三者缺一不可，而“人和”最为重要（见《孟子·公孙丑下》）。战国时的兵家著作《尉缭子》也认为，“天时不如地利，地利不如人和”（《战威篇》）。战国末道家的《十大经》（古佚书）把知人事作为知天时、地利的中心环节。由此可见，我国古代重人事轻天道的理论来源于战争的实践，又能提到理论的高度予以总结，这不是思想家们空想的产物。

三、老子与“天道自然”理论

我国先秦时期，深入探讨天人关系，将天道与“自然”联结起来，构筑关于“天道自然”的理论体系，首先要提到老子和《老子》书。从《老子》书中可以看出，它不但对兵学有研究，而且对农学的知识加以提炼、总结。

有些学者认为，《老子》书（亦名《道德经》《老子五千言》）并非老子本人所著，成书于战国时代。三国时魏人王弼为《老子》作注，其注与《老子》文本珠联璧合，都是哲学美文。后人将王弼注本称为《老子》书的通行本。上个世纪的70年代和90年代又发现了《老子》的地下文书——帛书与简文，足见研究老子思想的材料相当丰富。

《老子》五千字，赫然在目的一个理念，就是“道”。其书第一章为老子思想的总纲。“道”是“有”与“无”的统一。“无”，名天地之始；“有”，名万物之母。什么是“无”？不能照字面解释成什么都没有，“无”指的是空间、空虚。“无”还指“道”体不同于通常的物体，不能说它是圆或方，它具有不确定性。天地万物的最初形态，可称之为“有”，由此演变出纷繁复杂的大千世界。

《老子》第25章有这样的话：“人法地，地法天，天法道，道法自然。”天、地、人都源于“道”，没有神力，没有矫饰，自然而然。“天道”即自然而然的道理，它不争、不言、不骄，没有制物之心，像无形的巨网广大无边，虽然稀疏却没有任何遗漏，将一切都囊括在其中。在《老子》看来，与“天道”自然相反，“人道”显得自私、偏狭、不公。如何改造“人道”？《老子》回答说：“人道”应当效法“天道”自然的本性。

《老子》这样描述“天道”的自然本性：“反者道之动，弱者道之用。”（《老子》第40章）“反”指向相反的方向运动，而发展到了相反方向以后，还要再向相反的方向发展，直至回到原初的状态。因此，在《老子》思想中，“反”具有转化和返本两种含义。在这个总法则的影响下，《老子》描绘了强与弱、生与死、福与祸、上与下、前与后等相反而相成的画卷。他主张将“天道”的自然特征引入人事，使施政者具备“柔弱”“无为”的品格和风貌：淳朴、不自以为是、不固执己见、不扰民，以百姓之心为心。这样，经过“天道”浸润的“人道”才能立于不败之地，达到“道法自然”原初的“和谐”境界，这就是《老子》第42章所说的“道生一，一生二，二生三，三生万物。万物负阴而抱阳，冲气以为‘和’”。“和谐”在老子思想中也有其他的表述名称，例如称之为“无为而无不为”。“无为”主要指清除独断的意志和专断的行为，含有不妄为的意思，并不是什么都不做。

四、先秦时期儒学的天人之学

孔子在春秋末期创立儒学时，对“天”做过研究。《论语》中记载了他与弟子们关于“天”的对话。他说：“天何言哉？四时行焉，百物生焉，天何言哉？”（《论语·阳货》）这里用了两个“天何言哉”，来强调天是自然，如同四季流转一样，没有神性。由此孔子要人们“不怨天，不尤人”（《论语·宪问》），要靠人自身的努力。

战国末期有些儒者研究《周易》的论述，保存在《易大传》中，其书基本上属于儒家学派，也吸取了诸子百家，特别是道家的观点。《易大传》有十篇，又名《十翼》，其中《系辞》上下在于发掘《周易》的哲学潜质，文中关于天人关系的论述，对中华文化的演进有较大的影响。

《易大传》记述自然与人事的变化，从阴、阳着眼，说“一阴一阳之谓道”，“刚柔相推，而生变化”。《易传·系辞上》不像老子那样强调人道效法天道，主张将事物变化的道理运用于社会。《系辞下》云：“穷神知化，德之至也”，认为圣贤懂得事物变化的道理，这才是最高的品德。再如《系辞上》：“一阴一阳之谓道。继之者，善也；成之者，性也”，认为人们在阴阳的相反相成中即可体察到事物运转变化的途径，由此建立行为规范，这才能体现人之所以为人的本性。

《易大传》阐述的变易之理不同于《老子》之处是：《老子》主张柔弱、无为，而《易大传》则强调刚健中正。《乾卦·象传》说：“天行健，君子以自强不息。”“健”，永不中断，永远为此，具有不知疲倦的刚毅精神。不过，《易大传》在主要强调刚健的同时，并未否定柔弱的作用，主张刚柔相济，二者相互为用。在古代哲人看来，君子的自强不息并非只是表现于一时一地，应当贯穿于他们的整个生命历程。这种精神，孔子用“松柏后凋”（《论语·子罕》）做过譬喻，后又演变为愚公移山的故事（《列子·汤问》）。

《周易》讲天、地、人三才之道的统一，《易大传》加以发挥，提出“生生之谓易”，人们以此指导践行，除旧更新。又要人们笃信天地为万物之母、生养之源，应当加以礼敬，不可毁坏。由此可见，中华文化中早就包含有朴素的生态平衡思想，这是符合事实的。

五、天人“相分”“相合”的理论及其价值

在很长的时间里，一提到天人关系，有学者说“天人合一”是它的最恰当的文字表述。这个看法，值得商榷。“天人合一”见于西汉时期儒学今文经学大师董仲舒。他

是“罢黜百家，独尊儒术”的倡导者。在其著作《春秋繁露·深察名号》中论说了“天人之际，合而为一”。按其思想体系，这种提法其实是“天人感应”论的一种表述，以为天、人之间存在着一种神秘的联系，天主宰人事，人的行为也能感动天，这明显带有天命决定论的色彩。

在董仲舒之前的战国末期，荀子提出的天人之学认为，在天、人合一之前先要有天人相分的观点，这和天命决定论大异其趣，将古代的天人之学推进到一个新的高峰。

荀子，名况，字卿，亦称孙卿子，赵国人。早年到过齐国。公元前266年应秦昭王聘请到秦国[①]。秦国民风淳朴、政治清明给他留下深刻的印象。公元前255年，再次入楚，被楚相春申君用为兰陵（今山东峄县）令。春申君死后被免官，荀子住在兰陵，以授徒为业，著《荀子》一书。

荀子生活的时期约在公元前298年至前238年，当时中原各国的统一已成为历史的主题。他涉猎百家之学，曾在齐国主持过稷下学宫（担任“祭酒”），在这里他与百家之学的思想家们进行切磋，使他的视野更加开阔，思想更有深度。

---

① 秦人属于嬴姓部族，是少昊氏之后，华夏族西迁的一支。公元前770年，秦襄公护送周平王东迁有功，被封诸侯，秦始建为诸侯国。战国初期秦是较弱的国家，公元前361年用商鞅变法逐渐强大。公元前316年灭蜀，从此跃身大国行列。公元前246年秦始皇帝登基，公元前238年御政，开始兼并六国。公元前221年最后灭齐国，统一中国。

荀子本着孔子的思路，寻求“和”而否定“同”。“和”是多样性的统一，建立在事物相互区别的基础上，而“同”则是排除矛盾的一致，是没有生命力的单一。荀子探讨“天人之学”的名篇《天论》，把这个道理阐发得深刻而清晰。他写道：“天行有常，不为尧存，不为桀亡。应之以治则吉，应之以乱则凶。”认为天有常规，不受人的意愿支配。顺应天（自然）的法则，人们将从天那里取得养生之资，如粮食等。如果人们违反天的法则，将受到它的惩罚。荀子在《天论》中写下一大段关于加强农业生产的文字：“强本而节用，则天不能贫。养备而动时，则天不能病。修（循）道而不贰，则天不能祸。”认为人们抓住农业这个根本，厉行节约，天就不能使人贫困，有充分的养生之资，并按照季节进行农事，天就不能使人患病；遵循农业生产本身的法则而行动，天也不能使人遭到祸患。可见人在自然的面前不是完全无能为力的。他又说：“错人而思天，则失万物之情”，如果看不到人的作用，只是祈求天的恩赐，就和天人关系的真实情况相背离。基于上述分析，荀子的结论是：“故明于天人之分，则可谓至人矣。”

强调“人”的地位与作用，这是中华文化及其理论的特色之一。中华文化以“人”为核心，进行探索，才产生了“天人之学”（探讨什么是天？什么是人？人与天有何关系?）、变易之学（探讨世界万物变化的道理）、为人之学（即人的道德伦理标准）、会通之学（即博采众家之长的文化胸怀）方面构筑了内容丰富的理论体系。在这方面，荀子的“天人相分”论做出了重要的贡献。

荀子在《天论》中着重论述了天人相分，就是看到天和人各自的特点，呈现于人面前的是千姿百态的自然世界，不是一个色彩、一种声音的单调死板的存在。在异中求同，达到和而不同。由此荀子在《天论》中写下这样的话：“万物为道一偏，一物为万物一偏，愚者为一物一偏，而自以为知道，无知也。”在荀子看来，万物只是“道”的一个方面，个别事物是整体的部分，人们往往以偏概全，以部分替代整体，自以为认识了“道”，其实并没有达到全面认识的境界。从“分”到“合”，从个别到一般，这才是人们认识的正确途径。

荀子关于天人既相分又相合的理论，在中华思想文化史上产生了深远影响，东汉时期的王充，唐代思想家、文学家刘禹锡、柳宗元等都在这个大课题上做出了贡献。中国历史上的宋、元、明、清时期，由于本土和外域文化的对立与融合，产生了新的思想课题，但天人之学在这段时期并没有失去它的光泽，只是变换了形式，这将由另文去论述。

（本文系 2011 年 5 月 15 日在苏州太湖论坛上的讲演稿）

关于中华文化的“会通”精神

2001年联合国教科文组织通过《世界文化多样性宣言》，2005年我国在联合国投票赞成《文化多样性公约》，并呼吁“以平等开放的精神，维护文明的多样性”，主张建设和谐世界。现在又开展“2010年国际文化和睦年”。这些活动使我想起中华文化中的“会通”精神。

一、“会通”一词的来源和使用

“会通”一词正式出现于《易传·系辞上》。原文是：“圣人有以见天下之动，而观其会通，以行其典礼。”近代学者高亨在《周易大传今注》中说：“此言圣人有以见到天下事物之运动变化，而观察其会合贯通之处，从而推行社会之典章制度。”“会通”强调的是融合、创新，而不是冲突、对抗。“会通”精神是我国古代文化的基本精神之一。

两宋之际的史学家郑樵很重视“会通”精神，不过他所强调的会通主要侧重史书编纂体例与原则，旨在裁减史料，会聚古今，通融为一，使史书形成为一个有机的整体，从而避免古今悬隔、人事迭出、叙述不当的弊端。

面对西学东渐，最早明确论述文化“会通”主张的，是明末学者徐光启（1562—1633）。他在1631年上呈崇祯皇帝的奏折《历书总目表》中陈言：“臣等愚心认为：欲求超胜，必须会通；会通之前，先须翻译。”徐光启对“会通”的用法，源于《易传》，但是属于旧语新用，指的是：中西历法学应该互相取长补短，中国人不应该囿于祖制成法。

二、孔子“和而不同”文化观与“会通”精神

中国古代思想一般来说比较强调同一性。同一性有两种：一种是否认差异（即矛盾）的同一性，古代称之为“同”；另一种主张有差异的同一性，古代称之为“和”。

孔子说：“君子和而不同，小人同而不和”（《论语·子路》），认为“君子”以“和”为准则，不肯盲从附和，敢于提出自己的主张；“小人”处处盲从附和，不敢提出自己的见解。孔子将“和而不同”的文化观运用于认识论领域，主张“中庸”之道：君子们对于世界的认识和行动不能过头，也不可不及。“中庸”的实质是会通或贯通。孔子认为自己的思想是“一以贯之”的（见《论语·里仁》），用一个“仁”字将其贯通起来，这不仅指他对于西周礼乐文明的继承，而且有他自己在春秋末期的独立创造。

中国早期儒家学说多处体现出“会通”精神。举一例：《礼记·礼运篇》（战国末期或秦汉之际儒家学者的著

作）中关于“大同”社会的描述，也含有墨家思想的痕迹。例如“选贤与能”就和墨家“尚同”思想相似；“老有所终”一段又相似于《墨子·兼爱中》“老而无子者，有所得终其寿”，甚至“大同”这一名称也可能是从墨家“尚同”而来。同时，《礼记·礼运篇》有些地方也受了《老子》（《道德经》）的影响，如称“大同”世界为“大道之行”；“大道”是道家的术语。可以看出，“大同”理想主要源出于儒家，同时也吸收了墨家和道家之长，而非一家之专利，这就是会通精神的体现。

《礼记·礼运篇》有类似于《春秋公羊传》的三世之说，将自古以来的历史分为“大同”“小康”和当代这样三个阶段。《礼运篇》的作者认为，即使是夏、商、周“圣王之道大行”的三代，也不是“天下为公”的“大同”社会，首先是要从战国时代“僭君”“乱国”的混乱局面进到“小康”之世，然后才有可能进一步到达“大同”之世。

三、中华文化中“会通”精神的特色

《庄子·天下篇》说过，诸子百家学说，是“道术将为天下裂”之后，各家“多得一察以自好”而形成的主张；这些其实都是真理的某些方面的表现。我国西汉时期大史学家司马迁发挥了这个观点，宣传“天下一致而百虑，同归而殊途”（《史记·太史公自序》），虽然各家各派立论不同，方式有别，但都是对于真理的探索，有助于人们对自然和社会的认识。

中华文化中“会通”之学的一个重要特点，就在于善于相互讨论、交流，相互吸收、提高，既能看到其他学派与自己学派的不同点，又能看到其他学派的长处；既能坚持自己的理论原则，又能纠正自己理论上的不足，使之“与时偕行”。

在我国春秋战国学术思想百家争鸣时期，没有一个论点是不可讨论的，没有不受辩论的权威。道家主张向大自然回归，否定人的主观欲望与知识；儒家荀子批评这种主张是“蔽于天而不知人”（《荀子·解蔽》）。儒家主张仁义道德是天地万物的普遍法则，道家批评这种观点是“无知”。庄子就曾举例说，毛嫱、西施是人见人爱的美女，但鸟见了会高飞而去，鱼见了会沉潜水底，可见人的美感标准不能为鸟类、鱼类认同，如此类推，又怎么能证明仁义道德是世界的普遍法则呢？在不同学派的论辩中，儒家意识到在知人时不可不知天，因而也从理论上提出独特的天道观，对自然天道做了一系列创造性的探索（《荀子·天论》就是这方面的重要成果之一）。而道家在批评儒家过分夸大了人的重要性的同时，也意识到儒家“人学”有长处。在战国中晚期，道家的后学，即所谓秦汉之际的道家，就试图调和道家自然天道观与儒家道德教化方面的矛盾，吸取儒家关于人的认识学说的成果，如《吕氏春秋》一书，就体现会通儒、道思想的特色。

中华文化中“会通”之学的另一个特点是，它不排斥域外的思想文化，而是力求了解它，并吸收它的优长处，以与本土文化相融合。

佛教传入中国，就是明显的例证。中国的佛教寺院为传播教义，经常向僧俗讲解某些佛教经典。在讲解经典时，由担任讲师的佛教高僧介绍经典的主要观点，允许听众提出问题，规定讲师只能加以回答，不能向听众提出反问。此外，佛教界还经常举行无遮大会，允许不同宗派、不同观点的人对大会主持提出的论题进行讨论。这促进了中国佛教中各个派别的发展。宋明理学也不回避各种论点的相互讨论。如北宋时理学家程颢和程颐就对当时关中学者张载提出的气与理的关系进行批评，认为张载把“太虚”和“气”视为世界的本原，是用有形的可感的东西代替了无形的不可感的本质，这种批评促进了理学的发展。

还要提到所谓“佛学的儒学化”，其实这就是佛学与儒学会通的结果。人们可以看到，中国佛教有些派别用儒家的心性说会通印度的佛性说，把佛从外在的偶像变成人内心的信仰，禅宗六祖慧能提出的“佛向性中作，莫向身外求”（《坛经》），强调身外无佛，“我”心就是佛。禅宗的这个观点，印度的大乘有宗不敢讲，大乘空宗也不敢说。印度大乘谈空的各派，尽管宣传空这空那，但它不敢公然说佛无、法（佛教经典）无。中国的禅宗以“佛向性中求”破坏了佛教三宝中的佛、法二宝，巧妙地保护了僧宝。所以禅宗强调了人的个体意识，把对佛的信仰转移到人的心性之中，借以说明人的本质就是自我的发现和个性的发展。这反映了儒家思想的精髓；儒学思想的实质是“人学”（即对人的本质的研究）。因此，中国佛教与印度佛教的根本区别在于是重视人还是重视佛；从佛向“人”

自身的转移，这就是佛教中国化成熟的标志。这个事例说明中国文化中“会通”精神体现了思想文化上的再创造。

中华文化中“会通”精神的再一个特点是，“会通”不是轻易可以达到的，需要有长期艰苦的研究，开拓学术视野，在不同思想观点的论辩中才能逐步达到这个境界。

这里不能不提到唐末五代的书院，经北宋初步建树，至南宋迅猛发展。这种由私人主持的讲学场所，其中不同学术观点的论辩成为它的特征之一。由于此，书院为思想文化的发展提供了智力资源和交流平台。在南宋时期产生朱熹理学学派，会通儒、道、释，以及产生陆象山“心学”学派，至明朝被王守仁发扬光大，都有书院这样的历史背景。

朱熹（1130—1200）原籍在徽州，后迁居福建，一生活动都在南方。他一生都在为儒家思想寻找活水“源头”，正如他在诗里所说：“半亩方塘一鉴开，天光云影共徘徊。问渠那得清如许，为有源头活水来。”为此，朱熹用了将近 40 年的时间，将“三教”（儒、释、道）会通在以儒家为框架的思想体系里，成为所谓“新儒学”，其学术成果主要集中在《四书集注》等著作中。

中华文化“会通”还有一个特点，就是要求学人们对“会通”进行具体分析，它有高低优劣之分，不可一概而论。

清朝初年湖南衡阳大学者王夫之（1619—1692）在其“观生居”住处，曾以“六经责我开生面，七尺从天乞活埋”的诗句题壁，表现了对中华文化继往开来（会通）的宏大气魄。

王夫之对中国历史上主要学派都进行过研究、评论，给后人留下了丰富的文化遗产。在这里举出一个事例来说明王夫之对于学术会通的具体观点。以儒学为例，他说，有儒学与老、庄的会通，有儒与佛的会通，还有儒家与法家的相互为用，对于后者，王夫之这样评论说："……后世之天下，死于申韩者积焉"（《姜斋文集》卷一《老庄申韩论》）。

王夫之所论"申、韩之儒"是一个比较复杂的问题。申（不害）、韩（非）是战国时期法家代表人物。王夫之在其著作中曾肯定秦遵循法家主张，实行郡县制，同时也指出："秦之所以获罪于万世者，'私'而已矣。"（《读通鉴论》卷一）这是指秦始皇为"一姓"而统治天下，要让自己一家的子孙世代做皇帝，结果二世而亡。王夫之对于"申、韩之儒"的批评，透露出这位思想家开始突破一家一姓的朝廷，而把眼界扩展至天下，也就是说，在一定程度上对于君主专制制度进行非议，成为近代民主思想的萌芽，这是难能可贵的。由此可看出，王夫之并非对中国历史上所有思想学说的会通都持有肯定的态度，对于"申、韩之儒"他是反对的。

还要提到清朝初年的黄宗羲（1610—1695）。他的会通思想更加具有时代特色。他在《明夷待访录》一书中说，夏、商、周三代以下是"以君为主，天下为客"，君主把天下视为己有，独占天下之利；"为天下之大害者，君而已矣。"黄宗羲的这个命题阐述了"天下"与君主的区别，实际上是对封建社会中“朕即国家”专制思想的抨击。他将这种思想引申至学术方面，认为学术是天下之“公器”“公识”，其是非并不取决于个人和一家，应当由天下人来讨论，并决定其是非。

在学术研究上，关于经学，黄宗羲撰有《易学象数论》六卷，力辩象数之伪。关于史学研究，编著有《明史案》二百四十卷（见谢国桢《黄梨洲学谱·著述考》）、《明文海》四百八十二卷等。他编撰思想学说史《明儒学案》，将明代学术思想方面的不同观点兼收并蓄，充分体现了学术上的会通精神。还进行了关于编撰《宋元学案》的准备和部分编写工作。

从以上分析可以看到中华文化中会通精神的若干特点，这些说明一个事实，即：中华文化的会通精神与创新精神是密切相关的。如果没有会通，也不会产生新思想；没有思想上的创新，当然不可能进行学术思想的会通。这个道理渗透在中国学术思想史的全过程中，值得我们深思。

四、我国古代文化“会通”精神的现代意义

我国古代文化会通精神，这是优良的学术思想传统，在今天需要从现代意义上去理解它。首先，我国人文学术工作者面临重大的历史责任，就是在学术研究和文化建设方面，努力做到中外贯通。在吸收外来文化方面，过去有一种提法，就是“中学为体，西学为用”。20 世纪 80 年代为了矫正这种提法的不足，有学人提出“西学为体，中

学为用”。这两种体用关系使我们在吸收外来文化上一直存在着将中华文化与西方文化分割开来甚至对立起来的局限，与我国古代学术思想方面的会通精神不合。今天我们有必要消除这种体用关系的对立，真正实现民族文化与全人类优秀文化（不仅是西方文化）的有机融合，即实现文化上的体用合一和中外贯通，这是完全可以做到的，在20世纪，我国人文学术研究中产生了一批学贯中西的学问家，就足以证明。

其次，维护并推进人类文化的多样性，这也是我国学术工作者和文化工作者的责任。文化的多样性是文化得以进步和发展的主要动力。在21世纪，人们可以清楚地看到，世界文化的格局是多元的，这和世界政治经济的多极化相适应，因此，世界范围内的多元文化发展不但符合现实的需要，而且有利于人类社会的可持续发展，也有利于人类精神生态环境的建设。在这个大前提下，世界各个民族的优秀文化才可能得到发展。

我们有机会与世界文化多接触、多研究，这有利于对本国文化的研究。远的不说，只说20世纪80年代，我国刚进入改革开放新时期，人们不能不担心，一旦开放，西方文化是否会给民族文化带来冲击？此种担心是无可非议的。但过了多年，到21世纪再来观察，也许可以得出另一个结论，这就是：对世界文化了解得越多，对本国文化会更加珍惜，在借鉴和研究上会更有深度，更有感情；在将传统与现代结合，在将文化思想精华与古代文化中的糟粕加以剥离上越加科学化。同样，对中国思想文化研究得越深，对西方文化越有鉴别力，越能准确地吸收其优质，以补自身文化的某些不足。

最后，中华文化走向世界，在今天已经不是一种理想，而成为我国学术文化工作者的重大责任之一。让世界了解中华文化，其中最重要的是，准确地向世界介绍中华文化的核心理念，这比介绍具体的文化形态要困难得多。中华文化中的一些核心理念和西方文化并不完全相同，通过对话与交流，使中西文化的核心理念相互比较，相互补充，这是一项繁重而必须要做的工作。笔者在本文中介绍中华文化的核心理念之一的“会通”，也正是出于这样的目的。不妥之处，请指正。

（本文系 2010 年 9 月在山东尼山论坛上的讲演稿）

我们从中国古代历史中看到什么

中国古代历史对我们认识当今社会有什么帮助？我准备从以下四个方面阐述：一、中国史是中华民族的历史；二、中国古代有自己独特的政治体制和选官制度；三、中国有连绵不断、生生不息的文化传统；四、外国政要和学者对中国历史文化的评论。

同学们在中学时都学过中国历史，也学过世界历史。考上大学以后，由于所学专业不同，可能对中国古代史的印象已经不深了。今天我们站在中华民族复兴的高度去看中国历史、特别是中国古代史，会有一些新的体会。

一、中国史是中华民族的历史

我们知道，中国自古以来就是一个多民族的国家。我国 56 个民族，大多是中国的土著民族，可以追溯到两千年以上的历史。几十个民族，经过两千多年风风雨雨考验，到今天更加紧密地凝聚在一起，共同为实现中华民族伟大复兴的中国梦而努力奋斗！

尽管中国古代历史上也多次出现过分裂的情况，但与统一相比，分裂时间比较短。

“统一”是中国古代历史的主流。在古代，“中国”不是国家的概念，而只是地域的概念，也就是古籍里所讲的中原地带。当时，整个国家的概念，用“四海”“天下”这些名词来称呼。国号则是以朝代的名称来命名，比如唐、宋、元、明、清等。“天下”“四海”既包含中原地区，也包含四边的少数民族地区。一直到 1911 年，孙中山先生领导辛亥革命，推翻清朝的统治，提出“五族共和”的概念；五个民族，是指汉、满、蒙、回、藏。从辛亥革命时起，“中国”这个名词才成为具有现代国家意义的正式名称。

在古代，我国的少数民族生活在周边地区。这些地区与主体民族——汉族所聚居的中原地区相比，自然条件有很大的差距。中原地区气候温和、土地肥沃，适合农耕。就我国农业考古学的研究，我国农耕的历史悠久，有将近一万年的历史。肥沃的土地和适宜的气候使农业在中原地区得到很大的发展。北方少数民族居住的地区，寒冷干燥，许多区域被沙漠和草原覆盖。这样的自然环境，使少数民族去发展畜牧业或狩猎。南方的少数民族居住的地区，特别是西南地区，气温高，潮湿多雨，多丘陵、河流，适合发展渔业或狩猎。不同地区在生产方面也有所区别，中原地区物产丰富，经济文化发达；边疆地区经济单一，生活艰苦。

从历史上看，官方和民间记载告诉我们，汉族与少数民族之间的经济交流在中华民族的历史上从来没有中断过。中原和边疆少数民族不断地进行货物交易，这是人民的生活需要。在经济的交往过程中，不可避免会发生武力冲突。但战争并没有隔断中原和边疆少数民族之间的经济交流，反而加强了不同民族与地区的政治、经济和文化联系，促进了民族融合和发展。虽然不同民族间有时发生敌对冲突，但这种冲突并没有使民族间的经济和文化交流中断。

特别值得注意的是，汉族的统治者认为不宜直接管理少数民族地区，而是任命少数民族首领去管理，这在历史上叫作册封制度，也叫作土司制度。效果很好。这体现了汉族统治者的政治智慧。

还有“和亲”政策也值得肯定。唐朝皇帝的女儿与少数民族首领通婚，被传为美谈。这不是杜撰，确有其事。唐高祖李渊19个女儿里近半数嫁给了少数民族首领，这加强了汉族和少数民族之间的和睦关系。唐朝西南面的吐蕃，在唐朝（公元7世纪）建国的时候，由松赞干布制定了藏族的文字；唐太宗贞观十五年（641）令文成公主嫁给松赞干布，带去了唐朝文化。唐中宗景龙四年（710）又令金成公主嫁给当时的吐蕃王，加强了汉、吐蕃之间的民族感情。在中国古代历史上汉族和少数民族一直有着友好相处的传统。尽管有时候会发生冲突，但这种冲突并不是不可以化解的。

我们的祖国疆域非常辽阔，这是56个民族及其祖先共同开发、创造出来的。例如华夏族——汉族的前身，开发了黄河流域的陕（陕西）、甘（甘肃）及其中原地区；

东夷族最早开发了沿海地区；藏族、羌族最早开发了青海、西藏；彝族、白族等开发了我国的西南地区；满族开发了东北地区，蒙古等民族先后开发了蒙古草原地区；高山族最早开发了台湾……我们应该承认这一点：中国辽阔的疆域，是56个民族的祖先在长期发展中共同开发的。

作为主体民族的汉族为什么最早称为华夏民族呢？“华夏”这个词指华山和汉江上游的夏水。华山和夏水都在今天的陕西省，陕西是中华文化重要的发祥地，处于黄河中原地带，土地肥沃。为什么汉民族在历史上起着主导的作用？因为它人口众多，更重要的是有比较先进的生产方式——农业和手工业，而且有发达的政治、经济和文化。汉族成为中华民族的主体民族。1840年鸦片战争后，外国列强对中国的侵略、瓜分和掠夺，使全体中华民族都深受其害。这种情况使民族的整体意识得到加强，产生了振兴中华的理想。经过长期艰苦卓绝的奋斗，中华民族在共产党的领导下站立起来了！1949年10月1日建立了中华人民共和国。

2013年3月召开的第十二届全国人民代表大会第一次会议上，习近平同志被选为中华人民共和国的主席，他在讲话中提出，继续为实现民族伟大复兴的中国梦而努力奋斗。“中国梦”把中华人民共和国建立以来64年的历史贯串起来了；把自鸦片战争以来一百七十多年的历史贯串起来了，并且把五千多年中华民族的文明史也贯串起来了，意义重大。

二、中国古代独特的政治体制和选官制度

这里，我想从秦始皇统一六国开始讲起。秦王嬴政，自 22 岁亲政以后，用了 17 年的时间，消灭韩、赵、魏、楚、燕、齐诸国，于公元前 221 年实现了国家的统一，自称中国第一个皇帝——始皇帝。结果是统一天下以后，十几年而亡。虽然秦朝亡了，但是秦始皇开创的政治体制仍然存在，这就是以皇权为核心的中央集权制，它存在了 2000 多年，1911 年辛亥革命推翻了这个制度。

秦以后刘邦建立了西汉王朝，建都长安。经过几十年的多次战争，地方分裂势力基本肃清。到汉武帝时期（前 156—前 87），大儒董仲舒（前 179—前 104）建议实行“罢黜百家、独尊儒术”的文化国策，开创了统一多民族国家的昌盛局面。汉武帝在位 54 年，当时的中国以文明和富强的政治实体而闻名于世。

在西汉时期，中国与外国的交往应提到丝绸之路。名将张骞（今陕西城固人）肩负和平使命，奉命两次出访中亚，开辟出一条横贯东西、连接欧亚的丝绸之路。唐朝时，丝绸之路更加畅通、中西交通更加频繁。这条丝绸之路从长安（今西安）出发，经甘肃、新疆，到中亚、西亚诸国，再到欧洲意大利的威尼斯，全长 7000 余公里，而在中国境内有 4000 余公里。这是经济之路，也是文化交流之路。

去年（2013）9 月，我国国家主席习近平出访中亚五国，访问哈萨克斯坦时，在扎尔巴耶夫大学讲演，他说：

“我的家乡在中国陕西省，位于古丝绸之路的起点。站在这里，回顾历史，我仿佛听到了山间回荡的声声驼铃，看到了大漠飘飞的袅袅孤烟，这一切让我感到十分亲切。”习主席在出访期间提出建设丝绸之路的经济带，得到中亚五国的赞同。

由于汉朝，尤其是西汉的影响波及海外，遍布世界，所以外国人把中国的文字称为汉字，把中医药学称为汉医，把中国文化称为汉学。汉学在欧洲也就是指中国学，通俗的解释就叫作研究中国的学问。

唐朝的开国君主李渊和他的儿子李世民、李元吉，趁隋末农民大起义的时机，进入长安，建立了唐朝。唐朝又通过丝绸之路，把自己的文化远播到海外，影响了西方。丝绸影响了西方人的生活方式，茶叶也影响了西方人。茶叶刚刚传到西方时，被称为“神奇的树叶”。直到现在西方一些国家，特别是英国，在大学里每天下午四点以后喝“下午茶”，师生交流。华人移居海外，将中华文化的一些习惯带去国外，他们集中居住的地方被称为唐人街，例如美国纽约的“唐人街”。在唐人街有孔子雕像，在这里还充满了“舌尖上的中华文化”。

隋唐在人才选拔上有很大的贡献，这个贡献反映了我们祖先的政治智慧。它通过科举考试选拔优秀人才到政府里面去做官，很有成效。在唐朝还有一个特点，儒、释、道均得到了长足发展，“三教”融会的局面初步形成。儒学发挥了教化的功能，被称为儒教。唐太宗要学子们首先读孔子、孟子和其他儒家的书。玄奘去印度游学，带回不少佛教经卷，得到唐太宗的嘉奖，让玄奘及其弟子们在长安寺院翻译佛经。唐高宗和武则天的时候，特别是武则天相信佛教。佛教兴旺发达起来了，长安成为当时世界的佛教中心。东汉时期产生的道教，尊奉《道德经》的作者老聃——老子为教主。老子，姓李，名耳，与唐王朝是同一个姓，受到了重视和尊崇。儒、道、释，三种不同的文化都在唐朝发挥各自的作用。唐朝在民族问题上，能够平等对待，逐渐形成了民族融合的局面。

唐朝时期长安人口大约一百万，七十几个外国使团。近邻的日本曾先后十多次派遣几十人至五六百人的遣唐使到中国长安学习。唐朝的文化传到日本，影响颇深。唐玄宗时期史学家吴兢的《贞观政要》，内容丰富。书里面讲述了李世民和大臣们就某些问题实行什么政策等进行的讨论，读起来使人仿佛身临其境。当然，我们现在有些专门研究隋唐史的史学家，认为该书美化的东西太多，未必都是真实的。所谓“真实”，也都是相对而言的。

唐太宗曾说过他有三面镜子：“以铜为镜，可以正衣冠”。看看戴的帽子，穿的衣服，是不是端正。“以古为镜，可以知兴衰”。我们今天讲古代史，同学们以古为镜，就可以知道，在什么情况下，国家可以发展兴旺，在什么情况下，国家是穷途末路。“以人为镜，可以明得失”。比如我和另一个人，比较看看，他的缺点恰恰是我的优点，而他的优点恰恰是我的缺点。从唐太宗讲的三面镜子，引历史作为借鉴，以此勉励自己，把国家治理得更好一些。

汉、唐两朝有许多历史经验值得我们参考。

不过，中国历史并不是都像汉唐一样繁荣昌盛。到公元 15、16 世纪时中国开始衰落。这个时候，西方资本主义迅猛发展，但当时中国正在一步步衰落下去。邓小平同志说："如果从明朝中叶算起，到鸦片战争，有三百多年的闭关自守；如果从清朝康熙算起，也有二百年的闭关自守。长期闭关自守把中国搞得贫穷落后，愚昧无知。"很有道理。有一本书，大家如果有兴趣可以找来看，是美籍华裔学者黄仁宇写的，书名叫作《万历十五年》。万历十五年就是公元 1587 年，这本书对明朝开始走向衰落的情况有所描述。后来，到清代，1840 年鸦片战争以后，清朝逐渐沦落为一个丧权辱国的国家，面对殖民主义入侵失去了活力与生机。1898 年戊戌变法，被皇权中的顽固派扼杀以后，自上而下进行革新运动就成为了一个幻想。1911 年，辛亥革命敲响了中国君主专制制度的丧钟。

在 2000 多年的皇权制度下，也并不是只有皇帝一个人在治理国家，还有官员的队伍。官员如何产生是一个大问题。在西汉时期选拔官员的方式叫"察举"。就是到地方上去，用推荐的办法自下而上看哪些人既有道德又有治国理政的能力，加以推荐，再经考核任命做官。这种制度的弊端是作假，推荐出来的官员有些缺乏真才实学。

从隋唐开始，形成了一种新的选官制度，即科举考试制度。据史料记载，在唐代，能够参加科举考试的人有两类：一类是由中央到地方学校的在读生员，另一类是身家清白符合报名条件并经过州县审查合格的普通百姓。唐朝的科举考试分两类。一类叫作明经科，依据儒家的经书以及注释建立考试题库。一类叫作进士科，能够考得上进士的人数也有变化，由录取几个人到五六十人，到了中唐以后大体稳定在三十人左右。中了进士之后就被认为是候补官员。据记载，中了进士，各种游乐和宴会就来了。最后能不能做官还需要考核，由中央皇权政府吏部来考察，不过一般都不会有很大问题。看唐朝诗人孟郊，他写的一首诗《登科后》用“春风得意马蹄疾，一日看尽长安花”表述中进士后的愉悦心情。这种科举考试为社会各类人等开辟了入仕途径，形成了由下层社会到上层社会的政治通道，缓解了社会矛盾。而且在一定程度上保证了上层官员的文化知识水平和道德操守，其积极作用不可否定。

科举制的宗旨是择优，也就是从大批的读书人中选出优秀的人才，其中重要的功能在于防劣，即防止没有学问和道德操守的人进入官场。有学问的人能够考中，但智力不足的人很难通过考试。监考官从唐代以来就非常严格，如果出现造假或者事先泄密的情况，就会受到惩处。总之，科举考试制度在中国古代社会中给一些有学问和道德操守的人开辟了一条通道，后来很多有名的大臣都是经过这种方式入朝为官的。

强大的中央集权政治体制，曾经对包括皇帝在内的统治者形成过一定制约，而且这种体制在中国历史上曾经有利于维护中国多民族国家的统一和安宁，也有利于中华文化的传承和发展。但是这种政治体制不能从根本上解决中国传统社会，也就是封建社会的基本矛盾，不能解决人民与当时统治者的矛盾。当矛盾激化时，中国农民用战争等暴力方式试图解决社会矛盾，但是结果建立起来的新王朝仍然是君主中央集权制。两千多年中，中国有法制，但并没有做到法治。因为在那种社会里，不可能实现王子犯法与庶民同罪，所以在君主中央集权制的社会里，皇帝凌驾于法律制度之上，这就是中国封建社会的特征之一。

三、悠久的中国优秀文化传统

世界上有四大文明古国。一是两河流域的文明，即幼发拉底河、底格里斯河所产生的巴比伦文明。再一个是埃及文明，也叫作尼罗河文明，金字塔是它的象征。还有印度文明。

五千多年中华文明世代相传没有中断。

中华文明从炎黄时期开始，最早原创性文化的出现是在春秋战国时期。春秋时期，即公元前 770 年至公元前 470 年，简称为公元前 7 世纪至公元前 4 世纪；战国时期，即公元前 475 年到公元前 220 年，简称为公元前 4 世纪至公元前 2 世纪。这是中华文化原创性文化产生的阶段，形成了不同的思想体系，百家争鸣，很有特色。春秋战国时期产生了诸子之学，如儒家、道家、阴阳家、法家、名家（逻辑学家）、墨家、纵横家、杂家等。这些诸子之学构成了中国古代的思想学术。

中华文化不是封闭的文化，她之所以有悠久的生命力，由于她具有开放的特色。这一方面表现为中国境内各民族间的文化交流和共同创造。另一方面也体现在中外文化交流上。中国的丝绸，改变了西方人的穿着；而西域的物产和音乐，也改变着中国人的日用习惯和音乐风格。中国的儒学，影响了日本、朝鲜的学术文化发展；南亚的佛教，也影响了中华文化。汉唐时期对外域文化的吸收消化，促进了汉唐灿烂文明的出现；而唐宋时期中华文化的远播，也影响了东南亚诸国的发展进程。时至明清之际，尽管官方采取了“海禁”政策，民间的海外交往并没有止步。在明代郑和下西洋终止以后，民间通过海上丝绸之路的中外交通日益发达。中国的一些商人和平民，泛舟海上，往来贸易，甚至到东南亚以及世界各地定居，成为今天海外华侨的祖先。他们在维护和发展中国与世界的交往中，为远播中华文化做出了很大贡献。

西汉末东汉初，中国思想文化史上出现了一个大的变化，外来文化佛教开始从印度传入中国。佛教宗派很多，但所有宗派都有一个基本概念“缘”。“缘”使各种错综复杂的关系互为条件，形成了世界上的各种现象。人死后到另外一个世界，跟今世有联系，也就是缘起。佛教轮回说就是根据这个理论创立的。

中国儒学中原本没有这样的内容。孔子说：“未知生，焉知死?”（《论语·先进》）要探讨人类社会的种种大问题。由于佛教传入，在儒、佛既对立又融合的基础上，使儒学本身在形而上和心性说方面有了新的创造，与此同时，佛教中国化也在中国历史的隧道中行进着。在两宋时期，儒学将佛性移植于人性，不但要求辨明人性与物性的异同，而且对人性的研究超出了善恶对立范畴，引导至人性怎样才能“灭染成净”；在这个大题目中既显示儒、佛交融，又反映出儒学人性论的深化与发展。中国本土文化与域外文化融合，正是中华文化生生不息的动力之一。这正如南宋大思想家朱熹在一首诗里所写："半亩方塘一鉴开，天光云影共徘徊。问渠那得清如许，为有源头活水来。"

四、中国古代教育与史学传统保证了中华文化传承的连续性

在中国，夏朝距今四千多年，那时已出现了学校。西周时学校制度初具规模，包含国学和乡学两个系统，春秋时演变为官学与私学。所谓私学就是私人办学。春秋末期孔子办私学，打破西周官学的入学等级性，实行面对社会的开放教育，将文化传承作为培养人才的中心任务。孔子把西周文献加以整理作为教材，其中有《诗》《书》《礼》《乐》《易》《春秋》（孔子依据鲁国史官的记载整理而成，起于鲁隐公元年，终于鲁哀公十四年，前722年至前481年）。因《乐》失传，故称《诗》《书》《礼》《易》《春秋》为"五经"，它们是儒学的基本经典，也是面向大众的教材。"经学"一词指解释和阐述儒家经典的学问。其名始见于《汉书·兒宽传》，称重要典籍为"经"，以与一般书籍相区别。经学内容丰富而又庞杂，涉及文字学、历史学、天文历算、鸟兽草木之训释等。

还有，出现于唐末五代时期的书院，经北宋时期的初步发展和南宋时的突飞猛进，出现了一些著名的书院，如白鹿洞书院、岳麓书院、嵩阳书院、石鼓书院、应天书院等。这些书院由名师主持，师生之间自由讨论，促进了中

国古代学术的创新。

还要提到，中华文化的连绵不断与史学的繁荣昌盛密切相关。孔子把鲁国史官所做的《春秋》整理而成有独特思想的历史著作，标志着我国古代史学的开端。战国至两汉是我国古代史学的定型期，西汉时期大史学家司马迁创造了史学的纪传体例，写出《史记》。东汉时期，史学家班固把司马迁的纪传体做了一些调整，以纪、表、志、传的体例撰写出《汉书》。《史记》与《汉书》标志着中国史学的成型。魏晋南北朝至明末，是中国史学发展的黄金时期，史学成为全面记录中华文化的独立学术部门。由中央政府组织学者，官修史书。唐至宋、元、明、清，每个朝代都召集学者撰写前一朝代的历史。除正史纪传体不断为史学家使用外，编年体也有很大发展。宋代司马光的《资治通鉴》就是我国第一部较为完善的编年体通史著作。明末清初直至鸦片战争前，是我国史学的总结和嬗变时期，史学著作中更加突出了文化传承和创新的历史轨迹。

中国古代史学不仅记述社会人事变迁，而且记载了自然界的变化及其与社会人事的密切关系。在我国二十四部正史中，有十八史本来就有“书”和“志”，其中有关于天象的天文、律历、五行三志的内容。至于中国古代的地理，与天人之学也有密切的关系，不论是自然地理或历史地理，都有关于天象变化与地理学的记载。

五、外国政要、学者论述中华文化

今年（2013）9月，新加坡前总理、内阁资政李光耀在他 90 高龄时发行新书，名《李光耀论中国与世界》。他在书中说：“今天，中国是世界上发展速度最快的发展中国家。”“中国与其他新兴国家不同，中国要按照自己的方式被世界接受，而并非作为西方社会的荣誉会员。”李光耀先生在书中还说：“……中国人一直认为，只有中央强大，国家才能安全；中央软弱则意味着混乱和动荡。每个中国人都理解这一点，这也是中国人的根本原则。”

美国学者艾恺（Guy Salvatore Alitto）教授说：“我感触极深的是中国历史上的科举制度，这个世界历史上独特的制度培养并创造了优异阶层，该阶层在世界史上是独一无二的。世界上其他任何一个社会，包括美国独立革命以及法国大革命，都是由一个世袭的武士阶层所统治，并常常由传教士和神职阶层辅助。但中国非常不同，他们不是世袭，依靠自己的学识，是非军事和武力获取权力的群体。我最初对中国历史研究感兴趣，就是想找出中华文明能够如此独特的原因。”[①] 艾恺教授的看法也代表了广大西方国家的汉学家对中华文化的认识。

英国李约瑟（Joseph Needham，1900—1995）对欧洲中心论做了批评，他在其代表作多卷本《中国科学技术史》中讲道：“当希腊人和印度人很早就开始考虑形式逻辑的时候，中国人就一直倾向于发展变革这些问题。与此相适应，当希腊人和印度人发展原子论的时候，中国就发

① 王传军：《中华文明震撼了我（上）——访美国著名汉学家、芝加哥大学终身教授艾恺》，《光明日报》2013 年 9 月 1 日第 8 版

展了有机哲学。这方面西方是初级的，而中国呢，是高深的。”还有著名的英国哲学家罗素（Bertrand Russell，1872—1970），他写的《西方哲学史》针对西方欧洲中心论，对中华文化具有很深的信仰之情。他讲道：“我认为，我们必须承认亚洲在我们的思想中享有同等的地位，不只是在政治上，而且是在文化上，我不知道这将带来什么样的变化，不过我相信，他们是深远的，而且有着极其重大的意义。”

我引证上述材料，旨在说明外国有些政要和学者，对中国的历史和文化是有深刻认识的。

2013年8月召开的全国宣传思想工作会议上，习近平总书记提出，中国有出色的文化传统，我们今天之所以走中国特色社会主义道路，之所以要宣传中国的精神，因为它们来源于两个方面：一个方面就是中国特色社会主义实践，另一个方面就来源于中国优秀传统文化。

习近平同志在思想工作宣传会议上说：“中华民族创造了源远流长的中华文化，也一定能够创造出中华文化新的辉煌。”弘扬创新中华优秀传统文化，不仅是我们做教师的神圣职责，也是我们所有大学生的重大责任。对中华优秀文化的理解、学习、吸收是每个人都应该能够做到的。我今天之所以要讲对中国古代历史的看法，就是想用这个题目，来讲讲中国历史的独特性，和西方不一样，我们走的道路和西方也不一样。最后，我祝天津大学的同学们鹏程万里！

提问环节：

Q1：有同学问：张老师，您好，刚刚您说中国文化特别重要，我想问一下，我们应该怎样更好地继承中国的文化呢？

张岂之：我想有这样几个原则，第一，我们今天是为了了解我们中国的道路，更好地理解中国的精神，我们要向中国的优秀文化去学习。除此，为了提高我们自身的素质、特别是思想素质、道德素质和文化素质，需要从中华优秀传统文化中吸取精神的营养。学习的方式有两种。一种是读一些中国优秀文化的经典著作，如《老子》《论语》《孟子》《荀子》《庄子》《孝经》，还要读一些文学经典。天津大学是一所工科为主的大学，肯定会开设这一类课程。同学们有兴趣还可以找一些书来读。一种是从中国优秀传统文化里提炼出一些理念，通过对这些理念的理解，加强对中华优秀传统文化的认同和实践。这里，我介绍我的一本书，就是《中华优秀传统文化核心理念读本》，学习出版社 2012 年版。这本书对中华传统文化有哪些核心理念，原来的意思是什么，在历史上的有哪些发展，今天有哪些现实的意义，都做了简要的说明和论述。总之，学古为的是今。这就是我的建议，谢谢！

Q2：有同学问：张老师，您好，我想问一下，在我们研究经典的时候，我们应该研究到一种什么样的程度才算可以？

张岂之：究竟怎么来看这些经典，以及这些经典读了之后有什么感想，要从基础做起。先对传统文化经典有所了解，再进行思考：对自己有什么帮助。做一些笔记，少而精，自己读起来就会感到有滋味。只有有兴趣去学习，乐意去看，才会有成效。

（本文系2013年作者在天津大学的演讲整理稿）

难忘的清华人文教育

——祝贺清华大学建校 100 周年

一、回到母校

1994 年正值清华大学重建文科之际，我有机会成为她的双聘教授，感到高兴，此时我在西北大学的行政负责工作早已满届，正是我回归人文学术研究岗位的时候。清华的绿色校园和她的内在精神，我熟悉而且敬重，因为我是新中国成立以后（1950 年）清华招收的首届研究生之一，在哲学系读书学习。后来我到西安市西北大学任教，听说清华所有文科院系均合并于北京大学，清华成为培养“红色工程师”的摇篮，由综合性大学改变为单一的工科大学。当时我感觉十分可惜。

1994 年当我重返清华园，已经是改革开放新的历史时期，清华正在努力重建她的“综合性”“研究性”和“开放性”，使她成为一所既传承又超越原有传统的一流综合性大学。当时，清华人文学院已建立，胡显章同志任院长，他和副院长以及教师们为重建清华新的完整的文科，表现出极大的热情和坚忍不拔的精神。我受了他们的感染，参加了清华人文教育活动，留下美好的回忆。

二、我眼中的清华文化（人文）素质教育

正如这个小标题所说“我眼中……”，只谈我的体验，带有个人浓重的感情色彩，和“工作汇报”之类完全不同。

首先我想提到周远清同志。1994 年我到清华，他还在副校长的岗位上，不久即调任教育部高教司司长。他原是清华计算机系本科毕业生，从系主任到教务处长再到副校长，在教学行政管理方面是经过长期“历练”的行家。

我和他初识是 1995 年 9 月，当时由他负责在武汉华中科技大学召开加强高等学校文化素质教育试点工作会议。他在主题报告中阐释了我国新的教育理念，即素质教育，说大学推行素质教育要从文化素质教育开始。又说，文化素质教育“主要是文、史、哲学科的基本知识，艺术修养，国内外的文化精华。”他仔细地说明大学开展文化素质教育的必要性：“切中当前时弊”；“是世界各国高等教育改革都在探索的热点”；“符合党的教育方针”；“又是探索教育思想、教育观念和人才培养模式的改革”。总之，他的发言有新意，有较强的理论性，同时又有可操作性，给人留下深刻印象。

同年 12 月 8 日，教育部高教司在北京大学报告厅举行大学文化素质教育报告会，由远清主持，季羡林、杨叔子、袁行霈先生等做了讲演。在会上，我也谈了自己的一

些想法。在当天日记中我写下这样的话："尽管窗外刮着京城冬日常见的寒风，可是北大报告厅却是春意融融。报告会开了一整天，离座者极少，许多有关高等教育的名言警句从教师们的心灵深处涌出，大家呼吁对大学生进行人文教育，呼唤人文精神；我真切地感到，我国高教的春天来到了。"

清华尤其需要在大学生中进行文化素质教育，从工科大学到综合性大学，在教育观念和教育实践的转换上，都不能离开文化素质教育中人文精神的熏陶。清华校领导和中层领导，对此的认识虽然不在同一起步线上，但不能否认的是，清华是全国高校中第一批建立大学文化素质教育基地的（1999 年）。清华文化素质教育从开设人文讲座到形成课程体系，从大学里自由听讲到形成教学制度，从分散的文化活动到集中的人文教育，都与这个基地以及教务处的努力分不开。还要提到，几次全国性关于文化素质教育理论问题的研讨，是教育部委托清华筹办的，如关于大学人文精神与科学精神的融合；关于大学文化素质教育课程体系与精品课建设等。清华文化素质教育基地成立后，由胡显章教授负责，他在教师队伍建设，以及文化素质教育精品课程建设方面，付出了大量心血。现在清华已有一批著名的文化素质教育教师，如人文学院历史系的彭林教授，他开出的《中国古代文明礼仪》《文物精品与文化中国》选课，报名选修的学生有千余人之多，受到热烈欢迎。我还想提到，跟我读博士学位的程钢同志，他原初在清华学习材料科学，后来转入中国思想文化史的研究，一直在清华文化素质教育基地做具体工作，任劳任怨，热心于大学的人文教育。

在上述情况的推动下，我结合大学文化素质教育的实际情况，撰写了多篇学术论文参与讨论。同时在国内一些有文化素质教育基地的大学向同学们介绍我国古代的人文经典和人文精神，同时与一些大学的同学进行通讯讨论（同学们给我的信，我基本上都保存着，但我给他们的回信并没有保存底稿）。在清华，我除去开出《中华人文精神》选课外，开始进行清华的人文传统，以及我国大学关于人文精神与科学精神相融合和相分离的经验和教训的课题研究，这些都有一定的研究成果公开发表。在研究中，我表述了这样的学术观点：研究“人”自身的学问即人文学科，以及人们努力实现全面发展的理想即“人文精神”，这才是科学技术和经济生活的根本。在社会生活中，对“人”的尊重，对人的全面发展理想的尊重，对平等和公正原则的尊重和践行，这就是我们理解的人文精神的核心。大学文科的建设，以及文化素质教育的开展，就是为了提升大学生、教师、管理者和大学整体的人文素养和人文精神。

除上面所论，我在清华参加文化素质教育活动十几年，又形成了一个看法，这就是：最好坚持使用“文化素质教育”这个称谓，而不用“通识教育”来代替。理由是：素质教育是我国于上个世纪 90 年代开始启用的教育理念，带有中国特色，她包含知识传授、能力培养和人的综合素质的提高等方面，即师生们在德、智、体、美方面的协调发展。进而言之，我国大学的文化素质教育和美国大学的通识教育相比较，有一些共同点，也有相异点。文化素质教育不能完全归结为知识层面的教育，其中还渗透着社会主义核心价值观。这个价值观的精髓是：建设富强、民主、文明、和谐的社会主义现代化中国。从这个角度审视，可以看到，素质教育、文化素质教育更加能够显示我国教育发展的特点。

三、中文系中外文化综合班点滴

1999年清华教务长吴敏生同志为办好人文学院的中文系，去北大向季羡林先生请教。回来后，他告诉我季老的两点建议，一是清华中文系应继承过去朱自清先生任中文系系主任时的学术传统，办成有高学术水平的中文系，不要过于强调“文理结合”；二是中文系本科毕业生要有宽厚扎实的文化和语言基础，不要过于强调“技术训练”，不要满足于只是为科技类的杂志培养编辑人员。敏生还说，季老要他来问我有何建议。我告诉敏生：我是学哲学出身，后又学史学，对语言文学没有研究，提不出具体建议，但是，我认为季老说的这两点很深刻，最好努力加以落实。

当时中文系主任是徐葆耕教授，他对20世纪人文学术方面的“清华学派”有较深的研究，虽然我并不同意他这样去划分学派，但他的敬业精神，他从学习工科（水利系）转到人文方面的执着追求，令我钦佩。他努力发掘中文系的学术资源，又从国内聘请优秀教师到系上任教，使中文系有了新的面貌。他曾多次拜访季老和北大中文系教授，季老曾将上述同样的意见告诉他。因此，他和教务长一起来召开座谈会，商谈清华中文系如何办中外文化综合班，并请季老光临指导，自然是水到渠成的事。葆耕要我为中外文化综合班草拟培养方案（草案），也是这次座谈会的结果之一。

中外文化综合班是1999年秋季开学时成立的，葆耕指定由中文系赵丽明教授做班主任。我经过调研以后写成培养方案（草案）的若干要点被肯定下来。关于“培养目标”，是这样写的：“培养德智体美全面发展，有中外文化宽厚扎实基础，对本国历史文化有较深理解的中外比较文学的高级专门人才。”为什么要提“中外比较文学”？在“培养方案”中有这样的文字说明：“综合班必须落到一个专业上去。综合班开学时我们有一共识，学生学习的主要课程是中外文学，因此可以落到‘比较文学’这个方向上去。”

在“培养方案”中还有“课程设计”：外国历史文化和语言方面的课程占总学分的25%；本国历史文化和语言占总学分的25%；本国文学和外国文学课程占35%；政治理论、体育占总学分的15%。按此比例，也列出了本科四年的课程表。

当时，我曾建议，这个班完全由一个系来办，可能有困难，最好在教务处主管下，设立教学指导委员会（人数不多，有中文系、外文系的负责人和几位教授参加），共同商讨并决定办好这个班、这个专业方向的重要事项。并从教学指导委员会中推选出一位同志负责这个班的日常事务，并兼这个班的班主任。

当时，我用书面文字向敏生和葆耕表示了这样的意见："我个人不是从事文学研究的，而且由于年事已高，所以不应参加教学指导委员会。如果教务处、中文系有关综合班的问题要我提出参考性意见，只要我能想到的，我一定'知无不言，言无不尽'。"

中文系中外文化综合班开学以后，同学们学习热情很高，有不少校内外著名的人文学者来讲课，使学生们受益匪浅。例如对中、英文学特别是对诗歌有很深造诣的许渊冲先生年届八十，还多次来讲课。清华著名的"中西贯通"学者何兆武教授也多次来做"讲座课程"的主讲者。

1999 年级的中文系中外文化综合班约五十位同学，在本科毕业以后，只有少数继续深造（专业方向有所改变），读硕士研究生，大多从事不同的职业，还有少数出国留学。事实说明，这种情况与当初我们的想法有了一定的距离。但从另一角度看，任何一项改革经过实践检验，成功与否都是宝贵的财富。我参加中文系中外文化综合班的建设，时间甚短，对后来的情况不甚了解，但思想上的收获颇丰，我始终不悔。从这个班使我想到：实践、总结、再实践、再总结，这才是清华重建文科的基本经验，不可能一蹴而就。唯其有曲折，才有丰富的经验。

四、理学院的"中国哲学精神"课

1999 年初春，清华教务长吴敏生对我说，杨振宁先生建议，在理学院设立基础科学班，选择理科成绩优秀的学生，经过特殊的培养与教育，希望他们成为自然科学基础理论研究的优秀人才。敏生强调，他将向理学院建议，在课程的安排上一定要有人文学科，争取开设两门课："中国哲学精神"与"西方哲学精神"。他要我到这个基础科学班上去讲授"中国哲学精神"课。

我觉得敏生的想法很好，表示愿意为讲授"中国哲学精神"作准备。这门课从当年5月开始，我每周讲2小时，五周共讲10个小时。我又布置了学生的必读书，选择中国人文经典中一些精粹的内容，分量很小，同时指定同学阅读杨振宁的三篇文章：《美与物理学》《邓稼先》《近代科学进入中国的回顾与前瞻》。

讲"中国哲学精神"，我并不觉得困难，我的专业就是研究中国哲学史、中国思想史，在其他大学已讲过多次，而且写过这方面的论文和专著，如果要给清华大学理学院的基础科学班来讲，必须重新备课，在讲授内容上力求精练，突出重点，引导学生们去思考人文精神与物理学、数学的关系这一类大问题，这就需要我边教边学，读一些有关物理哲学方面的书，并及时了解同学们的想法。我虽然只讲了十个小时，但我的准备却用了几十个小时。清华大学出版社知道了这个消息，编辑同志要我将这门课的讲稿交由他们公开出版，我一直觉得这份讲稿很不成熟，而且其中的"特殊性"（即理学院同学的专业特点）过于浓重，不敢交出版社出版，虽然他们早已将此书列入"出版预告"中。

我给基础科学班讲了五个专题：1. 什么是中国哲学精神？2. 天道自然、人道无为的哲理；3. 早期儒家（先秦儒家）的天道观与人道观；4. 宋明理学在天道观与人道观方面的建树；5. 中国哲学的主要范畴、概念。结束语：自然科学与中国哲学精神。课程结束，我请每位同学各写一份心得，我评阅通过后记 2 个学分。同学们写的心得我仔细看过，使我感动不已。一位同学这样写道："科学中蕴含着美。简单的方程与简单的定理支撑起了科学的高楼大厦。……《老子》书中，一个'道'字，简单得不能再简单，但其中却包含了宇宙本体、宇宙的生成、人生的哲理。复杂的世间万象，最终都要归结到一个——'道'字。这个'道'与牛顿定律、麦克斯韦方程和爱因斯坦的质能方程有异曲同工之妙。……"一位同学这样写道："我认为不仅科学结果是美妙无比，科研工作者对真理的探知行为本身也是一种美；成功是美，失败也是美；一帆风顺是美，百折千回也是美；喜悦是美，悲哀也是美。……作为学生，作为一名将来要搞基础研究的学生，我应当'单纯'，能面对周围诱惑；同时我又要'复杂'，多读书，多接触不同类型的文化，感受不同的文化内容，才能有助于我达到科学的高峰。"还有一位同学写道："我以为，发现美，感受美，固然重要，而挖掘美的源泉不是更加重要吗？物理学家说：物理学是美的；数学家说，数学是美的。我不知道生物学家是否说过美的话，但只要看了 DNA 分子那奇妙的双螺旋结构，你能说它不美吗？然而，这美究竟源于何方？……如果你想想美的源泉，你很快便会发现一个有趣的问题：为什么抽象的公式比其他东西能包容更多更深层的美？我应当有勇气去追求更深层次的‘美’，这就不能没有中国哲学的视野。……”学生们的感受多是朴素的，但这些可视为宝贵的科学起点；这个起点如果用一句话来表述，那就是人文精神与科学精神的融合。

我听说，清华理学院基础科学班一直办到今天，但是由于人事变迁，无人再提在这个班继续开设“中国哲学精神”课的事，这很令人惋惜。

2005 年我在《清华大学学报》（哲学社会科学版）第 5 期上发表的《清华的人文传统》一文中最后几句话，想移用于此，作为本文的结束：“人们都有这样的期望：再过 20 年，……从清华毕业的学子们都具有深厚的人文素养，成为以民主、法治、公平、正义、诚信为基本原则的社会主义和谐社会的建设者和创造者，并从中产生思想家、理论家、学问家、科学家、艺术家、政治家等，出现具有民族和时代特色的学术大师。”所有这些都不能离开人文教育和人文精神！

（2008 年 7 月）

谈“学术生命”

这里所讲“学术生命”是指学者个人以严肃认真的态度坚持学术研究的问题。什么来决定这种“学术生命”呢？

年龄吗？有这个问题。当一位学者进入老年，身体和思维能力日益衰弱，以至不能阅读和写作，没有新的思路产生，这个时候便是他的“学术生命”结束之时。

但是，有的学者并不因为年老体衰而使思维陷于停顿，仍然笔耕不辍，新意迭出。属于此种情况者不是很多，但不能说没有。

因此年龄并不是“学术生命”结束的根本原因。

兴趣吗？有这个问题。当一位学者由于某种原因，他对原先所做的研究工作已觉索然无味，不想继续做下去，而对其他的非学术性事情发生了兴趣；于是出现“兴趣转向”，他的“学术生命”随之结束。

不过，这种情况对于一位成熟的学术工作者来说，很难见到，并无普遍性。

退休吗？这是一种制度，任何国家和职业都有。对于不需要有多么复杂的实验室的人文学术工作者来说，退休与否，对于他的研究影响不大（不能说没有一点影响）。不少已退休了的老学术工作者获得了比较充裕的时间，在学术研究的广度和深度上比之过去有了很大的进展，这方面的例子是很多的。

因此，在笔者看来，一个人的学术生命主要由他个人的各种因素来决定，具体言之，是由其健康状况、学养、执着精神、世界观、人生观、环境诸方面因素决定的。

对于学术工作者来说，应当力争延长学术生命，为达此目的，就必须过简朴生活，使心志不为声色犬马所纷扰，不至于沉醉在人为的“安乐窝”中而消磨时日。必须涵养性情，忠实于一种高尚的学术探求，在充满物质欲望的世界中能够保持心灵的平衡。必须不断学习、思考，尽可能地保持思维的灵敏度。

人的年龄有各种各样，如生理年龄、心理年龄、学术年龄等等。生理年龄不以人的意志为转移，哪年哪月出生，任何人都无权选择，因此年龄也无法选择。但是，心理年龄和学术年龄却是可以选择的，而且人们可以创造一些条件使心理年龄、学术年龄较长时间地保持青春的活力。

生老病死，从人的生理规则来说是不可抗拒的，任何人都逃脱不了它们的制约。但是一生不离高尚的理想，为民族复兴、为真理而孜孜不倦地探求；学术工作者尽可能地保持青春的活力，这在一定的条件下是可以做到的。这不需要服用门类繁多的补脑液，不需要成天躺在床上休息，更不需要饱食终日，无所用心，其秘诀在于用脑再用脑；学习再学习；提高再提高；思考再思考；简朴再简朴。如果能做到这些，那么可以肯定地说，在一般情况下可以延长学术工作者的学术生命，这才是学术工作者最大的幸福。

“学术生命”顾名思义是对于学术工作的坚持。对于学术工作者来说，如果他每天忙于非学术性的事务，或者为了各种杂事而奔波，或者在会议上用去许多时间，这个时候，他自己已经脱离了学术研究，他给自己的学术生命画了一个句号，这是怪不得别人的。因此，对于学术生命来说，需要有一股强劲的耐力，不为外界的纷扰而影响自己的志向，命运掌握在自己的手里，这才可能在延长学术生命方面做出成绩来。

总之，对于学术工作者来说，应当爱惜自己的学术生命，并为学术生命的延长而努力奋斗，主动权在自己，外界和他人是起不了多大作用的。

后　记

《中华文化的会通精神》，终于编成，即将交给长春出版社。这是个人所写的文章，所做的讲演，观点一致，不过，在不同的场合，在文字的表述上可能有重复处，这是要请读者朋友们原谅的。

我期待着读者朋友们对这本小册子的批评指正。

张岂之

2016 年 7 月 27 日